Horst Rehberger

Unterwegs

Politische Wege
eines Liberalen

Lindemanns Bibliothek

Meiner Frau Christa gewidmet

Unser aller Leben ist seltsam verwoben mit dem Gang der Zeit –
aber wohl kaum nach der Art und Weise der Teppichknüpfer,
die ihre Muster schon kennen, ehe sie ans Werk gehen.

Und wenn wir auch mitweben,
so sind wir doch Weber und Webstoff zugleich.

Rudolf Hagelstange

Herausgegeben von
Thomas Lindemann

Bibliografische Information Der Deutschen Bibliothek
Die Deutsche Bibliothek verzeichnet diese Publikation in der
Deutschen Nationalbibliografie; detaillierte bibliografische Daten
sind im Internet über http:// dnb.ddb.de abrufbar.

Lindemanns Bibliothek
Literatur und Kunst im Info Verlag, Band 67
Info Verlag GmbH · Käppelestraße 10
76131 Karlsruhe · Germany
www.infoverlag.de

Satz und Druck: Grafisches Centrum Cuno GmbH & Co. KG
Printed in Germany

ISBN 978-3-88190-531-2

INHALT

ZUR BIOGRAFIE
VON DR. HORST REHBERGER

Von Hans-Dietrich Genscher,
Bundesminister a. D.

Horst Rehberger erinnert sich. Er beschreibt den politischen Weg eines Liberalen. Ein Liberaler ist er im umfassenden Sinne des Wortes. Das beweist sein Lebensweg. Liberaler zu sein bedeutet ein umfassendes Bekenntnis zu Freiheit und Verantwortung. Sich als Sozialliberaler oder als Wirtschaftsliberaler zu verstehen oder gar sich auch noch so zu bezeichnen, bedeutet eine Einschränkung des umfassenden Freiheitsangebots und des Verantwortungsgebots, das den Liberalismus ausmacht. Horst Rehberger berichtet über seine Kindheit. Er berichtet über die Schrecken der letzten Kriegsjahre, aber auch über den Neuanfang danach, mit allen seinen Problemen. Die 50er-Jahre prägen ihn. So bekennt er, aber er bekennt nicht nur nachträglich was war, er lässt die Leser auch wissen, warum er sich früh für die FDP entschieden hat. Die Frühgeschichte der liberalen Partei lernen wir kennen durch die Brille des jungen Suchenden, der bald zum Akteur wird. Er engagiert sich in der Kommunalpolitik, er zieht in den Gemeinderat ein und er wird aktiv in der FDP. Wenn ich ihn in Karlsruhe – zuletzt als Bürgermeister – beobachtet habe, so erschien er mir als eine moderne Ausgabe des Graswurzel-Liberalen, wie ihn Reinhold Maier für das Remstal in eindrucksvoller Weise verkörperte.

Als es in einer kritischen Situation für die Saar-FDP darum ging eine optimale Besetzung für die Landesregierung in Saarbrücken zu gewinnen, war mein erster Gedanke: Rehberger. Er kam und er erlebte 1985 einen Triumph, als er die FDP aus der Talsohle nach oben führte und 10% erreichte. Doch seine Ministertätigkeit war beendet, denn Oskar Lafontaine erreichte für die SPD die absolute Mehrheit. Die CDU hatte die gewünschte Koalition durch ihr schlechtes Abschneiden unmöglich gemacht.

Die große Bewährung für Horst Rehberger kam mit der Stunde der deutschen Einheit. Natürlich war ich daran interessiert, dass in meinem Heimat-Bundesland Sachsen-Anhalt, wo die FDP bei der ersten freien Wahl für den Landtag 1990 ein glänzendes Ergebnis erzielt hatte, eine optimale Regierungsmannschaft der FDP zu Verfügung stehen konnte. Für das Wirtschaftsministerium dachte ich sofort an Horst Rehberger. Er kam und er bestätigte alle Erwartungen. Nicht nur durch seine Kompetenz in der Sache, sondern auch durch die Art seines Auftretens. Er kam nicht als der Ober-Wessi, sondern als der ehrlich Bemühte. Mit Verständnis für die Umstellungsprobleme, für die auftretenden Härten, für die Notwendigkeit neuen Denkens. Noch heute sprechen die Leute mit großem Respekt von den ersten vier Jahren, in denen Horst Rehberger in Sachsen-Anhalt für die Wirtschaftspolitik zuständig war. Er tat nicht nur das Richtige, er fand auch den richtigen Ton. Und deshalb war auch die Zustimmung so groß, als er ein zweites Mal das Amt übernahm.

Was macht den Verantwortungsliberalen Horst Rehberger aus? Seine Gerechtigkeit, seine Aufrichtigkeit, seine Verlässlichkeit – das sind Rehbergers Wahrzeichen. Und das alles zusammen mit einer großen fachlichen Kompetenz. Horst Rehberger gehört zu den Politikern in der FDP, die Vertrauen für die Sache der Liberalen geschaffen und bewahrt haben. Für mich ist er ein politischer Weggefährte, der nicht nur unbeirrbar in seinem Weg war, sondern der auf diesem gemeinsamen Weg auch mir viel gegeben hat. Horst Rehberger hat mit seinem Buch eine Wegbeschreibung gegeben: nüchtern, sachlich, ohne großes Aufheben zu machen. Wer aber die Fähigkeit hat zwischen den Zeilen zu lesen, der wird feststellen, dass sein Buch ein glänzender Bericht über ein Lebenswerk ist, das durch die Bescheidenheit des Schreibers gekrönt wird.

UNTERWEGS

Von Horst Rehberger

Glück kann vieles bedeuten. Zum Beispiel eine günstige Fügung des Schicksals. Göttin Fortuna hat dann ihre Hand im Spiel. Oder ein Schutzengel verhindert Schlimmes. Glück ist aber auch ein zentraler Begriff in Philosophie und Religion. Es gibt dort eine Vielzahl von Glücksvorstellungen, die sich einerseits zwischen den Polen individuell-privates Glücksverständnis und politisch-sozialer Glücksvorstellung bewegen, andererseits zwischen den Polen äußere, materielle Glückserfüllung und Verinnerlichung des Glücksideals. Glück ist schließlich ganz gewiss auch ein seelisch gehobener Zustand, der sich aus der Erfüllung der Wünsche ergibt, die uns Menschen wesentlich sind.

Ich hatte Glück. Ziemlich oft und in mancherlei Hinsicht. Einen Schutzengel hatte ich zum Beispiel als achtjähriger Knirps. Ich musste die Duisburger Straße überqueren, an der wir damals in Mülheim / Ruhr wohnten. Parkende Autos versperrten die Sicht. So lief ich zwischen den parkenden Autos los, um über die Straße zu kommen. Reifen quietschten. Unmittelbar neben mir kam ein Lieferwagen zum Stehen. Um ein Haar wäre ich hinein gelaufen. Der Fahrer stieg aus. Wütend. Er hielt mir eine gehörige Standpauke. Damals ging dies auch auf der später viel befahrenen Duisburger Straße noch. Am ganzen Leib zitternd, lief ich nach Hause. Mir war klar: Ich hatte großes Glück gehabt.

In den folgenden Jahrzehnten gab es so manche Situation, in der nur noch ein Schutzengel helfen konnte. Auch wenn ich sie nicht, wie 1946 in Mülheim, leichtsinnig heraufbeschworen hatte. Zum Beispiel 1988, als bei der Landung im Flughafen Saarbrücken-Ensheim das Fahrwerk des Flugzeugs nicht ausfahren wollte und wir Fluggäste so lange mit dem Flugzeug über dem Großraum Saarbrücken kreisen mussten, bis das Kerosin aufgebraucht war. Im Falle einer Bauch- oder Bruchlandung sollte ein Feuer möglichst wenig Nahrung finden. In letzter Minute gelang es dann doch noch, das Fahrwerk mechanisch auszufahren. Die Armada der Feuerwehrfahrzeuge, die parallel zur Landung losfuhren, kam nicht zum Einsatz. Zum Beispiel 2005, als mitten in China das Taxi, das uns nachts von Changchun nach Shenyang bringen sollte, auf spiegelglatter Straße mehrere Pirouetten drehte. Die Reifen waren komplett abgefahren. Dank glücklicher Umstände gab es aber keine Kollision mit anderen Fahrzeugen. Und am Straßenrand, an dem das Auto hängen blieb, ging es nicht die Böschung hinab.

Die meisten Menschen erleben im Laufe ihres Lebens Situationen, in denen ein Schutzengel Schlimmes verhindert. Glück gehabt, sagt man nachher. Wenn ich im Folgenden von Glück spreche, meine ich dies allerdings in einem grundsätzlicheren Sinne. Beginnen wir mit dem Tag, an dem ich das Licht der Welt erblickte.

Kindheit in den Kriegsjahren

Am 10. Oktober 1938, kurz vor 16 Uhr, war ich da. Und hatte Glück. Ich war ein Wunschkind. Zwei Tage zuvor waren meine Eltern Georg und Helene aus Mülheim an der Ruhr nach Karlsruhe gereist. In Mülheim-Speldorf leitete mein Vater seit Mai 1938 als Werkdirektor das große Reichsbahnausbesserungswerk für Dampflokomotiven. Vorher hatten meine Eltern in Karlsruhe gewohnt. Dort fühlte sich meine Mutter zu Hause. Dort waren meine Schwester Änne und ein Jahr danach mein Bruder Hans geboren worden. Dort sollte auch ich zur Welt kommen. Karlsruhe war also, wenn man so will, ein „geplanter" Geburtsort. Im Städtischen Krankenhaus, das genau 40 Jahre später Teil meines Aufgabenbereichs als Karlsruher Bürgermeister werden sollte, erblickte ich das Licht der Welt. „Die Sonne schien schön ins Kreißzimmer herein", vermerkte dazu meine Mutter in ihrem Tagebuch.

Dass meine Eltern überglücklich waren, wieder einen Sohn zu bekommen, hing mit dem frühen Tod meines Bruders Hans zusammen. Gemeinsam mit seiner ein Jahr älteren Schwester Änne war er der ganze Stolz unserer Eltern gewesen. Beide Kinder hatten sich prächtig entwickelt. Sie waren der Mittelpunkt der Familie. Ihre berufliche Tätigkeit als Sekretärin im Geschäft ihres Bruders Herrmann Pfattheicher hatte Mutter schon 1933, unmittelbar vor der Hochzeit, aufgegeben. Sie wollte sich ganz der Aufgabe als Hausfrau und – so hofften meine Eltern von Anfang an – als Mutter widmen. Mit der Geburt der beiden ersten Kinder schienen alle Hoffnungen in Erfüllung zu gehen. Doch eine von den Ärzten zu spät erkannte Lungenentzündung von Hans veränderte alles. Als Hans am 22. November 1937 in der Städtischen Kinderklinik verstarb, fiel Mutter in tiefe Depressionen. Im Kreis von 9 Geschwistern war sie als Nesthäkchen schon in jungen Jahren psychisch labil gewesen. Den Tod ihres Sohnes konnte sie kaum verkraften. Vater, der als Ältester von 11 Geschwistern groß geworden war und neben seinem mit Leib und Seele ausgeübten Beruf als Eisenbahner ein Leben lang nur seine Familie als Aufgabe und Lebensmittelpunkt kannte, litt ebenfalls sehr unter dem plötzlichen Verlust des Sohnes. Umso glücklicher waren die Eltern, als sie am 10. Oktober 1938 wieder einen Sohn bekamen. Sie nannten mich Horst Hans Georg. Und nahmen mich – ich war noch keine drei Wochen alt – gleich einmal mit auf eine Reise. Mit dem „Rheingold", wie meine Mutter voller Stolz vermerkte. Dem „Feinsten" und „Schnellsten", was die Deutsche Reichsbahn damals zu bieten hatte. Von Karlsruhe am Rhein nach Mülheim an der Ruhr.

Als am 1. September 1939 der 2. Weltkrieg begann, war ich noch kein Jahr alt. Dennoch hat der Krieg meine ersten Lebensjahre stark geprägt. Unmittelbar neben dem Reichsbahnausbesserungswerk lag die großzügig gebaute Dienstvilla des Werkdirektors. Mit vielen geräumigen Zimmern und einem großen Wintergarten. Wir Kinder, neben Änne und mir auch unser am 1.9.1940 geborener Bruder Rainer, liebten diesen mit großen Fenstern ausgestatteten, hellen und durch viele Pflanzen verschönten Raum sehr. Dort spielten wir, wenn uns nicht freundliches Wetter in den weitläufigen Garten einlud, der das Haus umgab. Die industriereiche Rhein-Ruhr-Region war allerdings schon bald bevorzugtes Angriffsgebiet für die alliierten Bomberverbände. Der „Volksempfänger" war deshalb von morgens bis abends eingeschaltet. So waren wir über bevorstehende Angriffe schon informiert, wenn die Sirenen zum Aufsuchen von Schutzräumen und Bunkern riefen.

Seit 1943 spielte sich das Familienleben immer stärker auch tagsüber in den massiv ausgebauten Kellerräumen unseres Hauses oder aber in dem unserem Haus benachbarten Hochbunker ab. Er bot mehr als tausend Menschen Schutz. Dass meine Mutter wegen eines Fliegeralarms sechs Stunden auf ein Rotkreuz-Auto warten musste, als am 31. August 1940 um 23 Uhr die Wehen eingesetzt hatten, mit denen Rainer sein Kommen am 1. September anmeldete, habe ich wohl noch verschlafen. Andere kriegsbedingte Geschehnisse sind mir in umso lebhafterer Erinnerung geblieben. Ich denke an die lichterloh brennenden Wohnhäuser in der Lederstraße. Sie war eine ganz in unserer Nähe liegende Querstraße zur Duisburger Straße, an der unser Haus stand. Vater hatte Änne und mich nachts dorthin mitgenommen, als der Fliegerangriff beendet war. Änne und ich hatten unbedingt sehen wollen, was passiert war. Oder ich denke an jenen Nachmittag im Jahre 1944, als plötzlich Fliegeralarm war. Während wir zusammen mit unserer Mutter die Kellertreppe hinunter eilten, stellte Änne fest, dass sie ihre Lieblingspuppe Edeltraud im Wintergarten hatte liegen lassen. Ich stürmte zurück, um die Puppe zu holen. Kaum hatte ich sie an mich genommen, gingen in unmittelbarer Nachbarschaft Bomben nieder. Ihre Explosion ließ die großen Fenster des Wintergartens zerspringen. Dank des großen Luftdrucks flog ich durch das dem Wintergarten benachbarte Wohnzimmer in Richtung Kellertreppe. Die Richtung stimmte!

Ich hatte Glück. Unverletzt und mit Edeltraud erreichte ich den Luftschutzkeller. Natürlich als Held der Stunde. Die ganze Familie hatte Glück. Großes Glück sogar. Während das Ausbesserungswerk im Laufe der Kriegsjahre wiederholt Bombentreffer mit Toten und Verletzten hinnehmen musste und auch in unserem Garten die eine oder andere Bombe als Blindgänger niederging, wurden weder unser Haus noch der benachbarte Bunker getroffen. Ein großes Glück für die ganze Familie war es auch, dass Vater wegen der besonderen Bedeutung des Eisenbahnausbesserungswerkes während des Krieges lediglich drei kurze Abkommandierungen zu belgischen, niederländischen und französischen Eisenbahndienststellen erlebte. Seine Brüder Heinrich, Ludwig und Richard fielen alle an der Ostfront.

Die einzige ernsthafte Verletzung, die ich mir in diesen Kriegsjahren zuzog, hatte ich mir selber zuzuschreiben. Einen komplizierten Schienbeinbruch. Mein Vater hatte vor allen Kellerfenstern, die leicht aus dem Boden herausragten, schmale, mit Sand gefüllte Kisten in der Größe von vielleicht 1.50 m x 1.50 m aufstellen lassen. So sollten die Fenster gegen Luftdruck und Bombensplitter abgeschirmt werden. Zugleich hatte er uns Kindern streng verboten, uns in der Nähe dieser Kisten aufzuhalten. Als mein Bruder Rainer 1944 einen Apfelbrecher, in dem eine Amsel ihr Nest gebaut hatte, umwarf und das Nest samt der Vogeleier auf eine derartige Kiste fiel, war ich wütend und traurig. Ich wollte auf die Kiste klettern, um den Schaden an Nest und Vogeleiern näher in Augenschein zu nehmen. Prompt fiel die Sandkiste um. Bis zur Hüfte war ich darunter begraben. Mein Geschrei alarmierte meine Mutter und eine ältere Dame, Frau Bartling, die inzwischen mit ihrer Familie ausgebombt und deshalb in unserem Hause untergebracht war. Den beiden gelang es, die schwere Kiste so weit anzuheben, dass ich hervorkriechen konnte. Die beiden Frauen schleppten mich anschließend in die Küche und setzten mich auf den Spülstein. Mutter säuberte die verdreckten und blutenden Beine. In diesem Moment kam mein von Mutter alarmierter Vater. Er war über meinen Ungehorsam sehr aufgebracht. In seinem Zorn versohlte er mir den Hintern, dieweil Mutter vorne das verletzte Bein wusch. Da ich ohnehin schon heulte, stieg allenfalls die Lautstärke an. Der Krankenwagen, der mich kurz darauf abholte, beendete das kleine Drama. Als ich bald danach mit eingegipstem Bein wieder nach Hause kam, hatte Rainer eine neue Aufgabe. Wenn ich mich in den folgenden Wochen in Wohnung oder Garten fortbewegen wollte, nahm er kurzer Hand mein Gipsbein unter den Arm und ich hüpfte mit dem gesunden hinterher. So hat dieser Vorfall zwar meinen Vater und mich ein Stück weit auseinander, uns Brüder aber in gleichem Umfang einander näher gebracht. Übrigens: Auch mein Vater rückte mir wenige Tage danach unfreiwillig wieder näher. Er stürzte und verletzte sich am Knie. So hüteten wir beide einige Tage lang das Bett.

In der von beiden Eltern sorgsam behüteten Welt, in der meine Geschwister und ich aufwuchsen, war Rainer mein weitaus wichtigster

Spielpartner. Auch mit Änne verstand ich mich sehr gut. Die dreieinhalb Jahre Altersdifferenz zwischen uns führten allerdings dazu, dass sich die Interessen in diesen jungen Jahren doch sehr unterschieden. Öfters übernahm Änne für Rainer und mich sogar mütterliche Funktionen.

Mit großem Behagen denke ich zum Beispiel an die vielen Abende in Mülheim / Ruhr zurück, als Rainer und ich im Bett lagen und den spannenden Geschichten zuhörten, die uns Änne aus den Märchenbüchern der Gebrüder Grimm oder Christian Andernsens vorlas. Gab es Aktionen zu dritt, führte Änne unbestritten das Kommando. Lebhaft ist mir zum Beispiel ein Vorgang vom April 1945 in Erinnerung. Ein Teil der Zivilbevölkerung des Ruhrgebiets war aus Sicherheitsgründen ins „Reichsinnere" evakuiert worden. Darunter meine Mutter mit uns Kindern. Zusammen mit anderen Frauen und Kindern und etwas Hausrat waren wir auf der Ladepritsche eines LKW ins „Reichsinnere" nach Bad Salzuflen geflüchtet und unterwegs während eines Fliegerangriffs durch die zerbombte und brennende Stadt Paderborn gekommen, in der wir gerade noch rechtzeitig in einem Lehmbunker Schutz gefunden hatten. In Bad Salzuflen angekommen, hatte uns unsere Mutter zunächst in einem Kinderheim der Deutschen Reichsbahn untergebracht, um auf Wohnungssuche gehen zu können. Wir drei, aus unserer Familien-Idylle kommend, waren total schockiert, als wir am Abend unserer Ankunft mit fremden Kindern der Größe nach in einer Reihe aufgestellt und dann nacheinander in eine Badewanne gesetzt worden waren. Auch das ziemlich kalte und trotz der beachtlichen Kinderzahl nicht erneuerte Wasser hatte keineswegs unser Wohlbefinden gefördert. Als sich Rainer beim Abendessen dann auch noch geweigert hatte, ein Stückchen fettes Fleisch zu essen, war er, zur Strafe verdroschen, ins Bett gebracht und dort festgebunden worden. Wahrlich kein wirtlicher Ort, wie wir fanden. So nutzten wir am nächsten Morgen das Spiel auf dem Hof des Kinderheims, um unter Ännes Kommando zu flüchten. Und unsere Mutter zu suchen. Hundert oder zweihundert Meter vom Tor des Kinderheims entfernt endete unser Fluchtversuch allerdings kläglich. Unsere Absetzbewegung war bemerkt worden. Rasch waren wir wieder „eingefangen".

Waren Rainer und ich alleine beieinander, war die Führungsfrage keineswegs so eindeutig zu beantworten wie in der Dreier-Runde mit Änne. Gelegentlich wurde dann mit Brachialgewalt geklärt, nach wessen Kommando gespielt werden sollte. Als Älterer und etwas Stärkerer gewann ich den Zweikampf meistens. Keineswegs immer. Außerdem hatte Rainer eine sehr wirksame Waffe. Durch sein Geschrei wurden die Eltern alarmiert. Mit einer mütterlichen Ohrfeige oder einer väterlichen Tracht Prügel sorgten sie dafür, dass ich doch nur zweiter Sieger wurde. An Stelle von Rainer heulte dann ich. Oder wir heulten zusammen. In Speyer, wo wir seit 1950 wohnten, wurde zur Überraschung von Rainer und mir sogar einmal ein völlig unschuldiger Dritter Opfer der Strafgewalt meiner Eltern: mein Schulfreund Gerbert Hübsch. Gerbert war zu mir zu Besuch gekommen und wir waren zu dritt in unserem „Bubenzimmer". Plötzlich kam es zwischen Rainer und mir zu einem heftigen Handgemenge. Draußen war es an diesem Wintertag schon dunkel. Gerbert, dem als Einzelkind solche geschwisterlichen Raufereien völlig unbekannt waren, versuchte vergeblich, durch Ausschalten der Zimmerlampe die Streithähne auseinander und zur Vernunft zu bringen. Rainers Geschrei wurde immer lauter. Da riss meine Mutter, aufgebracht über das Geschrei, die Zimmertür auf. Dem ersten Besten gab sie im Halbdunkel ein paar kräftige Ohrfeigen. Bei Licht stellte sich dann heraus, dass sie Gerbert Hübsch erwischt hatte. Er war in die Nähe der Tür geflüchtet. In das Handgemenge der Brüder wollte er keinesfalls hineingezogen werden. Zwar hörte angesichts dieses Gangs der Dinge Rainers Geschrei augenblicklich auf. Gerbert aber war schockiert und tief beleidigt. Wütend verließ er unsere Wohnung. Auch meine Mutter war sehr betroffen, als sie feststellte, dass sie einen völlig Unschuldigen bestraft hatte. Um die Sache, die auch bei den Eltern meines Freundes ziemliche Irritationen ausgelöst hatte, aus der Welt zu schaffen, machte meine Mutter einen Besuch bei Familie Hübsch. Sie entschuldigte sich für ihr Versehen in aller Form. Die Freundschaft mit Gerbert war gerettet!

In die etwas merkwürdige Situation, Dresche für einen anderen zu bekommen, der eigentlich bestraft werden sollte, habe ich mich übrigens auch selber einmal gebracht. Allerdings ganz absichtlich. Unmittelbar nach dem Krieg befanden sich auf dem Werksgelände in der Nachbarschaft unseres Hauses noch einige Schutzgräben. Sie hatten während des Krieges Werksangehörige gegen Tieffliegerangriffe schützen sollen. Vater hatte uns Kindern strikt verboten, in diese Gräben zu steigen. Sie waren nicht mehr ganz sicher, d.h.

einsturzgefährdet. Trotz dieses Verbotes war Änne eines Tages mit Freundinnen in einen derartigen Graben geklettert. Obwohl nichts passiert und die Mädchen längst wieder wohlbehalten zu Hause waren, wollte mein Vater, als er davon hörte, voller Zorn Änne eine Tracht Prügel verabreichen. Das fand ich, insgeheim an die Ritter denkend, von denen uns Änne manche Geschichte vorgelesen hatte, ganz und gar unangemessen. So sagte ich meinem Vater, wenn er schon einen verhauen wolle, solle er doch mich verhauen. Das hat er dann auch getan. Es tat weh. Aber ich trug es mit Fassung. Und einer klammheimlichen Genugtuung. Die geschwisterliche Solidarität hatte gesiegt. Das war auch später so. Als ich in die Sexta des Mülheimer Gymnasiums ging, begegnete ich eines späten Nachmittags auf dem Nachhauseweg in den Ruhranlagen Änne. Arm in Arm mit einem jungen Mann ging sie dort spazieren. Ein Rendez-vous. Die beiden waren über die unerwartete Begegnung mit dem kleinen Bruder äußerst betroffen. Hans Wilhelmi – so hieß, wie sich später herausstellte, Ännes netter Freund – appellierte an mich, zu Hause bloß nichts über diese Begegnung zu erzählen. Das versprach ich denn auch. So ganz sicher war sich Änne allerdings nicht, ob ich auch dicht halten würde. Als ich wenig später zu Hause ankam, wartete sie schon im Treppenhaus auf mich. Sie beschwor mich, den Eltern nichts zu verraten. Dieses Appells hätte es gewiss nicht bedurft. Dazu verstanden wir uns viel zu gut. Ich nehme allerdings an, dass das Schweigegebot inzwischen verjährt ist und ich deshalb diesen kleinen, aber vielleicht für die innerfamiliären Verhältnisse doch nicht ganz uninteressanten Vorfall heute erzählen darf. Er macht deutlich, dass es zwischen Änne und mir im Gegensatz zu dem manchmal höchst spannungsreichen Verhältnis zu meinem jüngeren Bruder Rainer sehr harmonisch zuging.

So handfest Rainer und ich gelegentlich aneinander geraten konnten, so eng waren wir doch in unserer Freizeitgestaltung miteinander verbunden. Gemeinsam tollten wir durch den Garten, bauten und „bewohnten" im Mispelbaum an der Gartenmauer ein Baumhaus, spielten in den ausgebrannten Autowracks, die der Krieg auf der Ladestraße in der Nähe unseres Hauses hinterlassen hatte. Als wir beiden nach dem Kriege zu Weihnachten Rollschuhe bekommen hatten, ging es gemeinsam auf die Duisburger Straße. Ab und an sogar zum Ruhrschnellweg. Die damals dort gelegentlich vorbeikommenden alten Lastkraftwagen oder Pferdefuhrwerke beeinträchtigten das gemeinsame sportliche Vergnügen nicht im Mindesten. Gemeinsam spielten wir auch – was lag für Söhne und Enkel von Eisenbahnern näher? – schon in Mülheim mit einer Märklin-Eisenbahn. Diese hatten uns zu Weinachten 1949 die Eltern geschenkt. In den folgenden Jahren ergänzten wir die Eisenbahn immer weiter. Auch durch eigene Holzsägearbeiten für die Bahnhöfe und Stellwerke. So verfügten wir in der Speyerer Zeit über eine stattliche Gesamtanlage. Auch für das Briefmarken-Sammeln interessierten wir uns zeitweise sehr. Jeder war stolz, wenn er zur gemeinsamen Sammlung die eine oder andere zusätzliche Briefmarke ergattern konnte. In Speyer entdeckten wir dann unsere Begeisterung für das Schachspiel. Manchmal bis tief in die Nacht Schach spielend, wurden die Ergebnisse der Schachpartien minutiös über Tage und Wochen festgehalten: Stand es zum Beispiel 47 zu 46, zog derjenige, der nur auf 46 Siege zurückblicken konnte, alle Register, um unverzüglich eine weitere Partie zu spielen. Er wollte unbedingt die Chance bekommen, mit dem anderen gleichzuziehen. Ein Stück Wettbewerb war halt fast immer dabei.

Die widrigen Umstände, die der 2. Weltkrieg und die Nachkriegszeit gerade im Ruhrgebiet mit sich brachten, aber auch die ab und zu labile Stimmungslage unserer Mutter hatten zur Folge, dass wir drei Geschwister in den vierziger Jahren immer mal wieder Wochen oder sogar Monate bei Verwandten in Süddeutschland verbringen mussten. Dabei machte meine Mutter hinsichtlich der „Gastfamilien" der drei Kinder deutliche Unterschiede. Während Rainer so gut wie immer bei Schwestern meines Vaters und deren Familien untergebracht wurde, kam Änne mal bei der mütterlichen, mal bei Vaters Verwandtschaft unter. Mit der Begründung, dass ich doch am besten zur mütterlichen Pfattheicher-Familie passen würde, wurde ich vor allem zu Karl und Emma Grimm geschickt, einer Schwester meiner Mutter. Familie Grimm wohnte damals in Blankenloch, ganz in der Nähe von Karlsruhe.

Auch mit Grimms hatte ich Glück. Natürlich waren alle Verwandten, die uns Kinder zeitweise aufnahmen, sehr darum bemüht, uns liebevoll zu betreuen und ein wenig „aufzupäppeln". Da sie mit Ausnahme der Heidelberger Tante Gretel alle „auf dem Land"

21

wohnten, verfügten sie in den ersten Nachkriegsjahren auch über wesentlich mehr und bessere Lebensmittel als wir „Stadtbewohner". Keine der Tanten war aber so gütig, so liebevoll, so humorvoll wie Emma Grimm. Bei ihr, ihrem Mann Karl und ihren beiden Kindern Gerhard und Sigrid, die beide mehrere Jahre älter waren als ich, habe ich mich immer wohl gefühlt. Onkel Karl nahm mich öfters auf dem Gepäckträger seines Fahrrads mit in den nahen Hardtwald. Dort durfte ich ihm im Spätsommer beim Sammeln von Pfifferlingen helfen. Tante Emma zauberte daraus köstliche Gerichte. Unvergessen auch die prachtvollen Geranien vor dem Fenster von Sigrids Dachzimmer. In das Gießkannenwasser mischte sie augenzwinkernd morgens regelmäßig auch Urin aus dem Nachttopf. Die üppige Blütenpracht werde ich mein Leben lang nicht vergessen.

Unvergesslich auch ein anderes Erlebnis aus diesen Nachkriegsjahren. Tante Emma hatte Rote Beete in Dosen eingemacht und mich mit einem kleinen Wägelchen losgeschickt. Ich sollte die Dosendeckel in einem ganz in der Nähe liegenden Fachbetrieb zuschweißen lassen. Mit den in Reih und Glied aufgereihten Dosen auf dem kleinen Wagen zog ich vergnügt über die Blankenlocher Bahnhofstraße. Die Straße wies allerdings ziemlich große Schlaglöcher auf. An einem dieser zahlreichen Schlaglöcher passierte das Unglück. Das Wägelchen kam so in Schieflage, dass eine ganze Reihe der Blechdosen herunterpurzelten. Der Inhalt ergoss sich teilweise auf die Straße. Der Schock saß tief. Rasch stellte ich die heruntergefallenen Dosen wieder auf den Wagen und füllte sie mit dem, was sich von der Straße auflesen ließ. Außer den Roten Beeten landete damit so manches in den Dosen, was auf einer Dorfstraße normal, aber als Zugabe zu Roten Beeten nicht sehr appetitlich ist. Beispielsweise Reste von Pferdeäpfeln. Meine Hoffnung, dass die Dosen in verschweißtem Zustand auf längere Zeit das Geheimnis dieses Zwischenfalls für sich behalten würden, wurde nicht erfüllt. Nach kurzer Besichtigung der von mir wieder aufgefüllten Dosen schickte man mich im Fachbetrieb wieder nach Hause. Die Dosen blieben unverschweißt. Als ich mit düsteren Gedanken zu Tante Emma zurückkehrte, rechnete ich damit, von ihr – wie ich es von zu Hause in solchen Fällen gewohnt war – eine kräftige Tracht Prügel zu bekommen. Doch was geschah tatsächlich? Als Tante Emma mich erblickte und den „Schaden" gesehen hatte, brach sie in herzliches Gelächter aus. Offenbar sah ich wie ein Metzgergeselle aus, der seine erste Schlachtung hinter sich hat. Statt mich zu verdreschen, umarmte sie mich und brachte mich erst einmal in die Küche. Dort wusch sie mir von Händen, Armen und Beinen die kräftige Farbe ab, die die Roten Beete hinterlassen hatten. Auch bei den anderen Familienmitgliedern der Grimms fiel wegen dieses Vorfalls kein böses Wort. Kein Wunder, dass ich mich bei ihnen immer sehr wohl gefühlt habe. Tante Emma, die später ihre Zeit als Großmutter in der Familie ihrer Tochter Sigrid und ihres Schwiegersohns Amando Arteaga und deren sieben Kindern verbrachte und bis zum letzten Tag ihres Lebens im Haushalt mitgeholfen hat, verstarb 1984 im 83. Lebensjahr. Sie hatte sich wie üblich zu einem kleinen Mittagsschlaf auf ihr Bett gelegt. Wenn ein Mensch ein so hohes Alter und dann einen so sanften, gnädigen Tod verdient hat, dann war sie es.

Zurück zum Jahr 1945. Auch für unsere Familie hat es viele Veränderungen gebracht. Das Kriegsende hatten Mutter, Änne, Rainer und ich in Bad Salzuflen erlebt. Schon einige Tage vor der bedingungslosen Kapitulation Nazi-Deutschlands am 8. Mai 1945 war für uns der Krieg zu Ende gewesen. Amerikanische Panzer waren friedlich an dem Haus vorbeigerollt, in dem wir in einem Zimmer unsere vorübergehende Bleibe gefunden hatten. Während Rainer und ich eher neugierig hinter den Gardinen standen und die vorbeifahrenden Panzer betrachteten, stand Änne, wie wir später erfuhren, Todesängste aus. Meine Mutter hatte ihr, vielleicht um eigenmächtige Exkursionen aus unserer neuen Bleibe von vornherein zu unterbinden, erzählt, dass wir beim Einmarsch der Feinde alle erschossen würden.

Unter den Soldaten, die aus den Panzertürmen herausschauten, befanden sich viele Farbige. Die kannten wir vorher nur aus dem Bilderbuch. Sie waren, wie sich in den folgenden Tagen herausstellte, besonders kinderfreundlich. Uns schenkten sie Schokolade, Orangen und Bananen. Auch diese köstlichen Früchte kannten wir bis dahin allenfalls aus Büchern. Trotzdem waren die ersten Tage und Wochen nach Kriegsende auch im beschaulichen Bad Salzuflen natürlich keine Idylle. Abends zogen – manchmal alkoholisierte – US-Soldaten in kleinen Gruppen auf „Frauensuche" durch das Städtchen. Geschichten von Vergewaltigungen machten die Runde. Doch auch in diesem Punkte hatten wir Glück. Wenn – was mehrfach geschah – zwei oder drei amerikanische Soldaten ins Haus kamen, versammelten sich alle Frauen, die, wie meine Mutter, mit ihren Kindern im Hause vorübergehend einquartiert waren, in der Diele. Um sich herum hatten sie alle kleinen Kinder postiert. Gut und gerne ein Dutzend. Offenbar machte diese Versammlung von Müttern und Kindern den erhofften Eindruck. Hinzu kam, dass meine Mutter leidlich englisch sprach. Damit wurde auch ein die Situation entspannendes Gespräch mit den Soldaten möglich. So kam es Gott sei Dank in unserem Wohnquartier zu keinen Übergriffen der Besatzer.

Groß war die Freude, als kurze Zeit nach Kriegsende auch Vater bei uns eintraf. Er hatte die mehr als 170 Kilometer von Mülheim nach Bad Salzuflen mit dem Fahrrad zurückgelegt. Wenige Tage später kehrte die Familie mit der Eisenbahn in die Duisburger Straße in Mülheim zurück. Doch das Zusammensein währte nur kurze Zeit. Mit dem Vorwurf, er habe Misshandlungen von osteuropäischen Zwangsarbeitern im Reichsbahn-Ausbesserungswerk zugelassen, wurde Vater, der auch Mitglied der NSDAP und während des Krieges Schulungsleiter gewesen war, am 3. Juni 1945 von der Militärregierung verhaftet. Männer in langen Mänteln hatten ihn bei uns zu Hause abgeholt. Es blieb ihm gerade noch die Zeit, um in aller Eile einige Utensilien in seiner Aktentasche zu verstauen. Dann wurde er vor unseren Augen abgeführt.

Der Vorwurf beruhte auf einer Denunziation. Wie sich später auf Grund von Zeugenaussagen herausstellte, war sie völlig haltlos. Unmittelbar nach seiner Verhaftung wurde Vater im Mülheimer Polizeirevier unter amerikanischer „Aufsicht" durch drei russische Zwangsarbeiter brutal misshandelt. Mit mehreren Rippenbrüchen kam er anschließend ins Gefängnis. Ärztliche Hilfe gab es dort nicht. Mitte August wurde er dann in ein britisches Internierungslager nach Recklinghausen und später in das Internierungslager Hemer (Sauerland) verlegt. Insgesamt verbrachte er anderthalb Jahre in diesen Lagern. Vor allem die ersten Monate waren äußerst hart. „Im Internierungslager", so schrieb Vater in seinem Entnazifizierungsantrag vom 2.11.1946, „habe ich die ersten fünf Monate auf bloßem Holz ohne Unterlage gelegen, schwer gehungert und gefroren". Das Entnazifizierungsverfahren endete 1947 mit der Eingruppierung in die Gruppe V („entlastet"). Sie machte für Vater, der nach seiner Entlassung aus dem Internierungslager vorübergehend in einem Metall verarbeitenden Duisburger Betrieb als Schlosser Arbeit gefunden hatte, 1948 den Weg frei zurück in den Dienst der Reichsbahn. Förmlich war er ja ohnehin nie aus deren Diensten ausgeschieden. Natürlich war die Familie von Vaters Internierung psychisch und finanziell auf das Schwerste betroffen. Mutter war immer wieder unterwegs, um Entlastungszeugen für Vater zu mobilisieren. Ab und zu durfte sie ihn im Internierungslager besuchen. Dann brachte sie ihm die eine oder andere Kleinigkeit (Textilien, Lebensmittel) mit. Die Familie lebte in dieser Zeit von den Ersparnissen der Eltern. Das Geld wurde nahezu vollständig verbraucht. Die Wohnung in der zweigeschossigen Villa, die schon in den letzten Kriegsjahren für die ausgebombte Familie Groß teilweise in Beschlag genommen worden war, hatte man nach Vaters Verhaftung auf zwei Zimmer mit Bad reduziert. Nach seiner Entlassung aus dem Internierungslager hat Vater die Verhältnisse u. a. wie folgt beschrieben: „Die Familie leidet stärkstens unter dem Geldmangel: Ernährung, Bekleidung und Ausbildung der Kinder sind nicht mehr sichergestellt, schlechter Ernährungszustand der Kinder (Untergewicht). Möbel beschlagnahmt und weggeholt. Ohne Notwendigkeit Wohnung bis auf zwei Zimmer weggenommen. Keine Küche für fünf Personen – Eltern, eine Tochter nahezu 13 Jahre, zwei Söhne 9 und 7 Jahre auf zwei Räume zusammengepfercht. Kein Platz, um alle Betten zu stellen. Dagegen andere Räume der ehemaligen Wohnung unterbelegt. Familie wurde häufig schikaniert; seelische Bedrückung durch die lange Dauer dieser unverschuldeten Verhältnisse oft kaum mehr zu ertragen." Als schikanös empfanden wir damals vor allem das Verhalten des neuen Werkdirektors Naumann, der als Vaters Nachfolger mit Frau und Hund ebenfalls in das Haus eingezogen war. Einen großen Teil des Gartens hatte er für sich abtrennen lassen und seine Beschwerden über die „viel zu lauten" Kinder wollten kein Ende nehmen. Nachdem unser Vater im März 1948 wieder im Eisenbahndienst beschäftigt und in die Generaldirektion Speyer der Südwestdeutschen Eisenbahnen (Französische Besatzungszone) übernommen worden war, folgte ihm die Familie unter diesen Umständen gerne im August 1950 nach Speyer. Die neue Vier-Zimmer-

Wohnung mit Küche, Bad und Balkon in der Neufferstraße 10 war ein gewaltiger Fortschritt. Inzwischen hatte sich ja mit Hildegard am 3. Juni 1948 zur Freude der Familie ein weiteres Geschwisterchen eingestellt. Die viel zu kleine Wohnung in Mülheim war aber mit dem Baby noch weniger zu ertragen gewesen als zuvor. Das eigene „Bubenzimmer" in Speyer war deshalb für Rainer und mich einfach „klasse".

Nimmt man alles in allem, hatte unsere Familie Glück: Eltern und Kinder haben den 2. Weltkrieg unversehrt überlebt. Wir hatten immer ein Dach über dem Kopf. Wir durften nach dem Krieg in unserer Heimat bleiben. Mit den westlichen Besatzungsmächten wurden die Voraussetzungen für Demokratie und wirtschaftlichen Wiederaufstieg geschaffen. Vater konnte nach den schlimmen anderthalb Jahren im Internierungslager beruflich an seine bis 1945 ausgeübte und sehr geliebte Tätigkeit im Dienste der Bahn anknüpfen. Damit war zugleich der Lebensunterhalt der Familie dauerhaft gesichert. Richtig bewusst wurde mir dies alles natürlich erst im Rückblick. Er ermöglicht verlässlicher als das aktuelle Erleben ein Urteil und den Vergleich mit dem Schicksal anderer Menschen. Angesichts von über 35 Millionen Weltkriegstoten, den 6 Millionen ermordeten Juden, zig-Millionen Heimatvertriebenen in Ost- und Mitteleuropa und 18 Millionen Deutschen, die nach dem totalitären Nazi-Regime die kommunistische Zwangsherrschaft in der DDR ertragen mussten, hatten wir „im Westen" nicht nur Glück, sondern großes Glück!

Schule in der Nachkriegszeit

Am 10. Oktober 1944 wurde ich sechs Jahre alt und damit schulpflichtig. Angesichts des Kriegsverlaufs mit den ständigen, inzwischen auch tagsüber stattfindenden Luftangriffen auf das Ruhrgebiet hielten es meine Eltern aber für sinnvoller, mich noch eine Zeitlang zu Hause zu behalten. Ein schulärztliches Gutachten bescheinigte mir Untergewicht. So wurde ich für ein Jahr vom Schulbesuch zurückgestellt. Da ich mich zu Hause im Kreis der Familie und Geschwister wohl fühlte, war ich darüber hoch erfreut. Als mir meine Mutter dann im Herbst 1945 eröffnete, dass sie meinetwegen in eine Elternversammlung der Volksschule eingeladen worden sei, beschwor ich sie, lieber zu Hause zu bleiben. Natürlich vergeblich. Als sie mir nach der Versammlung eröffnete, dass sie mich habe anmelden müssen, da der Schuldirektor ausdrücklich nach mir gefragt habe, bekam ich einen Wutanfall. Ich heulte, um die Formulierung meiner Mutter zu gebrauchen, „wie ein Schlosshund". Geholfen hat das selbstverständlich wiederum nichts. Und so ging ich ab Herbst 1945 in die Volksschule. Zu meiner Überraschung machte mir die Schule dann doch meistens Spaß. Dreizehn Jahre später, nachdem ich das Abitur am Karlsruher Bismarckgymnasium „in der Tasche" hatte und die meisten Klassenkameraden erleichtert davon sprachen, dass sie die Schule jetzt endlich hinter sich hatten, tat es mir sogar leid, dass die Schulzeit zu Ende war.

Zurück in die Zeit der Volksschule. Der Besuch der „Städtischen Volksschule an der Kurfürstenstraße" dauerte lediglich ein Jahr. Dann wurde uns mitgeteilt, dass in Zukunft die evangelischen und die katholischen Schüler getrennt unterrichtet werden würden. Die katholischen Schüler blieben in der Volksschule an der Kurfürstenstraße; die evangelischen, wechselten in die zwei Straßen entfernt liegende „Städtische Volksschule an der Pestalozzistraße". Ich fand dies sehr merkwürdig. Bislang hatte ich meine Klassenkameraden nicht nach Konfession, sondern nach Sympathie unterschieden. Aber es blieb natürlich keine Wahl. Und so ging ich ab der zweiten Klasse in die Volksschule an der Pestalozzistraße.

Ein Musterschüler war ich nicht. Es dominierten in den Zeugnissen der Volksschule zwar die Zweier. Aber beim „Schönschreiben" kam ich selten über eine Vier hinaus. Daran hat sich, so gebe ich zu, bis heute wohl nicht viel geändert. In diesen ersten Schuljahren gab es auch für „Betragen" sowie „Aufmerksamkeit und Fleiß in der Schule" gute Noten. Beim „Betragen" sollte sich dies später ändern. Als Schüler des (altsprachlichen) Gymnasiums Mülheim, das ich für anderthalb Jahre bis zu unserem Umzug nach Speyer im Sommer 1950 besuchte, wurde mir zwar immer noch eine „sehr gute" Führung bescheinigt. Am (altsprachlichen) Staatlichen Gymnasium Speyer tauchen dann aber ab 1951 häufiger in den Schulzeugnissen Formulierungen auf wie „im ganzen gut" oder sogar „nicht ohne Tadel". Leicht gemacht habe ich es meinen Lehrern nicht. Wobei mein Verhalten sehr stark davon abhing, ob mir der Unterricht des einzelnen Lehrers imponierte oder aber langweilig erschien. In den letzteren Fällen hat es mich einfach immer wieder „gejuckt", zusammen mit einigen ebenfalls besonders unternehmungslustigen Klassenkameraden Streiche auszuhecken. Dass es dann in aller Regel Ohrfeigen oder Schläge gab, schreckte uns nicht. Schläge war ich schon von zu Hause gewöhnt. So notierte Mutter Mitte 1941 in ihrem Tagebuch: "Horst fühlt sich in unserem Kreise wohl, wenn er auch oft den ‚Po' voll bekommt. Er ist ein herziger Wildling. Ich bin manchmal ein ‚freches Ding', wenn ich nicht alles zulasse. Aber wehe, wenn ich ihm meine Gunst versage. Da bricht ihm schier sein Herz." In der Schule fand ich es dann oft urkomisch, wenn mich einer der alten Herren verprügelte, aus denen damals kriegsbedingt das Lehrerkollegium ganz überwiegend bestand. Es tat zwar weh. Häufig bekam ich aber ob des komischen Anblicks des prügelnden Lehrers einen Lachkrampf, der nicht so leicht zu unterdrücken war. In diesen Sturm- und Drangjahren gingen die Noten in vielen Fächern eher nach unten. Die Gefahr, das „Ziel der Klasse" nicht zu erreichen, war damit freilich nicht verbunden. Im Abiturzeugnis des Bismarckgymnasiums in Karlsruhe, das ich von 1955 bis 1958 besuchte, gab es dann in Deutsch, Geschichte, Erdkunde, Französisch, Englisch, Religion und Sport sehr gute und gute Noten. Und die Dreier in Latein und Griechisch sowie den naturwissenschaftlichen Fächern waren auch in Ordnung.

Der kleine Exkurs in meine Schulzeit und die Lausbubenjahre gefällt wahrscheinlich am meisten meinen Enkeln Laura und Samuel – Matti und Jari sind dafür ja noch zu klein. Erstens können die größeren Enkel jetzt leicht nachweisen, dass sie wesentlich bessere Zeugnisnoten nach Hause bringen als dies seinerzeit der Großvater geschafft hat. Zweitens sind seine Ermahnungen, was den Benimm anbetrifft, nicht mehr ganz so erfolgreich wie zuvor. Viel wichtiger als die Noten war und ist allerdings, was ich in den 13 Schuljahren generell gelernt habe. Auch hier gilt die Feststellung: Ich hatte Glück. Dies gilt schon für die Entscheidung meiner Eltern, mich auf ein humanistisches Gymnasium zu schicken. Auch mein Vater hatte ein altsprachliches Gymnasium besucht und war ein begeisterter „Lateiner". In den ersten Jahren meiner Gymnasialzeit hatte dies zur Folge, dass er mich immer mal wieder die neu zu lernenden Vokabeln abfragte.

Nachdem diese gemeinsamen „Exerzitien" allerdings mehrfach damit geendet hatten, dass er mich angesichts meiner unbestreitbaren Wissenslücken aus seinem Arbeitszimmer hinauswarf und das Lateinbuch hinterher, verzichteten wir einvernehmlich auf diese Form von Lateinstunden. Trotzdem habe ich in den neun Jahren auf dem Gymnasium mit Latein und Griechisch Sprachen gelernt, die mir bis zum heutigen Tage nicht nur das Verständnis von wissenschaftlichen Begriffen ermöglichen. Vielmehr hat mir Latein als „Muttersprache" den Zugang zu anderen, insbesondere den romanischen Sprachen, sehr erleichtert. Noch bedeutsamer ist, dass die beiden antiken Sprachen einen wunderbaren Zugang zu den Grundlagen unserer Kultur eröffnet haben. In welchem Werk der Weltliteratur werden Leben und Tod, Stärken und Schwächen, Liebe und Hass, Treue und Verrat, Leidenschaft und Kälte, List und Hinterlist eindrucksvoller dargestellt als in der Ilias und der Odyssee? Was wäre die europäische Lyrik ohne Anakreon, Horaz, Catull und Ovid? Was wüsste der Mensch über sich und die Welt ohne Philosophen wie Heraklit, Demokrit, Sokrates, Platon und Aristoteles? Wer würde die Renaissance verstehen können, wenn er gar nicht wüsste, was damals wiedergeboren worden ist? In wichtigen Fragen ist der Mensch des 21. Jahrhunderts in seinen Gedanken und Gefühlen dem Menschen der Antike näher als dem Menschen des Mittelalters.

Aus den neun Jahren, in denen ich die Gymnasien in Mülheim / Ruhr, Speyer und Karlsruhe besucht habe, ließe sich natürlich sehr viel erzählen. Ich greife aus der Fülle des Erlebten aber nur noch exemplarisch einige wenige Erlebnisse heraus. Sie machen deutlich, wie stark einzelne Lehrer durch ihr kluges Verhalten uns Schüler positiv beeinflusst und geprägt haben. In Mülheim führte mich der Schulweg zusammen mit zwei Klassenkameraden durch Teile der im Krieg stark zerstörten Innenstadt. Umgeben von Trümmergrundstücken befand sich in der Nähe der Ruhr-Anlagen eine Holzbaracke. In ihr lebte eine Familie. Einer meiner Kameraden hatte entdeckt, dass es „herrlich rumpelte", wenn man auf das flache Dach der Baracke Steine warf. Kleinere Steine waren in den Ruinen in Hülle und Fülle vorhanden. So machten wir uns einen Sport daraus, aus sicherer Entfernung die Baracke „rumpeln" zu lassen. Regelmäßig stürzte dann fluchend und schimpfend ein Mann aus der Baracke. Er wollte uns fangen. Da wir genügend Abstand hatten, gelang ihm dies aber nicht. Eines Tages wurden wir aus dem Unterricht heraus zum Direktor gerufen. Unsere mehrfachen Steinwurf-Aktionen hatten bei den Barackenbewohnern nämlich zu der Vermutung geführt, dass es sich bei den Tätern um Schüler des nahen Gymnasiums handeln könne. Oberstudiendirektor Menzel schilderte die Beschwerde, die an ihn herangetragen worden war. Er betonte, dass er sich für das ganze Gymnasium schäme, wenn es sich um Schüler aus seiner Schule handeln sollte. Die Versuchung, alles abzustreiten, war natürlich groß. Aber wir rangen uns doch dazu durch, unsere „Täterschaft" zu gestehen. Und dann passierte das Unerwartete: Statt uns, wie wir das angenommen hatten, mit Nachsitzen, Strafarbeiten oder Schlimmerem zu bestrafen, sagte der Direktor, dass er unser Geständnis sehr mutig finde. Deshalb werde er uns auch nicht bestrafen. Er erwarte allerdings, dass mit der Steinewerferei sofort Schluss sei. Das haben wir – sehr erleichtert – versprochen. Und – na klar – auch gehalten.

Zu den Lehrern, die mich sehr beeindruckt haben, gehörte am Speyerer Gymnasium unser Griechisch-Lehrer Riesner. Er gestaltete den Unterricht so interessant, dass wir gar nicht auf die Idee kamen, ihm im Sinne der Lausbubengeschichten Ludwig Thomas Streiche zu spielen. Riesner strahlte eine natürliche Autorität aus und war ein tief gläubiger Katholik. Zu Beginn einer Unterrichtsstunde sprach er regelmäßig ein kurzes Gebet. So etwas kannten wir sonst nur aus dem Religionsunterricht. Bei so manchem seiner Kollegen hätte uns ein solches Verhalten eher zu irgendeinem Schabernack gereizt. In seinem Unterricht war dies aber anders. Als Studienrat Riesner 1953 nach Chile auswanderte, haben wir seinen Fortgang sehr bedauert.

Zu den unvergesslichen Persönlichkeiten aus dem Kreis meiner Lehrer gehört auch unser Karlsruher Lateinlehrer Lang-Lehndorff. Er verstand es, uns bei den nicht immer leichten Übersetzungen lateinischer Texte spannend und lebensnah die historischen Verhältnisse zu schildern. Sie trugen wesentlich zum Verständnis des Textes bei. Schrieben wir bei ihm eine Klassenarbeit, verließ er den Klassenraum und kehrte erst wieder zum Einsammeln der Hefte am Ende der Stunde zurück. Er begründete sein Verhalten damit, dass er uns vertraue. Wer „spicke", missbrauche dieses Vertrauen und betrüge sich selber, weil er sich über seinen tatsächlichen Wissensstand täusche.

Obwohl ich nicht weiß, inwieweit sich die Schüler Lang-Lehndorffs im Einzelfall an das Spickverbot gehalten haben, kann ich aus meiner eigenen Klasse sagen, dass uns dieses Verhalten sehr beeindruckt hat. Die Hemmschwelle beim Spicken lag deutlich höher als in den Fällen, in denen der Lehrer zur Kontrolle der Schüler während der Klassenarbeit im Klassenzimmer geblieben war.

Hobbys und Leidenschaften

So wichtig die Schule in den zwölfeinhalb Jahren bis zum Abitur auch war, so gab es natürlich auch eine Menge Hobbys. Dazu gehörte für mich schon in der Kindheit das „Gärtnern". Wahrscheinlich steckt die Freude an Garten und Gartenarbeit schon in den Genen. Lebhaft erinnere ich mich an die Großmutter Rehberger. Ihr durfte ich helfen, wenn sie in Meckesheim – dort war der Großvater Bahnhofsvorsteher – im Garten arbeitete. Auch mein Vater war zeitlebens Hobby-Gärtner. Seine Gärten waren in den Nachkriegsjahren vor allem Nutzgärten. Es wurde Obst und Gemüse angebaut – ein hoch willkommener Beitrag zur Ernährung der Familie. Schon in Mülheim bekamen Änne, Rainer und ich jeweils ein kleines Beet zugeteilt. Wir durften es eigenständig gestalten. Als am 3. Juni 1948 unsere Schwester Hildegard das Licht der Welt erblickt hatte, grub ich eine der beiden gerade blühenden Studentenblumen aus. In einem Blumentöpfchen brachte ich sie unserer Mutter ins Krankenhaus. Obwohl die Tagetes etwas streng riecht, war Mutter über dieses sehr persönliche Geschenk ganz gerührt.

Ich finde es wunderbar, dass ich mein ganzes Leben lang diesem herrlichen Hobby frönen durfte. Auch heute. Wenn ich jetzt von meinem Saarbrückener Schreibtisch aus in den Garten schaue – es ist Januar 2008, aber mild -, lachen mich am Rande des grünen Rasens Schneeglöckchen, Christrosen und Stiefmütterchen an. Ihnen folgen im Laufe des Jahres, mal an dieser, mal an jener Stelle des Gartens gehegt und gepflegt, in allen Farben und Formen herrliche Blumen. Jede für sich, auch das Gänseblümchen und das Vergissmeinnicht, ein Wunderwerk der Natur. Bäume und Sträucher, Wege und kleine Mauern zur Strukturierung des Geländegefälles, geben dem Garten

Gestalt und dem Auge immer neue Perspektiven. Am Rande des kleinen Gartenteichs steht fast lebensgroß und in Bronze Flora. Ein Werk des Magdeburger Bildhauers Heinrich Apel. Sie achtet darauf (und ich helfe ihr dabei etwas), dass alles seine Ordnung hat, dass die Harmonie zwischen Seerosen und Wollgras, Blutweiderich und Trollblumen gewahrt bleibt. Flora trägt übrigens wie ihr lebendiges Vorbild, ein Magdeburger Mädchen aus den Hippie-Jahren, einen viel zu weiten, an den Ärmeln hochgekrempelten Mantel. Insoweit hat sie es in der kalten Jahreszeit wenigstens optisch besser als der ebenfalls in Bronze gegossene Jüngling aus dem antiken Griechenland. Er steht auf unserer Terrasse. Das Original dieses fast lebensgroßen Nackedeis soll aus der Werkstatt des Praxiteles stammen. Es ist vielfach kopiert worden. So kann man ihn in der Uffiziengalerie zu Florenz, in der Antikensammlung der Universität Jena und im Rathaus der Landeshauptstadt Magdeburg bewundern.

Ein weiteres Hobby ist die Musik. Vor allem die Klassik. Auch hier dürften die Gene eine wichtige Rolle spielen. Beide Eltern, vor allem Mutter, waren an Musik interessiert. Mutter setzte sich öfter ans Klavier, um sich beim Gesang von Chorälen selber zu begleiten. Vater liebte es, am Wochenende am Schreibtisch sitzend und Korrespondenz erledigend das Radio laut aufzudrehen und vornehmlich klassische Musik zu hören. Da lag es nahe, dass die Kinder ein Instrument lernten. Nach Kriegsende erhielt Änne Klavierunterricht. Sie überrundete mit ihrem Können rasch unsere Mutter. Ich bekam mit neun Jahren Violin-Unterricht. Bald spielte ich mit Änne einfache Duos. Aus klassischer Zeit. Auch in Speyer ging der Violin-Unterricht weiter. Außerdem wurde ich in das Schulorchester aufgenommen. Meistens fiel mir das Üben allerdings schwer. So hielten sich auch die Fortschritte in Grenzen. Als die Familie 1955 nach Karlsruhe umzog, war dies eine willkommene Gelegenheit, den Violin-Unterricht wegen der schulischen Umstellungsprobleme nicht weiterzuführen. Erst viele Jahre später, als meine Tochter Annette mit sechs Jahren Violin-Unterricht bekam und in kürzester Zeit enorme Fortschritte machte, holte ich meine Violine noch einmal aus dem Kasten. Ich spielte mit Annette Duos. Zuerst spielte ich die erste Geige. Dann tauschten wir die Rollen. Schließlich eröffnete mir eines Tages mein inzwischen siebenjähriges Töchterchen, dass es wohl sinnvoller sei, das gemeinsame Geigenspiel zu beenden. Mein Vibrato sei so gut wie nicht wahrnehmbar („jämmerlich") und bei den Sechzehnteln hätte ich große Probleme mit dem Tempo. Sie hatte Recht. Mir blieb der Trost, dass Tochter Annette ab ihrem sechsten Lebensjahr ihr Leben ganz dem Violinspiel gewidmet hat. Mit großem Erfolg.

So bescheiden meine eigenen Erfolge als Geigenspieler blieben, so gerne höre ich bis zum heutigen Tage klassische, aber auch zeitgenössische Musik. Der Besuch von Konzerten, Opern und Musicals wurde ein besonders schöner Teil meiner Freizeit. Wenn ich, wie in den neunziger Jahren und erneut seit meinem Ausscheiden aus dem Ministeramt im April 2006 alleine mit dem Auto quer durch Deutschland unterwegs bin, sind Händel und Bach, Mozart und Haydn, Beethoven und Brahms, Telemann und Vivaldi, Bruckner und Tschaikowski, Prokofjew und Smetana, Wagner und Verdi, Strauß und Orff meine ständigen Begleiter. Wobei ich Acht geben musste und immer noch muss, dass mich das eine oder andere Allegro oder Presto nicht ausgerechnet in einer 60- oder 80-km-Zone mitreißt. Andernfalls trifft bei uns nämlich wenige Wochen später von irgendeiner Polizeibehörde aus Deutschland ein Schreiben an „Herrn Horst Hans Georg Rehberger" ein. Das kann ziemlich kostspielig sein.

*

Ein weiteres Hobby wurde – wie könnte dies bei einem Eisenbahner-Sohn und Eisenbahner-Enkel auch anders sein – das Reisen. In diesem Falle allerdings weniger das Reisen in Deutschland (das war eigentlich selbstverständlich), sondern das Reisen durch die Welt. Die ersten Reisen ins Ausland waren Eisenbahnfahrten mit meinem Vater. 1953 nach Lugano in der Südschweiz, 1955 – da durfte auch mein Bruder Rainer mit – nach Brüssel, Gent und Brügge in Belgien. Als Eisenbahner hatte mein Vater auch im benachbarten Ausland Freifahrt. Für die Kinder waren die Preise stark reduziert. Das traf sich gut. Denn der Familien-Etat ließ größere Ausgaben in den Ferien nicht zu. So fuhren wir mit einem Nachtzug an unser Ziel. Die nächste Nacht verbrachten wir in einem preiswerten Hotel. Die dritte Nacht ging es dann mit der Eisenbahn wieder nach Hause. Trotz dieses gerafften Programms war ich von den Reisen begeistert. Sie machten Lust auf neue Reisen. Ohne väterliche Begleitung. 1956 radelte ich zunächst zusammen mit meinem Klassenkameraden Oskar Albiez von Karlsruhe nach Paris. Von dort ging es über Reims, Luxemburg und Koblenz zurück nach Karlsruhe. Anschließend fuhr ich mit einem anderen Klassenkameraden, Max Eberhard Singrün, nach Burgund. Wiederum per Fahrrad. Die Frage war nur, wie man in weiter entfernte Länder reisen konnte. Mit dem Fahrrad über die Alpen nach Rom? Oder gar nach Griechenland? Oder durch ganz Frankreich über die Pyrenäen nach Spanien? Da traf es sich gut, dass ein Karlsruher Klassenkamerad ebenfalls Eisenbahner-Sohn war: Hans-Rudolf Dörrwächter. Mit ihm zusammen reiste ich 1957 in den Sommerferien nach Italien. Verona, Venedig, Ravenna, Florenz, Rom und Pompeji waren unsere Ziele. Ein väterlicher Freund, der damalige Geschäftsführer der Deutsch-Italienischen Gesellschaft in Karlsruhe, Richard Rösel, hatte in jeder dieser Städte jemanden gefunden, der sich um uns kümmerte. So lernten wir die jeweilige Stadt von ihrer besten Seite kennen. Wir waren hingerissen. So reisten wir in den folgenden Jahren mit der für uns so preiswerten Eisenbahn durch halb Europa (die andere Hälfte lag damals leider noch hinter dem „Eisernen Vorhang"): die Benelux-Länder, Südfrankreich, Spanien, Griechenland, Dänemark und Schweden. Das Geld für die Reisen verdiente ich über die studentische Arbeitsvermittlung „Hilf fix". Am Fließband einer Brauerei, als Austräger einer Wäscherei, als Hilfsarbeiter eines Metall verarbeitenden Betriebs. Später, als jeder seine eigene Familie gegründet hatte, folgten gemeinsame Reisen mit Hans-Rudolf Dörrwächter, unseren Frauen und – solange sie das wollten – auch den Kindern nach Portugal, in die Türkei, nach Südafrika und in die USA. Eine (Reise-) Freundschaft für's Leben! Nimmt man die zahlreichen Reisen dazu, die ich seit 1966 mit meiner Frau, häufig auch mit unseren Kindern und Freunden wie Familie Gisela und Rüdiger Winkelmann nach Österreich und Ungarn, Tschechien und Polen, Italien und Frankreich, Großbritannien und Griechenland, Russland und Schweiz, Israel und Ägypten, Marokko und Tunesien, Namibia und erneut Südafrika, USA und Kanada gemacht habe und zählt man die Dienstreisen hinzu, die mich insbesondere nach China, Japan, Korea, Taiwan und Vietnam geführt haben, so dürfte der Begriff „Reiselust" überzeugend belegt sein.

Es ist nicht Sinn eines solch stark gerafften Rückblicks, Dinge zu berichten, die man in jedem Reiseführer nachlesen kann. Ich beschränke mich auf die Schilderung von drei unglaublichen Begegnungen, die zeigen, dass diese Welt trotz ihrer weit mehr als 6 Milliarden Menschen manchmal ein Dorf sein kann.

August 1981

Gemeinsam mit Familie Rolf und Uta Föller, Freunden aus Karlsruhe, mit denen wir den Westen der USA bereisen, sitzen wir im Yosemite National Park in der Sierra Nevada in Kalifornien am Ufer eines kleinen Sees. Er war einmal ein Heiligtum der Indianer. Ein Studentenpärchen aus Deutschland kommt vorbei. Sie bleiben stehen und sprechen uns an: „Da sind ja Landsleute! Vielleicht sogar aus dem Badischen?" „Ja, wir kommen aus Karlsruhe". "Oh", sagt da der junge Mann, „genau dort wohnt meine Mutter." „Wo genau?", lautet meine Gegenfrage, "wir kennen uns in der Stadt ziemlich gut aus." „Es ist ein kleines Sträßchen in der Nordweststadt, das Sie bestimmt nicht kennen. Ganz in der Nähe wohnt allerdings der Bürgermeister Rehberger", lautete die Antwort. „Der bin ich!" Dem jungen Mann verschlug es fast die Sprache. Versteht sich, dass unsere Unterhaltung dann umso ausgiebiger wurde.

Mai 1992

Gemeinsam mit Adolf und Reni Funk, Freunden aus dem Saarland, sind wir für einige Tage in Großbritannien unterwegs. Am 5. Mai, es ist der Tag unserer Silbernen Hochzeit, bummeln wir in Karlsruhes Partnerstadt Nottingham durch die City. Plötzlich stehen Hans-Rudolf und Constanze Dörrwächter vor uns. Sie sind mit der Eisenbahn von London in den Norden Englands unterwegs. Hans-

Rudolf, einer unserer beiden Trauzeugen, schlägt seiner Frau vor, die Reise für ein Stündchen zu unterbrechen und den Rehbergers aus der Partnerstadt anlässlich ihrer Silbernen Hochzeit einen Kartengruß zu schicken. Gesagt, getan. Da noch etwas Zeit bis zum nächsten Zug ist, laufen die beiden ein Stück weit in die Innenstadt. Und treffen uns. Weder wussten Dörrwächters, dass wir in England unterwegs waren, noch wussten wir dies von ihnen. Kein Wunder, dass aus der kurzen Reiseunterbrechung ein ausgiebiges gemeinsames Mittagsmahl wurde. Und die bereits geschriebene und frankierte Postkarte bei uns per Hand ankam.

Juli 2007

Mit einer Reisegruppe aus Saarbrücken genießen wir die „Weißen Nächte" von St. Petersburg. Auch der Besuch des Winterpalastes mit seiner riesigen Gemäldesammlung steht auf dem Programm. In einem der zahllosen Räume stehe ich vor einigen Gemälden französischer Impressionisten. Mit meinen Gedanken bin ich in der farbenprächtigen Landschaft Cezannes, die sich vor meinen Augen ausbreitet. So höre ich zunächst gar nicht, dass mich jemand anspricht. Beim zweiten „Horst!" bin ich wieder im Winterpalast. Vor mir steht doch wahrhaftig Conny Pieper, „meine" FDP-Landesvorsitzende aus Sachsen-Anhalt! Sie ist mit dem Bundestagsausschuss für Bildung und Forschung für wenige Tage in Moskau und St. Petersburg unterwegs und kurz vor dem Rückflug nach Berlin zu einer Stippvisite im Winterpalast. Wir konnten es kaum fassen, dass wir uns in dem weitläufigen Palast unter den tausenden Besuchern, die sich an diesem Tage in den vielen Räumen der Galerie aufhielten, über den Weg gelaufen waren. Umso größer war unsere Freude über die völlig überraschende Begegnung.

Alles in allem empfinde ich es als großes Glück, in einer Zeit zu leben, in der das Reisen rund um den Erdball so einfach geworden ist. Die meisten Reisen waren bestimmungsgemäß Urlaubs- und Erholungsreisen. Aber wir haben – und dies ist wahrlich kein Widerspruch – jedes Mal auch eine Menge dazugelernt. Über die wunderbare Vielfalt unseres Planeten, seine Tier- und Pflanzenwelt, über die Sitten und Gebräuche anderer Völker, über ihre Gastfreundschaft und ihre Geschichte. Gerade in den letzten Jahren ist mir auch bewusst geworden, in welch dramatischem Tempo die Menschheit trotz aller ethnischen, geschichtlichen und kulturellen Unterschiede zusammenwächst. Die Erde ist zu einem einzigen Schmelztiegel geworden. Wobei alles dafür spricht, dass nach dem 19. Jahrhundert, das von den Europäern dominiert wurde, und dem 20. Jahrhundert, das ein Jahrhundert der Amerikaner war, das 21. Jahrhundert zu einem Jahrhundert der Asiaten wird.

*

Der Prozess des Zusammenwachsens wird nicht nur durch immer perfektere Transport- und Telekommunikations-Technologien sowie einen weltweit steigenden Lebensstandard beschleunigt. Vielmehr wird das weitere Wachstum der Menschheit entscheidende Impulse zur Beschleunigung dieses Prozesses setzen. Nach dem 2007 vorgelegten Weltbevölkerungsbericht der Vereinten Nationen wird die Menschheit in den nächsten Jahrzehnten von gegenwärtig rund 6,6 Milliarden auf über 9 Milliarden Menschen anwachsen. Hinzu kommen Veränderungen des Klimas. Sie haben in der bisherigen Geschichte unserer Erde kontinuierlich stattgefunden. Sie werden mit und ohne Mensch auch in Zukunft stattfinden. In jedem Falle werden sie aber dazu beitragen, dass sich auch im 21. Jahrhundert etwas vollzieht, was die Geschichte des Menschen von Anfang an geprägt hat: Wanderungen über Länder und Kontinente hinweg. Dass diese Wanderungen angesichts des prognostizierten Bevölkerungswachstums auf unserem Planeten zahlenmäßig eine ganz andere Dimension haben werden als in der Vergangenheit, werden wir dabei einkalkulieren müssen. Töricht wäre es, wenn wir in Deutschland und Europa auf diese bereits in Gang befindliche Entwicklung mit Angst und Verzagtheit reagieren würden. Prozessen, die man zwar dämpfen, aber nicht aufhalten kann, muss man offensiv und konstruktiv begegnen. Sie sind nicht nur mit Risiken, sondern auch mit Chancen verbunden.

Damit sind wir eigentlich bei einem weiteren Hobby, nein, bei einer Leidenschaft, die mein Leben ganz entscheidend geprägt hat: der Politik. Aber darüber berichten im Folgenden andere. Zuvor jedoch noch etwas über meinen Lebensmittelpunkt: meine Familie.

*

Zu Hause spielten politische Fragen keine allzu große Rolle. Zwar erzählte Vater, dass Großvater Rehberger ein Anhänger von Stresemanns Deutscher Volkspartei gewesen war. Und Mutter berichtete voller Stolz, dass ihr Vater Karl Pfattheicher ein „glühender Verehrer" Otto von Bismarcks gewesen sei. Nach der Katastrophe, die der Nationalsozialismus für Deutschland und ganz Europa herbeigeführt hatte, und den persönlich sehr schmerzlichen Folgen für unseren Vater kam für ihn ein wie auch immer geartetes politisches Engagement nicht in Betracht. Dennoch war er am Gang der Dinge interessiert. Eine Tageszeitung sowie tägliche Rundfunk-, seit Ende der 50er-Jahre auch Fernsehnachrichten waren für ihn eine Selbstverständlichkeit. Hin und wieder gab es im Familienkreis auch Debatten über aktuelle politische Themen. Diese interessierten vor allem mich zunehmend. An Ereignissen wie dem Volksaufstand vom 17. Juni 1953 in der DDR oder der am 23. Oktober 1955 durchgeführten Volksabstimmung im Saarland über das Saarstatut nahmen wir lebhaften Anteil.

In der Schule gehörte Geschichte seit Mitte der fünfziger Jahre zu meinen Lieblingsfächern. Historische Romane und Biographien „verschlang" ich in großer Zahl. Unsere Tageszeitung las ich bald gründlicher als mein Vater. Aber auch Magazine wie DER SPIEGEL gehörten zu meiner ständigen Lektüre. Seit unserem Umzug nach Karlsruhe im Sommer 1955 hatte ich in dem ursprünglich als Waschküche vorgesehenen Kellerraum, der zum Garten hin ein richtiges Fenster hatte, ein eigenes Zimmer. Sogar ein kleines Radio konnte ich jetzt mein Eigen nennen. Die Abendnachrichten waren bei Rehbergers seitdem in aller Regel in zwei Räumen zu hören: im Arbeitszimmer meines Vaters und in meinem Kellerraum. Den hatte ich mir sehr gemütlich gestaltet. Außerdem sicherte er mir, was ebenso wichtig war, ein wenig Abstand vom Familienbetrieb.

Mein Beruf: Jurist,
meine politische Heimat: die FDP

Je mehr ich mich mit politischen Fragen beschäftigte, umso sympathischer wurde mir die FDP. Das hatte drei Gründe:

Stärker als andere demokratische Parteien war die FDP schon in den 50er-Jahren eine Partei der Bürger- und Menschenrechte. Nach dem Zusammenbruch der NS-Diktatur und angesichts des Aufkommens einer kommunistischen Diktatur im sowjetisch besetzten Teil Deutschlands war dies die klarste Alternative zu jeder Form des Totalitarismus. Der politische Liberalismus war und ist aber auch die überzeugendste Alternative zu jeder selbst in Demokratien weit verbreiteten Form staatlicher Bevormundung und Reglementierung. In den 50er-Jahren spielte für mich in diesem Zusammenhang die von CDU und CSU befürwortete staatliche Konfessionsschule eine wichtige Rolle. In der Volksschule hatte ich ja erlebt, wie wir Schüler plötzlich nach Konfessionen getrennt wurden. Es gab seitdem zum Beispiel in Nordrhein-Westfalen katholische und evangelische Volksschulen. Die FDP bekannte sich demgegenüber zur christlichen Gemeinschaftsschule. Das fand ich gut.

Gefallen hat mir außerdem, dass sich die FDP überzeugender als alle anderen demokratischen Parteien als Partei der Wiedervereinigung Deutschlands profilierte. Stärker als zum Beispiel Konrad Adenauer und die CDU hat sie immer wieder darauf gedrängt, alle Chancen, mochten sie noch so gering sein, auszuloten, um die Teilung Deutschlands zu überwinden. Eine Probe aufs Exempel war das von Adenauer massiv befürwortete Saarstatut. Dessen Annahme durch die Saarländer hätte die definitive Abtrennung dieses Gebiets von Deutschland bedeutet. Der zunächst aussichtslos erscheinende Kampf Heinrich Schneiders und seiner Demokratischen Partei Saar (DPS) gegen das Saarstatut und für eine Rückkehr des Saarlands zu Deutschland war dann doch erfolgreich – ein „Wunder an der Saar". Dass Frankreich nach dem Scheitern des Saarstatuts den Willen der großen Mehrheit der Saarländer respektierte und der Rückkehr des Landes in den deutschen Staatsverband zustimmte, war ein großmütiger und großartiger Beitrag zur europäischen Gemeinschaft. In dieser Gemeinschaft fühle ich mich zu Hause.

Im Jahr 1956 schrieben wir einen Klassenaufsatz zum Thema „Männer machen Geschichte. Wie denken Sie über diesen Ausspruch?". In dem Aufsatz schrieb ich, dass der Begriff „Mann" hier nicht als Gegensatz zur Frau gemeint sei. Der Ausspruch gelte also zum Beispiel auch für die Kaiserin Maria Theresia. Außerdem komme es immer auf die historischen Rahmenbedingungen an. Martin Luther hätte ohne das damals höchst weltliche Papsttum und den Ablasshändler Tetzel genau so wenig Geschichte geschrieben wie Karl Marx ohne die Industrialisierung und die dadurch bedingten dramatischen sozialen Verwerfungen. Mit Thomas Dehler hatte die FDP in den fünfziger Jahren einen leidenschaftlichen Streiter für Freiheit, Recht und Vaterland. Dass ich mich 1957 den Deutschen Jungdemokraten und zwei Jahre danach auch der FDP in Karlsruhe anschloss, hatte auch sehr viel mit Thomas Dehler zu tun.

Mein wachsendes politisches Interesse hat bei meiner 1958 getroffenen Entscheidung, Jura zu studieren, eine Rolle gespielt. Politische Zielsetzungen, die realisiert werden sollen, schlagen sich in aller Regel in Normen nieder. Ich habe dabei allerdings nicht an eine politische Laufbahn gedacht, sondern an den Beruf eines Rechtsanwalts. Die beiden ersten Semester studierte ich in Heidelberg, wo mir bei der ältesten Schwester meines Vaters, Gretel Hohenrein, am Schlossberg 6 eine zünftige Studentenbude sicher war. Für mein drittes und viertes Semester bewarb ich mich dann bei der Freien Universität Berlin. Für Studenten aus der Bundesrepublik galt allerdings ein Numerus clausus. Umso größer war die Freude, als ich die Zulassung in Händen hielt. Bei Frau Fuess in der Hammerstraße 10 in Zehlendorf fand ich ein passendes Zimmer, so dass ich mit dem Fahrrad nur wenige Minuten bis zur Uni brauchte. Es wurde ein erlebnisreiches Jahr in Berlin. Vielleicht auch deswegen, weil sich die Zahl der Vorlesungen, die ich besuchte, in überschaubaren Grenzen hielt? Das Mitschreiben in den Vorlesungen kam mir sehr antiquiert vor. Schließlich gab es massenhaft Lehrbücher und Kommentare. Den sommerlichen Wannsee und das überwältigende Angebot der Theater, Opernhäuser und Kabaretts in Berlin fand ich jedenfalls entschieden attraktiver. Wobei ich häufig Vorstellungen in Ostberlin besuchte. Es gab ja noch keine Mauer und die oft exzellenten Aufführungen der Ostberliner Opernhäuser und Theater konnte man ohne ostdeutschen Personalausweis besuchen. Das Währungsgefälle zwischen der DM und der ostdeutschen Mark war dabei so krass, dass man für wenige DM Karten für die besten Plätze ergattern konnte.

Die beiden Semester, die ich an der FU studieren durfte, vergingen so wie im Fluge. Da ich mich in Berlin sehr wohl fühlte, beschloss ich, in dieser quicklebendigen Stadt ein weiteres Semester anzuhängen. Ich meldete mich deshalb zur Hochschule für Politik in Schöneberg um und studierte gewissermaßen nebenbei weiterhin Jura an der FU. An der Hochschule für Politik belegte ich u. a. ein Seminar bei Professor Ossip K. Flechtheim. Thema „Die FDP". Dass ich im Seminar-Schein die Note „Fast sehr gut" erhielt, war Ehrensache. Wobei das „Fast" gewiss so gemeint war, dass es auf dieser Welt so gut wie nichts gibt, das man nicht noch etwas besser machen könnte. Mehrfach besuchte ich in dieser Zeit auch Veranstaltungen im Ostberliner „Haus der Deutsch-Sowjetischen Freundschaft". Dort hielten prominente DDR-Publizisten wie Eduard von Schnitzler Vorträge zu aktuellen politischen Themen. In der anschließenden Diskussion habe ich mich regelmäßig zu Wort gemeldet und Fragen gestellt, die im Publikum allgemeines Murmeln auslösten. Ein Provokateur aus dem Westen? Man nahm es hin und ich habe bei diesen Gelegenheiten eine Menge über Dialektik dazugelernt. Sonntags besuchte ich mehrfach Gottesdienste in der Ostberliner Marienkirche, die der damalige Ratsvorsitzende der Evangelischen Kirche in Deutschland, Bischof Otto Dibelius, hielt. Es hat mich sehr beeindruckt, wie mutig Dibelius seine Überzeugungen vertrat und in Grundsatzfragen dem SED-Regime die Stirne bot.

Zum Wintersemester 1960/61 kehrte ich an die Universität Heidelberg zurück. Aber die Verbundenheit mit Berlin blieb. Zusammen mit Hans-Rudolf Dörrwächter reiste ich im August 1961 für einige Tage nach Berlin. Ich zeigte ihm die Stadt, in der ich drei Semester studiert und so vieles erlebt hatte. Am Abend des 12. August reisten wir zurück. Da am Bahnhof Zoo immer große Menschenmengen auf die Züge warteten, beschlossen wir, mit der S-Bahn zum Hauptbahnhof in Ostberlin zu fahren und bereits dort um 22 Uhr in den noch leeren Zug nach Hamburg einzusteigen. Bei der Fahrt durch Ostberlin und wenig später den Raum Potsdam fielen uns die vielen Soldaten und Armeefahrzeuge auf, an denen wir vorbeifuhren. Ganz gewiss wieder ein Manöver. So dachten wir. Als wir am nächsten Morgen in Hamburg ausstiegen, wurden an diesem Sonntagmorgen, dem 13. August 1961, überall Extrablätter verkauft. Die Schlagzeile war überall die gleiche: Die Berliner Sektorengrenzen waren um Mitternacht dicht gemacht worden. Mitten durch Berlin wurde eine Mauer gebaut.

So sehr mich diese Vorgänge aufwühlten, so gerne ich gerade jetzt wieder in Berlin gewesen wäre, so dringlich war es, mich endlich auf das Staatsexamen vorzubereiten. In Heidelberg. So lernte ich jetzt Jura. Vor allem beim Repetitor Bornemann. Der hatte schon ganze Juristengenerationen erfolgreich zum Examen geführt. Auch bei mir half es. Am 11. Januar 1963 bestand ich die Erste juristische Staatsprüfung mit der Note „befriedigend". Ich war darauf einigermaßen stolz, hatte es damit zu Hause freilich zunächst nicht ganz leicht. Mein Schwester Änne, die Architektur, und mein Bruder Rainer, der Medizin studierte, hatten meine Eltern mit Einsern und Zweiern verwöhnt. Da war ein „Befriedigend" doch eher unbefriedigend. Weil mein Problem offenbar ein Problem aller Juristen war (und wie ich höre, immer noch ist), hat man sich beim Landesjustizprüfungsamt in Stuttgart (und nicht nur dort) etwas einfallen lassen. Wer an einem Examen teilgenommen hat, kann sich seine „Platznummer" geben lassen. Als ich auf diesem Wege meinem Vater schwarz auf weiß nachweisen konnte, dass an dem Referendarexamen von 101 Prüflingen 80 die Prüfung bestanden hatten und ich auf Platz 15 gelandet war, hellte sich seine Miene sichtlich auf.

Aus der nun folgenden Referendarzeit, die ich bei Gerichten und Behörden in Karlsruhe absolvierte, soll zweierlei kurz erwähnt werden. Parallel zur Referendarsausbildung promovierte ich bei dem Heidelberger Staatsrechtler Professor Dr. Hans Schneider mit einer Arbeit über „Die Gleichschaltung des Landes Baden 1932 / 33" „magna cum laude" zum Dr. iur. Gleichzeitig bearbeitete ich auf Anregung Schneiders in der Karlsruher Kanzlei der BGH-Anwälte Prof. Dr. Philipp Möhring / Dr. Rudolf Nirk die Fälle, in denen verfassungs- und verwaltungsrechtliche Fragen dominierten.

Etwas anderes war in diesen Jahren – ohne dass ich dies damals erkannt habe – für meinen weiteren Lebensweg von entscheidender Bedeutung. Zurück in Karlsruhe und mit dem Referendarexamen in der Tasche hatte ich endlich mehr Zeit, mich politisch stärker zu engagieren. Die Karlsruher Jungdemokraten befanden sich nach der Bundestagswahl vom September 1961 in einer schweren Krise. Die FDP hatte mit ihrem Spitzenkandidaten Erich Mende den Wahlkampf mit der Parole geführt „Mit der CDU, aber ohne Adenauer". Bei den anschließenden Koalitionsverhandlungen mit der CDU musste dann aber ein Kompromiss akzeptiert werden: Noch zwei Jahre blieb Konrad Adenauer Kanzler. Erst 1963 sollte er dann durch Ludwig Erhard abgelöst werden. Dieser Kompromiss führte in der FDP zu heftigen parteiinternen Auseinandersetzungen und Ämterniederlegungen. Der bisherige Vorsitzende der Karlsruher Jungdemokraten, Wolfgang Schuster, und weitere führende Mitglieder des Verbands legten ebenfalls ihre Ämter nieder. Die Zahl der aktiven Mitglieder tendierte nach Null. Eine schwierige Situation. Aber auch die Chance für einen Neuanfang! Am 27. März 1993 fand eine nur von wenigen Mitgliedern besuchte Generalversammlung statt. Ich wurde zum Vorsitzenden gewählt.

Mit Feuereifer ging es an die Arbeit. Veranstaltungen mit führenden Vertretern der Karlsruher FDP und der Landespartei wurden organisiert und mit wachsenden Teilnehmerzahlen durchgeführt. Zu einem Wochenendseminar über „Liberale Kulturpolitik" kam die bayerische Landtagsabgeordnete Hildegard Hamm-Brücher aus München nach Karlsruhe. Sie sollte in den folgenden Jahrzehnten in keinem Wahlkampf fehlen, bei dem ich als Kandidat oder Wahlkampfleiter (oder beides) teilnahm. Besonders stolz war ich, dass es Anfang November 1963 sogar gelungen war, Thomas Dehler, der damals das Amt eines Bundestagsvizepräsidenten innehatte, für eine Großveranstaltung der Karlsruher Jungdemokraten im Bürgersaal des Karlsruher Rathauses zu gewinnen. Kurz zuvor war er als offizieller Gast in Moskau gewesen und hatte mit der sowjetischen Führungsspitze Gespräche geführt. Thema seines Vortrags „Um Deutschlands Einheit". „Der annähernd 500 Menschen fassende Saal war bis zum letzten Platz besetzt. Einige jüngere Teilnehmer mussten sich mit einem Platz auf den Treppenstufen begnügen", schrieb ich voller Begeisterung an die FDP-Landesgeschäftsstelle in Stuttgart.

Die zahlreichen Veranstaltungen, die wir in kurzer Zeit durchführten, kosteten natürlich Geld. Mehr, als wir in der Jungdemokratenkasse hatten. Ich schrieb daraufhin ohne auch nur im Geringsten zu ahnen, wie viele derartige Briefe ich im Laufe der folgenden Jahrzehnte noch schreiben würde, an die Mitglieder der Karlsruher FDP einen „Bettelbrief", in dem ich um eine „wohlwollende Spende" bat. Aus der Antwortpost ist mir ein Brief in besonders lebhafter Erinnerung. Karl Heinrich Heine, Begründer des Geschenkversandhauses Heine, schrieb u.a.: "Ihr Schreiben vom 17.10.1963 hat mich besonders interessiert, weil ich einst selbst in der jungdemokratischen Bewegung führend tätig war. Ich leitete 1924 bis 1926 die jungdemokratischen Ortsgruppen in Halberstadt und später in Magdeburg und war auch Vorsitzender des Landesverbandes Mitteldeutschland der deutschen Jungdemokraten jener Tage… Eine ‚wohlwollende Geldspende' in Höhe von DM 100 (wobei es wohl weniger auf das Wohlwollen als auf die Geldspende ankommt) habe ich auf Ihr Postscheckkonto überwiesen." Der Brief war der Beginn einer lebenslangen freundschaftlichen Verbindung mit Karl Heinrich Heine.

Eine andere lebenslange Freundschaft begann ebenfalls in dieser Zeit. Der Chefredakteur der Schülerzeitung des Ettlinger Gymnasiums, Jürgen Morlok, besuchte mich zu einem Interview. Wir verstanden uns sofort persönlich und politisch sehr gut. Kurze Zeit später wurde Jürgen Mitglied der Karlsruher Jungdemokraten. Natürlich ahnten wir damals nicht, dass Jürgen zum Landes- und Fraktionsvorsitzenden der FDP/DVP in Baden-Württemberg aufsteigen und neben Hans Dietrich Genscher stellvertretender FDP- Bundesvorsitzender werden würde. Noch heute treffen wir uns in Sachen politischer Liberalismus regelmäßig: Er als Vorsitzender und ich als Mitglied des Kuratoriums der Friedrich-Naumann-Stiftung für die Freiheit.

Zum 7. November 1965 waren in Baden-Württemberg Kommunalwahlen anberaumt. Nach dem damals noch geltenden „rollierenden System" wurde alle drei Jahre die Hälfte der Stadt- und Gemeinderäte gewählt. In Karlsruhe waren es demnach 24 Personen, die von den Bürgerinnen und Bürgern in einem umständlichen, aber sehr demokratischen Verfahren zu wählen waren. Man konnte einem Kandidaten bis zu drei Stimmen geben (Kumulieren) und Kandidaten anderer Parteien auf die abgegebene Parteiliste schreiben (Panaschieren). Bei insgesamt 24 Stadtratssitzen, die zu besetzen waren, konnte die FDP in der Regel auf zwei Mandate hoffen. Die Frage, wer dann in den Stadtrat einzog, hing von der Stimmenzahl ab, die der einzelne Kandidat erreicht hatte. Der FDP-Kreisverband kam Ende September 1963 zusammen, um die Kandidatenliste aufzustellen. Was die ersten Plätze anbetraf, bestand im Kreisverband ein breiter Konsens, wonach insbesondere die beiden bisherigen Mitglieder des Stadtrats, Prof. Dr. Hans Schubart und Luise Riegger, erneut aufgestellt werden sollten. Ermuntert durch die junge Garde, die es inzwischen im Kreisverband gab, hatte ich mir vorgenommen, mich um Platz vier der Liste zu bewerben. Zwei weitere Mitbewerber traten an. Im ersten Wahlgang erhielten zwei Kandidaten jeweils 19 Stimmen, der dritte 18. Ich hatte gleich zweimal Glück. Mit 19 Stimmen im ersten Wahlgang kam ich in die Stichwahl. Und diese fiel dann mit wenigen Stimmen Vorsprung für mich aus. Mein erster Wahlkampf begann. Eine Wählerinitiative, an der sich zusammen mit anderen mein väterlicher Freund Karl Heinrich Heine, der Spielleiter des Kammertheaters Wolfgang Reinsch, mein früherer Klassenlehrer Dr. Friedrich Bentmann, der BGH-Anwalt Professor Dr. Philipp Möhring und die Nichte Thomas Dehlers, Hannelore Hansch, beteiligten, warb um Stimmen für mich. Drei Tage nach der Stadtratswahl waren alle Stimmzettel ausgezählt. Ich zog neben unserem Fraktionsvorsitzenden Schubart als zweiter FDP-Vertreter und gerade 27 Jahre alter „Benjamin" ins Stadtparlament ein.

Meine Familie

Im Jahre 1965 hat sich etwas zugetragen, was mein Leben für immer verändern sollte. Ich lernte Christa Köhnlein kennen. Meine Schwester Hildegard, kurz „Hilla" genannt, war Mitglied im Jugendkreis der Friedenpfarrei in Karlsruhe-Weiherfeld. Leiterin dieses Kreises war Christa Köhnlein. Sie war die Tochter des damaligen Dekans der Evangelischen Kirche in Karlsruhe und späteren Prälaten der Badischen Landeskirche, Dr. Ernst Köhnlein und seiner Frau Herta. Seit 1961 arbeitete Christa als Gemeindehelferin und Religionslehrerin in unserer Kirchengemeinde. Im April/ Mai 1965 hatte sie ihren Bruder

Wolfgang in den USA besucht, der auf Grund eines Stipendiums als Physiker für zwei Jahre an der Yale Univercity, Connecticut, tätig war. Von dieser Reise, die sie auch nach New York und in die Bluerigde Mountains geführt hatte, brachte sie viele Dias mit. Natürlich wurden sie auch im Jugendkreis der Gemeinde vorgeführt. Hilla war davon so angetan, dass sie Christa Köhnlein bat, diesen interessanten Vortrag auch einmal bei Rehbergers zu Hause zu halten. So begegnete ich zum ersten Mal meiner späteren Frau. Das zweite Mal sahen wir uns kurz danach im Rüppurrer Freibad. Auch das hatte Hilla, die mitgekommen war, arrangiert. Die spätere Frau meines Bruders Rainer, Sabine Schneider, brachte unsere Jüngste ebenfalls ins Haus. Hilla als Kupplerin? Das bestreitet sie entschieden. Ich glaube ihr. Obwohl man ihr das durchaus zutrauen könnte. Von Menschenführung hatte sie immer schon viel verstanden. Vielleicht deswegen, weil sie – das Nesthäkchen – in unserer Familie gleich von fünf Personen erzogen worden war – den Eltern und den drei großen Geschwistern? Jedenfalls wusste sie so aus ganz persönlicher Erfahrung, wie man es nicht macht. Sie wurde Sozialpädagogin und hat zusammen mit ihrem Mann Albert Dinkel ein Berufsleben lang viele Kinder und Jugendliche großgezogen, die kein oder kein akzeptables Elternhaus hatten.

Wie es auch immer dazu gekommen sein mag, dass Christa und ich ein Paar wurden: Ich hatte Glück. Oder soll ich besser sagen: Wir hatten Glück? Jedenfalls trafen wir uns in den folgenden Monaten ziemlich oft. Meistens zu zweit. Aber auch in den Familien. Sie war bei Rehbergers eingeladen und ich bei Köhnleins. Bei einem meiner ersten Besuche im Hause Köhnlein war ich zum Mittagessen eingeladen. In der Küche saß auch ein Bettler. Er hatte „beim Pfarrer" geläutet und um eine milde Gabe gebeten. Mutter Köhnlein, resolut und pragmatisch, hatte ihn kurzerhand zum Mittagessen eingeladen. Dabei erzählte er eine rührende Geschichte. Er müsse dringlich zu seiner schwer kranken Schwester nach Freiburg fahren, habe aber dafür kein Geld. Ich gab mir einen Ruck und ihm die rund 20 DM, die er nach seinen Angaben benötigte. Eine solche Tat christlicher Nächstenliebe, so dachte ich mir, könne ja gerade in diesem Hause nicht falsch sein. Doch da hatte ich mich gewaltig geirrt. Kaum war „der Schluri" gegangen, wurde ich unmissverständlich darüber belehrt, dass das Geld spätestens am Karlsruher Hauptbahnhof in Bier und Schnaps umgewandelt würde. Ich hatte wieder etwas dazugelernt.

Im folgenden Jahr, am 9. September 1966, dem Geburtstag von Christa, verlobten wir uns. Vorher hatten wir – gewissermaßen als Probe aufs Exempel – eine erste gemeinsame Reise nach Österreich und Ungarn unternommen. Sie war wunderschön. In einer Zeit, in der Ehen ohne Trauschein gang und gäbe sind, mag man den Kopf schütteln. Im Jahre 1966 gingen die Uhren noch anders. Um der Etikette zu genügen, hatten wir auf der Hinreise noch jeweils zwei Einzelzimmer genommen. In Budapest waren wir dann aber davon überzeugt, dass es ökonomisch nicht gerade sinnvoll war, zwei Betten in zwei Zimmern zu bezahlen, wenn man nur eines brauchte. Wir unternahmen übrigens diese Reise mit dem VW-Käfer von Christa. Ich selber verfügte zu diesem Zeitpunkt nämlich nur über ein Fahrrad.

Am 5. Mai 1967 folgte die Hochzeit. Vater Köhnlein persönlich traute uns in „seiner" Kirche, der Markus-Kirche in Karlsruhe. Anschließend reisten Christa und ich in die Toskana. Eine phantastische Adresse, insbesondere auch für Jungvermählte! Kurz danach, am 3.Juli bestand ich das Assessoren-Examen. Der schriftliche Teil hatte schon zu Beginn des Jahres stattgefunden. In der mündlichen Prüfung verbesserte ich das Ergebnis noch etwas und bekam die Note „vollbefriedigend (9 Punkte)". Juristen wissen, dass das eine ganz ordentliche Note ist. Für meinen Vater ließ ich mir bestätigen, dass ich unter 272 Prüflingen in Baden-Württemberg Platz 44 belegt hatte. Er war damit zufrieden. Die Hochzeit hatte offensichtlich nicht geschadet.

Die erste gemeinsame Wohnung von Christa und mir war eine Dachgeschoss-Wohnung im Hause Reinhold-Frank-Straße 56 in Karlsruhe. Von dort konnte ich, wenn ich wollte, zu Fuß in die Anwaltskanzlei gehen, der ich mich nach meinem zweiten Staatsexamen angeschlossen hatte. Gerhard Tank, der wie ich zu den Mitstreitern der BGH-Anwälte Möhring und Nirk gehörte, hatte mich dazu eingeladen und mir eine von Anfang an gleichberechtigte Partnerschaft angeboten. Ich sagte gerne zu. Und habe es nicht bereut.

Christa und ich verstanden (und verstehen) uns sehr gut. Mit einer Ausnahme: Wegen meiner beruflich und politisch bedingten „Aushäusigkeit" hat es immer mal wieder ganz schön gekracht. Einigkeit

47

dagegen in Fragen der Freunde, der Wohnung, des Geschmacks, des Geldes, der Freizeitgestaltung sowie ganz besonders der Kinder und ihrer Erziehung. So blieben wir nicht lange allein. Und Christa wurde immer mehr zur Mitte der Familie. Am 18. März 1968 kam nach einer ungewöhnlich schwierigen Schwangerschaft unser erstes Kind zur Welt: Annette. Sie war viel zu früh gekommen und wog gerade mal zwei Pfund und 300 Gramm. Gleich nach ihrer Geburt wurde sie aus der Landesfrauenklinik in die Kinderklinik gebracht. Dort päppelte man sie zehn Wochen lang auf. Auch mit Muttermilch von Christa. Als „Milch-Kurier" fuhr ich jeden Morgen – bevor es ins Büro ging – von zu Hause in die Kinderklinik. Zu sehen bekamen wir unser Töchterchen in dieser Zeit nur ganz selten. Aber die wirklich sehr netten Ärzte und Schwestern der Frühgeborenen-Station fertigten Fotos an. Mit ihrem vollen roten Haar sah Annette wie eine Käthe-Kruse-Puppe aus. Wir waren begeistert. Als wir sie dann mit fünf Pfund nach Hause holen durften, waren Christa und ich sehr dankbar und glücklich.

Anderthalb Jahre später, am 12. September 1969, kam unser zweites Kind zur Welt: unser Sohn Michael. Ihm verdanke ich, dass ich aus den zahllosen politischen Veranstaltungen, an denen ich im Laufe der Zeit teilgenommen habe, eine auch nach Jahrzehnten auf den Tag genau benennen kann: Die Schlusskundgebung des FDP-Kreisverbandes Karlsruhe zur Bundestagswahl 1969. Sie fand am Abend des 11. Septembers 1969 im Großen Saal der Karlsruher Stadthalle statt. Hauptredner war Walter Scheel, der FDP-Bundesvorsitzende. Er war für kurz nach 20 Uhr angemeldet. So eröffnete ich als FDP-Kreisvorsitzender und Versammlungsleiter pünktlich um 20 Uhr die stark besuchte Veranstaltung und erteilte unserem örtlichen Bundestagsabgeordneten Dr. Wolfgang Rutschke das Wort. Er hatte sich vorgenommen, so lange zu sprechen, bis Walter Scheel eintreffen würde. Und tat dies auch. Obwohl Walter Scheel erst nach 21 Uhr eintraf. Während Rutschke redete und redete, stieg der Geräuschpegel im Saal bedrohlich an. Ich fürchtete schon, dass uns die ganze Veranstaltung kippen werde. Doch mit einer glänzenden, auch sehr emotionalen Rede sorgte Walter Scheel dann doch dafür, dass die Kundgebung zu einem großen Erfolg wurde – den wir gemeinsam mit ihm noch bei einem Glas Bier feiern wollten und gefeiert haben. Da Christa mit der baldigen Geburt unseres zweiten Kindes rechnete, hatte ich nach der Kundgebung und vor dem „geselligen Teil" noch einmal zu Hause angerufen. Christa versicherte mir, es sei alles in Ordnung. Doch kaum hatte sie den Hörer aufgelegt, gingen die Wehen los. Ihre Versuche, mich telefonisch zu erreichen, waren erfolglos – das Handy-Zeitalter hatte ja noch nicht begonnen. Als ich einige Zeit nach Mitternacht nach Hause kam, war unser Haus hell erleuchtet. Meine Schwägerin Friedhild Köhnlein, Christas jüngste Schwester, die damals bei uns im Haus Konradin-Kreutzer-Straße 17 in Karlsruhe-Grünwinkel wohnte, kam mir ziemlich aufgelöst entgegen. Sie hatte schon vor anderthalb Stunden Christa in die Landesfrauenklinik begleitet. Mit Höchstgeschwindigkeit, die dank der nächtlichen Stunde niemandem auffiel, fuhr ich in die Landesfrauenklinik. Kurz bevor unser Sohn zur Welt kam, war ich an der Seite meiner Frau im Kreißsaal. So konnte ich ihr als Erster stolz vermelden: Diesmal ist es ein Sohn!

Unser drittes Kind kam wie ihre Schwester Annette zu früh auf die Welt: Daniela. Auch bei ihrer Geburt war ich dabei. Spannend war bei dieser Geburt weniger die Frage, ob es ein Junge oder ein Mädchen sein würde. Wir hatten ja schon beides. Spannend war vielmehr die Frage der Haarfarbe. Bei einer Mutter mit braunem Haar und einem Vater mit dunkelblondem Haar war es schon ungewöhnlich, dass die beiden Erstgeborenen rothaarig waren. Was würde das dritte Kind bieten? Die Frage war rasch beantwortet. Voller Begeisterung konnte ich meiner noch etwas benommen daliegenden Frau berichten: Ein Töchterchen mit roten Haaren! Sie war mit ihrem Vier-Pfund-Gewicht so gut beieinander, dass die Ärzte keine Bedenken hatten, sie uns mit nach Hause zu geben. Als ich Michael von der Geburt seines Schwesterchen berichtete – er war für diese Tage bei einer befreundeten Familie untergebracht –, war seine Reaktion durchwachsen: „Toll, Papa – aber jetzt sind wir ja so viele Frauen und so wenig Männer!"

Natürlich spielte die Haarfarbe eine wichtige Rolle. Christa und ich waren sehr stolz auf diese „Serie" und stellten fest, dass sowohl mein Großvater mütterlicherseits als auch Angehörige der Familie Köhnlein rothaarig gewesen waren. Dennoch fiel die Serie aus dem Rahmen und überall auf. Eines schönen Samstags machte die ganze

Familie in den Kleingartenanlagen an der Alb einen Spaziergang. Einer der großväterlichen Kleingärtner kannte Christa und die Kinder schon von dem einen oder anderen „Schwätzchen". Als er mich sah, musterte er mich von oben bis unten. Dann wollte er verschmitzt wissen, ob ich etwa der Vater sei. Als ich dies arglos bejahte, wurde er noch verschmitzter und fragte kess: „Oh, oh, ob da nicht ein fremder ‚Gickler' dazwischen war?" Wir haben herzlich gelacht. Bei drei Kindern, so stellte ich voller Überzeugung fest, hätte ich den fremden ‚Gickler' mit Sicherheit wenigstens einmal erwischt.

Etwas anderes habe ich nach der Geburt der Kinder ebenfalls festgestellt: Bei den Rehbergers spielt die kleinste Primzahl, die 3, eine bemerkenswerte Rolle. Das fängt schon damit an, dass der Name Rehberger aus 3 Silben mit jeweils 3 Buchstaben besteht. Christas Geburtstag ist der 9.9. Kein Wunder, dass sie einen Rehberger heiratete. Wie meine 3 Geschwister, mit denen ich groß geworden bin, sind auch Annette, Michael und Daniela im 3., 6. und 9. Monat eines Jahres geboren. Dies auch noch am 12., 15. oder 18. Tag des betreffenden Monats. Die Dreier-Reihe ist also perfekt. Anlässlich des 33. Geburtstags von Annette am 18.3.2001 – die Addition der Ziffern in der Jahreszahl ergibt übrigens ebenfalls eine 3 – habe ich deshalb eine kleine „Dreier-Rede" gehalten. Denn die 3 hat es in sich! Alle guten Dinge sind drei. In drei Teufels Namen! Der Dreiklang in der Musik. Das Dreieck in der Geometrie. Der Dreizack des Meeresgottes Poseidon. Der Dreifuß, auf dem Pythia in Delphi saß und ihre Orakel verkündete. In den Volksmärchen: Die 3 Brüder. Die 3 Wünsche. Auch in den Religionen spielt die 3 eine zentrale Rolle: Die ägyptische Dreiheit von Osiris, Isis und Horus. Die römische Triade von Jupiter, Juno und Minerva. Die Einteilung der Welt: Himmel, Erde, Unterwelt. Im Christentum: Die heilige Dreifaltigkeit. Die heiligen 3 Könige. Jesus sagt: „Sind drei in meinem Namen versammelt, so bin ich unter ihnen". Genug der Dreier-Rede. Alles purer Zufall ? Bei den Rehbergers gewiss. Nur Gedankenspiele. Mehr nicht.

Mit unseren drei Kindern hatten wir Glück. Über das, was sich seit der Geburt der Kinder so alles zugetragen hat, könnte ich ein ganzes Buch schreiben. Aber gewiss nicht jetzt. So sage ich zu diesem Thema hier nur noch Folgendes: Christa und ich sind dankbar und glücklich, dass alle drei einen Beruf erlernt und ergriffen haben, der ihren Neigungen entspricht. Und ihnen großen Spaß macht: Annette folgte von klein auf ihrer musikalischen Leidenschaft. Sie wurde eine Geigerin, die konzertierend und unterrichtend quer durch Deutschland unterwegs ist. Michael studierte Jura und ließ sich in Saarbrücken als Rechtsanwalt nieder. Mit großem Erfolg hat er sich auf Strafsachen spezialisiert (Und mich zusammen mit seinem Sozius Stephan Kropf auf meine alten Tage noch einmal in meinem Anwaltsberuf reaktiviert). Daniela schließlich wurde eine Grund- und Hauptschullehrerin, die bei ihren Schülerinnen und Schülern, aber auch bei deren Eltern sehr beliebt ist. Man merkt, dass sie pädagogisch äußerst begabt ist. Wie Annette mit ihrem Mann Florian Döling hat Daniela mit ihrem Mann Silvan Christa und mich zu Großeltern gemacht. Unsere vier Enkel Laura (geb. 1994), Samuel (geb. 1997), Matti (geb. 2003) und Jari (geb. 2004) sorgen für so manche Turbulenz – und machen uns viel Freude!

Mit neun Monaten: Erste Steh- und Gehversuche im Garten in Mülheim / Ruhr (Juni 1939)

*Die vier Geschwister (von links): Rainer, Horst, Hildegard und Änne
(1. Januar 1950)*

*Die Rehbergers vor dem Haus in Karlsruhe, Links der Alb 5 (von links):
Vater Georg Rehberger, Horsts indischer Freund Radjan, Mutter Helene Rehberger,
Horst, Hildegard und Änne mit ihrem späteren Mann Gerd Bauer (Weihnachten 1959)*

53

*Nach der kirchlichen Trauung: Horst Rehberger mit fünf Rehberger-Damen
(von links): Änne, Sabine, Hildegard, Brigitte und Ehefrau Christa (6. Mai 1967)*

*Spaziergang am Altrhein bei Karlsruhe: Horst Rehberger mit seinen Kindern (von links):
Michael, Annette und Daniela (1982)*

Die Enkel: Samuel, Matti, Laura und Jari Rehberger (2008)

Am 70. Geburtstag von Horst Rehberger vor der Arche Nebra im Unstruttal: (Erste Reihe von links): Jens Ackermann MdB, Landrat Harri Reiche, Veit Wolpert MdL, FDP-Landtagsfraktionsvorsitzender Sachsen-Anhalt, Cornelia Pieper MdB, FDP-Landesvorsitzende Sachsen-Anhalt und Stellvertretende Bundesvorsitzende der FDP, Horst und Christa Rehberger, Dr. Willi Polte, ehem. Oberbürgermeister von Magdeburg, Rudolf Bohn, Staatssekretär a.D. Hinter Frau Pieper: Michael Rösch, Landesvorsitzender des Verbands der Freien Berufe Sachsen-Anhalt, Ulrich Koehler, Staatssekretär a.D. und (halb verdeckt) Staatsminister Prof. Dr. Reiner Robra.

DIE KARLSRUHER ZEIT
1955 – 1983

Von Manfred Koch

Horst Rehberger war Primaner am Karlsruher humanistischen Bismarckgymnasium, als er den Entschluss fasste, sich politisch zu engagieren. Niemand konnte damals voraussagen, dass bereits fünfundzwanzig Jahre später die Chronisten mit Blick auf die Karlsruher FDP von der „Ära Rehberger" sprechen würden. Noch weniger war vorherzusehen, dass er danach die Geschicke des Saarlandes oder gar die des Landes Sachsen-Anhalt als Minister mitgestalten würde. Zu Beginn des Jahres 1957 war zwar das Saarland nach einer Volksabstimmung als 10. Bundesland in die junge Bundesrepublik eingegliedert worden. Kommentatoren und Politik hatten dies als „kleine Wiedervereinigung" gefeiert. Von der Wiedervereinigung mit der DDR und der Entstehung von fünf neuen Bundesländern nach 1989 freilich konnte man damals – trotz der in den Sonntagsreden der Politiker beschworenen Einheit Deutschlands – angesichts des „Kalten Krieges" nur träumen.

Politische Lehrjahre

Die prägenden „Fünfziger Jahre"

Was Horst Rehberger als Jugendlicher in den fünfziger Jahren als Zeitgeschehen wahrgenommen und was bewusst oder unbewusst zur Ausformung seiner politischen Vorstellungen beigetragen hat, lässt sich mit dem Abstand von fünfzig Jahren in knapper Form zusammenfassen. Eine Konstante jener Jahre war der anhaltende wirtschaftliche Aufschwung, den die Londoner „Times" bereits im Jahre 1950 als „deutsches Wirtschaftswunder" diagnostiziert hatte. Die Arbeitslosenzahlen sanken bis Ende der fünfziger Jahre gegen null, was auch bedeutete, dass das „Wunder der Integration" von knapp zehn Millionen Vertriebenen und 2,5 Millionen DDR-Flüchtigen gelang. Seit 1956 galt die Fünf-Tage-Arbeitswoche mit 45 Stunden Arbeitszeit. Urlaub gab es für 12 Tage. Bei sinkenden Lebenshaltungskosten stiegen die Löhne und Gehälter auch in den unteren Einkommensschichten. Kühlschränke, Elektro- oder Gasherde und Waschmaschinen erleichterten zunehmend der Hausfrau die Arbeit. Dies waren zugleich wichtige Voraussetzungen für eine Erwerbsarbeit von Frauen, denen allerdings gleicher Lohn für gleiche Arbeit weitgehend verwehrt blieb. Erst 1957 sicherte das Gleichstellungsgesetz den Ehefrauen das Recht, über ihr Hab und Gut und über ihre Berufsarbeit auch ohne ihren Mann entscheiden zu können. Den Wirtschaftsfrieden sicherten die sozialen Komponenten des Wirtschaftswunders: mit Streiks errungene Mitbestimmungsgesetze, Lastenausgleich, sozialer Wohnungsbau, Kriegsopferversorgung und die Rentenreform von 1957. Aus der Wohlstandserwartung der frühen 1950er-Jahre wurde an ihrem Ende die Wohlstandserfahrung.

Zu den Voraussetzungen für das „Wirtschaftswunder" gehörte entscheidend die Bereitschaft der Deutschen, mit der Aussicht auf eine stabile staatliche Ordnung hart zu arbeiten, um in Ruhe und Frieden zu leben und zu genießen. Aus der Politik hielt man sich nach den Erfahrungen mit dem Nationalsozialismus heraus. Jenseits aller offiziellen Rhetorik der Vergangenheitsbewältigung und der Gesetze zur Wiedergutmachung und Entschädigung von NS-Opfern bestimmten die Amnestie der NS-Verbrecher und die Amnesie der Verstrickungen der Deutschen in die apokalyptischen Menschheitsverbrechen des „Dritten Reichs" den Umgang mit der Vergangenheit. „Arbeit ersetzt die Trauerarbeit" brachte es Christian Graf Krockow auf eine prägnante Formel. Die Integration zahlloser NS-Verbrecher in die demokratische Gesellschaft der jungen Bundesrepublik, auch in führenden Positionen, war der hohe Preis dafür. Verdrängt wurden aber auch die seelischen Traumata durch Kriegs-, Luftkriegs- und Nachkriegserlebnisse. In der zweiten Hälfte des Jahrzehnts begannen dann Literaten mit der Thematisierung der NS-Zeit. Und mit dem Ulmer Einsatzgruppenprozess wegen der Ermordung von 4.000 litauischen Juden begannen 1958 die großen Kriegsverbrecherprozesse.

Die „Fünfziger Jahre" taugen deshalb nicht zur nostalgischen Verklärung, wie sie auch von der Politik gelegentlich versucht wird. Die „Pubertät der Bundesrepublik" prägten gleichermaßen Spannungen und Schattenseiten. Buchtitel wie „Zwischen Kaltem Krieg und Capri-Sonne" oder – aus der Frauenperspektive ironisch gemeint – „Blick zurück aufs Glück" verweisen darauf. Das kulturelle Leben blieb zwischen Beharrung und Aufbruch – Theater, Malerei und Literatur waren davon geprägt – voller Spannungen und Gegensätze. An der Oberfläche dominierten jedoch die in den Kinoproduktionen vermittelten Vorstellungen der „heilen Welt", wo Recht und Ordnung herrschten und Liebe zum „Happy end" führte. Die konservativen Wertvorstellungen eines heilen Familienlebens veranschaulichte auch die Fernsehserie „Familie Schölermann", die 1954 begann.

Die Biederkeit der „Fünfziger Jahre", die sich in der moralischen Norm der vorehelichen Enthaltsamkeit und im Kuppeleiparagrafen widerspiegelte, provozierte aber auch Widerstand. Er regte sich ab 1956 in Schule, Elternhaus und Gesellschaft. Gegen die Werte der Erwachsenengeneration wie Ruhe und Ordnung, Geld und Zufriedenheit. Elvis Presleys und Bill Haleys Musik setzte sich bei vielen Jugendlichen gegen die biederen deutschen Schlager durch, James Dean wurde zum Idol. „Der Spiegel" schrieb dazu: „Die Halbstarken, vom brettharten chaotischen Rock-Rhythmus wie mit einem Faustschlag daran erinnert, dass Leben in ihren pädagogisch verschwiegenen Körpern steckte, sie waren über Nacht zum Schrecken der Nation geworden." Die akademische Jugend entdeckte die französischen Autoren Jean Paul Sartre und Albert Camus. Unter der restaurativen Oberfläche der Bundesrepublik bauten sich so Spannungsfelder zwischen den Generationen auf. Die Fronten zwischen dem alten Deutschland und dem neuen Westen markierten das Festhalten an überkommenen Normen sowie den Werten der Pflichterfüllung auf der einen und dem Konsum sowie einer individuellen Lebensgestaltung auf der anderen Seite.

Der Jugend der zweiten Hälfte der „Fünfziger Jahre" bescheinigte der Soziologe Viggo Graf Blücher eine unpolitische Haltung. Freizeit sei zum keineswegs nur nebensächlichen Lebensbereich avanciert.

Gegen deren Einschränkung werde rebelliert. Der „Halbstarken"-Protest sei oft nur durch unverhältnismäßige Polizeieinsätze provoziert worden. René Allemann spitzte in seinem Buch „Bonn ist nicht Weimar" zu: „Die Grundtendenz war die eines bedenkenlosen Individualismus." Wenn also ein Primaner 1957 aufbrach, sich politisch zu engagieren, so war dies eine klare Entscheidung gegen den Zeitgeist seiner eigenen Generation und der Generation der Eltern.

Auch wenn die Zeitgenossen es vielleicht nicht so deutlich wahrgenommen haben: Das Jahr 1957 war doch von entscheidenden Ereignissen geprägt. Die Rückgabe des Saarlandes an Deutschland Anfang 1957 machte den Weg frei für eine deutsch-französische Verständigung. Die junge und schon wirtschaftstarke Bundesrepublik konnte die Verträge der Europäischen Wirtschafts- und der Atomgemeinschaft mit unterzeichnen, was gerade bei Jüngeren eine Europabegeisterung hervorrief. Die von der Regierung Adenauer betriebene Westintegration der Bundesrepublik, die allerdings eine Wiedervereinigung der beiden Teile Deutschlands auf absehbare Zeit unerreichbar werden ließ, führte zur Wiederbewaffnung der Bundesrepublik. Der „Kalte Krieg" und die Systemkonkurrenz zwischen West und Ost erreichten mit „Sputnik", dem ersten Weltraumsatelliten der Sowjetunion, auch das All. Innenpolitisch brachten die Gleichstellung der Frauen und die Dynamisierung der Renten Änderungen von weit reichender Bedeutung. In den politischen Auseinandersetzungen um die atomare Bewaffnung der Bundeswehr, die in der Bewegung „Kampf dem Atomtod" ihren organisatorischen Kern fand, demonstrierten Millionen gegen Adenauers Pläne. Flankiert wurde dieser Protest durch Widerspruch gegen die Hinnahme der Teilung Deutschlands.

Auch in Karlsruhe waren die Feiern am 17. Juni zum Gedenken an den erfolglosen Volksaufstand des Jahres 1953 in der DDR, Fackelzüge, Kerzen in den Fenstern zum Gruß an die „Brüder und Schwestern" in der „Zone", die „Päckchen nach drüben" und auch der Berlin-Gedenkstein am Durlacher Tor sichtbarer Ausdruck des Widerspruchs zwischen der noch verbreiteten Hoffnung auf eine baldige Wiedervereinigung in Frieden und Freiheit und dem Ergebnis der Politik der Westintegration und der Ideologie des Antikommunismus. Sie bestimmten stark das innenpolitische Klima der 1950er-Jahre. Alternative politische Vorstellungen zur Wirtschafts-ordnung oder auch zu einer verstärkten Auseinandersetzung mit dem Nationalsozialismus standen rasch unter dem Generalverdacht, Versuche kommunistischer Unterwanderung zu sein.

Entscheidung für die FDP

Bei der Bundestagswahl im September 1957 war der damals 18-jährige Horst Rehberger noch nicht wahlberechtigt. Er erlebte mit, wie die CDU mit ihrem zentralen Wahlslogan „Keine Expe-rimente" in Karlsruhe und der gesamten Bundesrepublik mit 54,1 % bzw. 50,2 % die absolute Stimmenmehrheit erzielte, während die SPD mit jeweils 31,8 % und die FDP mit 8,6 % bzw. 7,7 % abschnit-ten. Andere Parteien spielten bereits keine Rolle mehr. Das lange Zeit die politische Landschaft prägende Dreiparteiensystem hatte sich durchgesetzt.

Der Erfolg der CDU / CSU gründete auch darin, dass sie als neue Partei zunächst eine Wähler- und Integrationspartei oder, wie oft gesagt wurde, ein „Kanzlerwahlverein" geblieben war. Sie erntete die Erfolge der CDU-geführten Bundesregierung, profitierte am meisten vom sozialen Strukturwandel der Republik. Ihre unter-schiedlichen Traditionsstränge konnten so allmählich zusammen-wachsen, ohne dass es zu lähmenden oder gar zerstörerischen inner-parteilichen Auseinandersetzungen kam.

Die SPD blieb ihren Traditionen und ihrem Sozialmilieu, der Ar-beiterschaft und den Gewerkschaften verbunden. Programmatisch knüpfte sie an ihre tradierten Positionen Demokratie und Sozia-lismus an. Zugleich setzte sie sich für die Einheit des Landes und damit gegen den Kurs der Westintegration ein. Das führte sie für viele Jahre in die Rolle einer Oppositionspartei. Nach der Nieder-lage 1957 beschleunigte sich die parteiinterne Reformdebatte, die mit dem Godesberger-Programm 1959 abgeschlossen wurde. Die-ses öffnete durch den Verzicht auf weltanschauliche und theorie-geschichtliche Festlegungen und die Sozialisierungsforderung den Weg zur „Volkspartei".

Mit der FDP waren nach 1945 die unterschiedlichen Strömungen des Liberalismus in einer Partei vereinigt worden. Dabei stand diese Partei vor zwei Problemen: Zum einen waren die liberalen Ideen auch in den anderen Parteien wirkungsmächtig geworden. Zum anderen dominierten in ihr je nach regionaler Tradition rechts- oder linksliberale Strömungen. Diese „ideologische Koexistenz" wurde nur ermöglicht durch eine relativ große Autonomie der Landesorganisationen. Damit aber waren die Gewinnung eines klaren parteipolitischen Profils nach außen erheblich erschwert und innerparteiliche Spannungen sehr viel größer als in den anderen Parteien.

Dies war, grob skizziert, das Tableau der Parteien, das sich dem jungen Horst Rehberger für ein politisches Engagement bot. Seine Wahl fiel auf die FDP, die schwächste Kraft im Dreiparteiensystem. Erstaunt auf den ersten Blick schon diese Tatsache, so wirft der Blick auf den Zustand der Partei weitere Fragen zum Verständnis dieser Entscheidung auf. Im Jahre 1956 war die FDP aufgrund vorangegangener Entwicklungen in eine schwere innerparteiliche Krise geraten. Zu diesen Entwicklungen hatten, um nur einige zu erwähnen, 1952 die Koalitionsentscheidung für die SPD im neuen Bundesland Baden-Württemberg gezählt, was als Verrat am Bürgerblock-Konzept angesehen worden war und den Südwestliberalen das Etikett „Demi-Marxisten" eingebracht hatte; die Naumann-Affäre 1953 mit dem Versuch, in Nordrhein-Westfalen und Niedersachsen die FDP zum Auffangbecken auch für ehemalige Nationalsozialisten zu machen; koalitionsinterne Auseinandersetzungen in Bonn über die Saarfrage – die FDP hatte die von Adenauer favorisierte Europäisierung und damit verbundene definitive Trennung des Saarlandes von Deutschland abgelehnt – und die CDU-Pläne zur Änderung des Wahlrechts, die die Existenz kleiner Parteien bedroht hätte. Der Konflikt mit der CDU hatte schließlich im Februar 1956 in Bonn zum Ausscheiden der FDP aus der Regierung geführt, was eine Spaltung der FDP-Bundestagsfraktion ausgelöst und in Düsseldorf zu einem von den „Jungtürken" (Mende, Weyer, Döring, Scheel u. a.) durchgesetzten Wechsel von einer CDU / FDP- zu einer SPD / FDP-Regierung geführt hatte. Die FDP hatte mit diesen Entscheidungen zwar ihre Unabhängigkeit gewahrt und wie schon 1952 im Südwesten bewiesen, dass sie kein bedingungsloser CDU-Satellit war. Teuer bezahlt werden musste diese Strategie aber mit der Abspaltung des „Minister-flügels" und der Gründung einer weiteren liberalen Partei, der FVP, sowie der Oppositionsrolle im Bundestag, die nach den Wahlen von 1957 für eine weitere Wahlperiode anhalten sollte. Bezahlt wurde sie auch mit regionalen Auflösungstendenzen und einer Verunsicherung der Parteimitglieder.

Es verwundert nicht, dass in dieser Situation lebhafte innerparteiliche Auseinandersetzungen über das parteipolitische und programmatische Profil der Liberalen stattfanden. Der Berliner Parteitag im Jahre 1957 brachte dann in mehrfacher Hinsicht eine Klärung: Der „streitbare Franke" Thomas Dehler wurde als Bundesvorsitzender durch den „listigen Schwaben" Reinhold Maier abgelöst. Außerdem wurde erstmals ein offizielles Parteiprogramm verabschiedet. Bis dahin hatte in der FDP die Feststellung von Theodor Heuß gegolten, dass „eine gute Politik viel wichtiger ist als ein schönes Programm, das aussehen mag wie die Auslage in einem Konditorenladen." Die zehn Thesen des Berliner Programms positionierten die FDP als „dritte Kraft", als „liberale Mitte" im Parteiensystem. Wirtschaftspolitisch setzte das Programm auf das Individuum als wirtschaftendes Subjekt sowie die Förderung des Mittelstandes, also vieler selbstständiger Existenzen. Statt Marxismus und sozialistischer Experimente forderte es den Verzicht auf staatsinterventionistische Maßnahmen und bekannte sich unmissverständlich zur freien Marktwirtschaft. Der Einzelne solle, so das sozialpolitische Credo, durch Hilfe zur Selbsthilfe ertüchtigt werden. Missbrauch der Religion im politischen Tagesgeschäft wurde abgelehnt. In der Deutschland- und Außenpolitik setzten die Liberalen auf die Wiederherstellung der deutschen Einheit und machten sich zugleich auf dem Boden der Westintegration für eine Politik der Entspannung stark.

Die FDP präsentierte sich dem Betrachter 1957 alles in allem als Partei des Liberalismus, die in sich die traditionellen national- und linksliberalen Strömungen vereinte, wenngleich die Spannungen zwischen den beiden Flügeln fortwirkten. Die Gefahr, von der CDU wie andere kleine bürgerliche Parteien aufgesogen zu werden, erzeugte eine ausreichende parteiinterne Kohärenz, die trotz der Abspaltung eines Teils des rechten Flügels das Überleben der Partei sicherte. Damit gelang es, die FDP im Dreiparteiensystem als Juniorpartner zu etablieren. Mit einer Koalitionspräferenz für die CDU. Zumindest auf Landesebene konnten die Liberalen aber auch mit der SPD zusammengehen. Die Wahrnehmung der Funktion als „liberales Korrektiv" – das hatten der Austritt aus der Regierung in Bonn und der Koalitionswechsel in Düsseldorf 1956 deutlich gemacht – bedeutete allerdings stets auch die Gefahr des Sturzes in eine existenzgefährdende Parteikrise.

Diese auch aus der Distanz und der Kenntnis der vergangenen 50 Jahre gewonnenen Einschätzungen und die sich daraus ergebenden Folgen mögen dem 18-jährigen Gymnasiasten so klar nicht vor Augen gestanden haben, als er sich für die politische Mitwirkung in der FDP entschied. Koalitionswechsel sollten ihn auf seinem Weg als liberaler Kommunal- und Landespolitiker öfter beschäftigen. Wenn Horst Rehberger dennoch 1957 die politische Arbeit zunächst bei den Jungdemokraten und zwei Jahre später in der FDP begann, spricht das dafür, dass seine Wahl nicht taktischem Kalkül entsprang oder strategischer Karriereplanung. Ausschlaggebend war vielmehr die Idee der Freiheit, die von der FDP überzeugender verkörpert wurde als von anderen demokratischen Parteien, die sich als „auch liberal" bezeichneten. Zu seinen ersten Ämtern bei den Liberalen zählten 1959 die Leitung eines Arbeitskreises „Wiedervereinigung" der Karlsruher Jungdemokraten sowie die Position als Mitglied des erweiterten Vorstandes dieser Jugendorganisation der FDP. Sein Bruder Rainer nahm dort die Aufgabe des Schriftführers wahr.

Rehbergers Interesse an Geschichte und Politik war in den fünfziger Jahren erwacht. Eine Tageszeitung, das Nachrichtenmagazin „Der Spiegel", die Rundfunknachrichten und dann auch das Fernsehen gehörten zu seinen ständigen politischen Informationsquellen. Biografien historischer Persönlichkeiten und historische Romane lieferten Stoff für die selbstständige Urteilsbildung. Ein eigenes Zimmer mit kleinem Radiogerät erleichterte die Vertiefung der Interessen ein wenig abseits vom Familienbetrieb. Dass dieses Interesse im Elternhaus nicht bewusst geweckt und gefördert wurde, überrascht nicht. Das Verhalten des Vaters, der sich nach den Erfahrungen im nationalsozialistischen „Dritten Reich" von politischem Engagement fernhielt, ist durchaus generationstypisch.

Ein Grund für die Attraktivität des politischen Liberalismus war für Rehberger damals die konsequente Ablehnung der staatlichen

Konfessionsschule durch die FDP. Er selbst hatte die von der CDU durchgesetzte Trennung der Schüler nach Konfessionen in der Volksschule als unangenehme und unverständliche Erfahrung erlebt. Beeindruckt hat ihn auch das im Vergleich zu den anderen Parteien überzeugendere Engagement der FDP für die Wiedervereinigung Deutschlands, das sich auch in schwierigen Kontakten zur Liberaldemokratischen Partei der DDR zeigte. Die Saarfrage war für ihn dann die Probe aufs Exempel. Das von Bundeskanzler Adenauer befürwortete Saarstatut hätte die endgültige Abtrennung der Saar von Deutschland bedeutet. Der zunächst aussichtslos erscheinende Kampf der Demokratischen Partei Saar unter ihrem Vorsitzenden Heinrich Schneider habe aber das „Wunder an der Saar" bewirkt und die Rückkehr des Saarlandes mit der großzügigen Zustimmung Frankreichs ermöglicht. Wie er Adenauers Saarpolitik ablehnte, so stieß ihn auch dessen Machtstreben ab, das sich in der angestrebten Wahlrechtsänderung zu Lasten kleinerer Parteien niederschlug. Ein weiterer Grund, sich den Liberalen anzuschließen, war die in Theodor Heuss, Reinhold Maier, Wolfgang Haussmann und Walter Erbe lebendige Tradition des südwestdeutschen Liberalismus. Vor allem das „liberale Urgestein" Thomas Dehler als leidenschaftlicher Streiter für Freiheit, Recht und Vaterland beeindruckte den jungen Rehberger sehr. Überzeugend fand er, wie im Landtagswahlkampf 1956 bei einer Wahlveranstaltung in Karlsruhe die Redner kurz nach dem Coup der Jungtürken in Düsseldorf und dem Auseinanderbrechen der Bundestagsfraktion dazu aufriefen, trotz alledem die FDP zu unterstützen und damit der Spaltung der liberalen Partei entgegenzutreten. Die Schlüsselposition der kleinen Partei in Düsseldorf hatte ihm imponiert. Wie viele junge Menschen befürwortete Rehberger damals die deutsche Wiederbewaffnung, lehnte aber die atomare Aufrüstung ab. Auch er wurde von der Europabegeisterung im Deutschland jener Jahre erfasst, die das „schwierige" deutsche Vaterland in einem geeinten Europa aufgehen sah. Dargelegt hat er seine Haltung dazu in einem 100 Tiposkriptseiten umfassenden Beitrag zum Wettbewerb der „STIFTUNG DIE WELT" von 1959 zu dem Thema „Die Jugend und die Wiedervereinigung Deutschlands". Darin urteilt er, der außenpolitischen Linie der FDP folgend, außerordentlich differenziert und befürwortet eine Politik der kleinen Schritte gegenüber den Staaten des „Ostblocks", die zur Entspannung führen könne, sieht die Zukunft eines wiedervereinigten Deutschland aber nur im Rahmen eines geeinten Europa.

Schon in den 1950er-Jahren, so urteilt Rehberger heute, war die FDP „stärker als andere demokratische Parteien eine Partei der Bürgerrechte. Nach dem Zusammenbruch der NS-Diktatur und angesichts des Aufkommens einer kommunistischen Diktatur im sowjetisch besetzten Teil Deutschlands war dies die klarste Alternative zu jeder Form des Totalitarismus. Der politische Liberalismus war und ist aber auch die überzeugendste Alternative zu jeder selbst in Demokratien weit verbreiteten Form staatlicher Bevormundung und Reglementierung."

Jurastudium in Heidelberg und Berlin

Das Interesse an Politik und der Mitgestaltung daran bestimmten Horst Rehberger auch bei der Wahl seines Studienfachs. „Politische Zielsetzungen, die realisiert werden sollen", so begründet er seine Entscheidung, „schlagen sich in aller Regel in Normen nieder. Ich habe dabei allerdings nicht an eine politische Laufbahn gedacht, sondern an den Beruf eines Rechtsanwalts." Der Studienbeginn in Heidelberg mit eigener Studentenbude verhinderte zunächst eine Mitarbeit in der Karlsruher FDP. Ab Sommer 1959 folgte dann ein Aufenthalt für drei Semester in Berlin, wo Rehberger trotz Numerus clausus für zwei Semester einen Jura-Studienplatz an der Freien Universität ergatterte. Ein Semester an der Hochschule für Politik schloss sich an. Die Berliner Semester waren nach Rehbergers Erinnerungen eher Bildungssemester als von juristischer Studienarbeit geprägt. Hier entstand seine Wettbewerbsarbeit über die Jugend und die Wiedervereinigung und er nutzte und genoss „das überwältigende Angebot der Theater, Opernhäuser und Kabaretts" nicht nur in West-, sondern auch in Ostberlin, das noch nicht durch die Mauer abgeriegelt war. In der Ostberliner Marienkirche besuchte er mehrfach die vom damaligen Ratsvorsitzenden der Evangelischen Kirche in Deutschland, Bischof Otto Dibelius, gehaltenen Gottesdienste, und er erinnert sich, dass es ihn sehr beeindruckt habe,

„wie mutig Dibelius seine Überzeugung vertrat und in Grundsatzfragen dem SED-Regime die Stirn bot." Dass es auch ihm nicht an
Mut mangelte, zeigten seine Besuche von Veranstaltungen im Ostberliner „Haus der Deutsch-Sowjetischen Freundschaft". Nach Vor-
trägen von prominenten DDR-Publizisten wie Eduard von Schnitzler zu aktuellen politischen Themen stellte er in den anschließenden
Diskussionen kritische Fragen. Beim linientreuen Auditorium lösten
diese Fragen regelmäßig große Unruhe aus. Dass ihm das Interesse
an der FDP dabei nicht abhanden kam, zeigt die erfolgreiche Teil-
nahme an einem Seminar zum Thema FDP bei dem renommierten
Parteienforscher Ossip K. Flechtheim an der Berliner Hochschule
für Politik.

Zum Wintersemester 1960 / 61 zurück in Heidelberg, trieb Rehberger sein Jurastudium zügig voran und bestand im Januar 1963 die
erste juristische Staatsprüfung. Während der anschließenden Referendarsausbildung bei Gerichten und Behörden in Karlsruhe verfasste
er dann eine bahnbrechende Dissertation über „Die Gleichschaltung
des Landes Baden 1932 / 33" bei dem renommierten Heidelberger
Staatsrechtler Prof. Dr. Hans Schneider. Mit seiner auch heute noch
von der NS-Forschung zitierten Dissertation, die 1966 im Druck
erschienen ist, bewies Rehberger, dass er sowohl auf dem Gebiet
der Jurisprudenz als auch auf dem der Zeithistorie bestehen konnte.
Auf eine weitere kleine, in dem Gemeinschaftswerk „Der Widerstand im deutschen Südwesten gegen das NS-Regime" publizierte
Studie sei verwiesen, die 1984 erschien und Rehbergers Abschied
aus Karlsruhe akzentuierte. Sie befasste sich erstmalig mit dem
Karlsruher Anwalt Reinhold Frank, der als Gegner der Nazis nach
dem 20. Juli 1944 verhaftet und 1945 hingerichtet worden war. Un-
realisiert blieb demgegenüber die aus der Arbeit an der Dissertation
entstandene Absicht, eine Untersuchung der Geschichte Badens in
der Weimarer Republik zu erarbeiten. Nach der Promotion folgten
1967 das Assessorenexamen und danach der Eintritt in eine Karlsruher Anwaltskanzlei. Seinen Partner Gerhard Tank kannte er aus
der gemeinsamen Tätigkeit bei den BGH-Anwälten Prof. Philipp
Möhring und Prof. Dr. Rudolf Nirk. Dort hatte Rehberger in seiner
Zeit als Gerichtsreferendar auf Empfehlung seines Doktorvaters
Schneider verfassungs- und verwaltungsrechtliche Fälle bearbeitet.

Im Karlsruher Stadtrat

Die Jahre Horst Rehbergers als Stadtrat prägten eine enorme politische Vitalität dieses Gremiums, die sich auch in den kontroverser als bisher üblich geführten Debatten niederschlug. In bisher nicht gekannter Dichte folgten einander Ereignisse und Entscheidungen von einschneidender Bedeutung und großer Tragweite für die Stadtentwicklung. Vor dem Hintergrund der ersten Rezession der Bundesrepublik und des beginnenden Strukturwandels der Wirtschaft stritten die Parteien in den Etatberatungen über Gewünschtes und Mögliches, das große stadtplanerische Projekt der Altstadtsanierung stand an, Umweltfragen begannen eine Rolle zu spielen, um die Veranstaltung einer zweiten Bundesgartenschau nach der überaus erfolgreichen von 1967 wurde heftig gerungen und fast parallel mit dem Bonner Machtwechsel fand ein solcher auch in Karlsruhe statt. Für einen 27-jährigen Neuling im politischen Geschäft bot dies die besten Voraussetzungen, sich das Rüstzeug für höhere Aufgaben anzueignen.

Erste Schritte in der Kommunalpolitik

Ab Herbst 1960 wieder in Heidelberg zum Studium zurück und damit am Wochenende auch in Karlsruhe, begann Rehberger, sich in der Karlsruher FDP erneut an der Parteiarbeit zu beteiligen. Das war ein Zeitpunkt, in dem sich die Karlsruher Parteiorganisation in keinem guten Zustand befand. Die Führung hatte seit 1959 zweimal gewechselt und die Zusammenarbeit in den Parteigremien war von Kontroversen geprägt. Es ging zum einen um die Nachfolge des ausscheidenden FDP-Bürgermeisters Hermann Ball, die tiefe Gräben aufriss und einen der Kandidaten schlussendlich zum Parteiaustritt bewog. Zum Schaden der FDP geriet diese politische Personalie auch noch in eine Auseinandersetzung zwischen SPD und CDU über eine angemessene Vertretung der CDU auf der Bürgermeisterbank. Den 1958 geäußerten Wunsch der CDU nach einer zweiten Bürgermeisterstelle wollte die SPD erfüllen. Da sie aber dann als stärkste Fraktion nur einen Bürgermeister, die CDU aber zwei stellen sollte, stieß der Plan 1959 in der SPD-Fraktion auf Widerstand. Die Angelegenheit wurde vertagt. Hierbei wurde eine Argumentationsweise eingeführt, die künftig in Karlsruhe je nach Mehrheitsverhältnissen und Interessenlagen immer wieder benutzt werden sollte. Für die „Berechnung" der den Parteien aufgrund der Fraktionsstärken zustehenden Bürgermeisterposten sollte der von der Bevölkerung direkt gewählte Oberbürgermeister mit- oder eben nicht mitgerechnet werden. Als die Wahl des Nachfolgers für Ball 1961 anstand und der FDP-Kandidat in und außerhalb der FDP auf Ablehnung stieß, stellte die SPD einen eigenen Kandidaten auf. Infolgedessen konnte die kleine FDP-Fraktion bei der Wahl im Mai ihren Kandidaten gegen die „große Koalition" aus SPD und CDU nicht durchsetzen. Für fast ein Jahrzehnt war sie damit, wie sich herausstellen sollte, im Bürgermeisteramt nicht mehr vertreten.

Ebenso umstritten wie der FDP-Kandidat für die Bürgermeisterwahl war die Kandidatur für die Bundestagswahl 1961. Bei der Wahlkreisversammlung der Karlsruher FDP beteiligte sich Rehberger erstmals aktenkundig an der Debatte. Er votierte für den langjährigen Stadtrat Hans Schubart und wird im Protokoll mit der Bemerkung zitiert: „Die FDP ist keine Kapitalistenpartei." Er plädiere für einen Kandidaten, der bekannt sei und die Jugend anspreche. Der Kandidat der FDP müsse also nicht aus der Wirtschaft kommen. Bei der Entscheidung der Mitglieder unterlag Schubart dann zwar zunächst. Da der gewählte Bewerber aber kurz darauf seine Kandidatur zurückzog, ging dann doch Rehbergers Favorit in den Wahlkampf. In derselben Versammlung kritisierte Rehberger auch massiv den langjährigen Bundestagsabgeordneten im Wahlkreis Karlsruhe-Land, Wolfgang Rutschke. Dessen Durchsetzung der Wiederholung der Delegiertenwahlen für den Landesparteitag hielten er und seine Mitstreiter für eine rechtswidrige Manipulation. Rehberger argumentierte, man lebe nicht nur in einer Demokratie, sondern auch in einem Rechtsstaat. Die Verletzung rechtsstaatlicher Regeln hatte den angehenden Juristen natürlich besonders herausgefordert.

Die Bundestagswahl 1961 beendete die absolute CDU-Mehrheit im Bund. Das zögerliche Verhalten Adenauers anlässlich des Baues der Berliner Mauer am 13. August hatte bundesweit einen Stimmungsumschwung zugunsten der SPD und der FDP ausgelöst. Die FDP konnte ihren Stimmenanteil um 5%-Punkte auf bundesweit

12,8% aufstocken. In Karlsruhe waren es sogar 13,4 %. Dieses gute Ergebnis war auch der von Rehberger begrüßten Entscheidung der Bonner Parteizentrale zu danken, den Wahlkampf unter dem Motto zu führen: „Mit der CDU – aber ohne Adenauer". Zweierlei verhinderte dann aber die komplette Umsetzung dieses Wahlziels: Adenauer ertrotzte sich von der CDU/CSU-Fraktion das Zugeständnis einer zweijährigen Kanzlerschaft. Zugleich hatte er, um die FDP unter Druck zu setzen, auch mit der SPD Koalitionsverhandlungen geführt. Die neue Lage zwang Erich Mende und seine FDP zum „Umfall", sprich zur Koalition mit den Unionsparteien unter der allerdings befristeten Kanzlerschaft Adenauers.

Die Enttäuschung in den Reihen der FDP, vor allem bei den Jungdemokraten war nicht gering. Es kam zu heftigen Diskussionen und auch Ämterniederlegungen, in Karlsruhe aber zu keinen Parteiaustritten. Die Mitgliederzahl der Karlsruher FDP stagnierte bei 148. Eine mangelnde Beteiligung vor allem in der Jugendorganisation machte sich aber deutlich bemerkbar. Der 23-jährige Rehberger ließ sich davon in seiner Grundüberzeugung von der Richtigkeit liberaler Ideen und Politik jedoch nicht beirren. Im April 1962 kam er als Beisitzer in den erweiterten Vorstand des „Kreisverbandes Karlsruhe-Stadt" und im März 1963 übernahm er in einer schwach besuchten Mitgliederversammlung die Leitung der Jungdemokraten. Voller Optimismus sah er die Chance eines Neuanfangs und entfaltete nach gerade bestandenem Referendarsexamen große Aktivitäten, die weit über den Kreis der Jungdemokraten hinaus in die Partei und die politisch interessierte Karlsruher Öffentlichkeit reichten. Unter den von wachsenden Teilnehmerzahlen besuchten Veranstaltungen mit führenden Vertretern nicht nur der Karlsruher und der Landes-FDP hebt Rehberger ein Wochenendseminar über „Liberale Kulturpolitik" hervor, für das er die in diesen Fragen bundesweit engagierte und respektierte bayerische Landtagsabgeordnete Hildegard Hamm-Brücher gewinnen konnte. Dieser ersten Begegnung mit der streitbaren Liberalen sollten viele weitere folgen. Hildegard Hamm-Brücher fehlte als Wahlrednerin bei keinem Urnengang, den Rehberger seitdem in Karlsruhe und danach im Saarland zu bestreiten hatte. Mit besonderem Stolz erfüllte den Jungdemokratenchef, dass im November 1963 Bundestagsvizepräsident Thomas Dehler, gerade zurück von Gesprächen mit der sowjetischen Führungsspitze in Moskau, einer Einladung zu einem Vortrag „Um Deutschlands Einheit" nach Karlsruhe folgte. Über 500 Besucher füllten den Bürgersaal des Rathauses restlos.

Sieht man einmal von der Arbeit der Fraktion im Gemeinderat ab, so kann man in Rehberger sicher einen Motor der Karlsruher FDP-Aktivitäten in dieser Zeit sehen. Der Chronist der Karlsruher FDP, Rainer Obert, bescheinigt den Jungdemokraten, dass sie 1964 drei Mal mehr Mitgliederversammlungen abhielten als die FDP. So steigerte Rehberger recht schnell seine Bekanntheit und sein Ansehen in der Karlsruher FDP-Organisation.

Die Stadtratswahl 1965

Das Jahr 1965 gewann für Horst Rehberger eine herausragende Bedeutung. Nach der Bundestagswahl, bei der die CDU-FDP-Koalition unter dem Kanzler Ludwig Erhard trotz einiger Verluste der FDP vom Wähler im Amt bestätigt worden war, standen in Baden-Württemberg Kommunalwahlen an. Erstmals stellte sich bei dieser Gelegenheit der damals 26-jährige Rehberger für seine Partei einer Wahl. Bei den parteiinternen Abstimmungen für die Kandidatenliste zur Kommunalwahl hatte er sich, ermuntert durch die wieder erstarkte Gruppe der Jungdemokraten, um einen vorderen Listenplatz beworben. Da den bisherigen Mitgliedern des Stadtrats die ersten Plätze überlassen wurden und sich auch der sehr engagierte Bundestagskandidat Günter Calmbach um einen vorderen Listenplatz bewarb, trat Rehberger für Platz vier der Liste an. Dabei setzte er sich knapp gegen zwei weitere Bewerber durch. Da zu erwarten war, dass zwei FDP-Bewerber in den Stadtrat einziehen würden – nach dem „roulierenden" Wahlsystem Baden-Württembergs wurde jeweils nur die Hälfte der Stadt- und Gemeinderäte neu gewählt – war der Erfolg alles andere als sicher. Durch die im Wahlrecht gewährte Möglichkeit des Kumulierens (bis zu 3 Stimmen für einen Kandidaten) und Panaschierens (ein Kandidat konnte auf jeder Parteiliste eingetragen werden) gab es jedoch eine Chance, nach vorne zu rücken. Diese Chance wollte Rehberger nutzen und führte seinen ersten

Wahlkampf motiviert und engagiert. Unterstützt wurde er von einer – damals noch keineswegs üblichen – Wählerinitiative prominenter Bürger, darunter der Chef des Karlsruher Versandhauses Heinrich Heine, Hannelore Hansch, die Nichte Thomas Dehlers, der Leiter des Karlsruher Kammertheaters, Wolfgang Reinsch, und der BGH-Anwalt Prof. Möhring. Am 7. November war gewählt worden. Das spannungsvolle Warten auf das Ergebnis – die durch Kumulieren und Panaschieren veränderten Stimmzettel mussten sorgfältig von Hand ausgewertet werden – dauerte drei Tage. Dann aber stand die Überraschung fest. Horst Rehberger hatte als bisher jüngster Bewerber den Sprung in den Stadtrat geschafft. Die Wähler hatten ihn von Platz vier der FDP-Liste auf Platz zwei hochgewählt. Damit zog er neben dem Fraktionsvorsitzenden Schubart neu in das Stadtparlament und in die vierköpfige FDP-Fraktion ein. Der Fraktion gehörten damit neben Rehberger der alte wie neue Fraktionsvorsitzende Prof. Dr. Hans Schubart, Fritz Schäfer und Melitta Schöpf an. Schubart lehrte an der Pädagogischen Hochschule Mathematik und gehörte zu den Mitbegründern der DDP in Süd- und Mittelbaden nach 1945. Schäfer war Präsident der Handwerkskammer Karlsruhe und nach dem 2. Weltkrieg mit Günther Klotz Chef der legendären Trümmerräumungsgesellschaft in Karlsruhe gewesen. Melitta Schöpf, deren Familie ein alteingesessenes Modegeschäft in Karlsruhe gehörte, hatte sich u. a. als letztlich erfolglose Vorkämpferin für den Wiederaufbau des im Krieg zerstörten Ständehauses einen Namen gemacht, des ältesten Parlamentsgebäudes auf deutschem Boden. Alle drei waren seit 1951, 1954 bzw. 1956 Mitglieder des Stadtrates. Rehberger kam somit als jüngstes Mitglied mit anderen Erfahrungen und Erwartungen als die Wiederaufbaugeneration in eine Fraktion erfahrener Stadträte.

Bevor die Arbeit im Gemeinderat begann, gab es allerdings erneut innerparteilichen Streit. Dieses Mal um die nachträgliche Veränderung der FDP-Liste für die Gemeinderatswahlen durch den Kreisvorstand. Da der von den Mitgliedern auf Platz zwei gewählte Kaufmann Günter Calmbach kurz nach seiner Wahl durch die Mitgliederversammlung aus persönlichen Gründen auf die Kandidatur verzichtet hatte, war der auf Platz sieben gewählte Chef eines Installationsbetriebs, Günther Maurer, vom Vorstand kurzerhand auf Platz zwei gesetzt worden. Über diesen offensichtlich eigenwilligen Umgang des seit 1963 als Vorsitzender amtierenden Wolfgang Rutschke mit politischen Regularien entspann sich fünf Tage nach der Wahl eine heftige und anhaltende Auseinandersetzung. Wieder war es der Jurist Rehberger, der sich gefordert fühlte, entschieden gegen die Manipulation der Wahlliste Einspruch zu erheben. „Ausgerechnet ein Jurist", warf er dem Vorsitzenden Rutschke vor, „Mitglied des Bundestages und Vorsitzender einer Partei, die in den vergangenen Jahren immer aufgestanden ist, wenn Rechtsbrüche vorgekommen sind, hat sich einen Rechtsbruch geleistet." Nachdem sein Versuch, Rutschke unter Hinweis auf die Gefahr einer Spaltung des Kreisverbandes zum Rücktritt zu bewegen, fehlgeschlagen war, strengte er ein Ehrengerichtsverfahren gegen ihn an. Da das Gremium aber erst im März 1966 eine Anhörung durchführte und sich die Gemüter bis dahin wieder beruhigt hatten, verlief dieses mit Zustimmung Rehbergers letztlich im Sande. Der Vorsitzende Rutschke wurde im Mai 1966 mit klarer Mehrheit wieder gewählt.

Horst Rehberger hatte mit seinem erfolgreich geführten Wahlkampf endgültig bewiesen, dass er politische Durchsetzungsfähigkeit besaß und in der Lage war, seine Überzeugungen den Wählern und Wählerinnen zu vermitteln. Er hatte sich somit, auch wenn ihm das so bewusst noch nicht war, die Basis geschaffen zur Wahl zwischen einer Karriere als Jurist oder als Politiker. Zunächst galt es aber, sich in der Alltagsarbeit eines Stadtparlaments zu bewähren. Und das Assessorenexamen stand auch noch bevor.

Das Ratsgremium im Wandel

Seit 1959 beherrschte die SPD den Gemeinderat mit absoluter Mehrheit. Sie wurde von einem SPD-Oberbürgermeister geführt, der eine sehr große Mehrheit der Bevölkerung hinter sich wusste. Er herrschte wie ein „Volkstribun" und konnte es sich unwidersprochen leisten, Initiativen oder Fragen seiner Partei mit dem väterlichen Hinweis abzuwehren: „Lasst mich nur machen!". Die Stadträte gehörten dem Gremium zumeist seit den unmittelbaren Nachkriegsjahren an, und es gab über die Fraktionsgrenzen hinweg zahlreiche Verbundenheiten, die bei gemeinsamen Stammtischen gepflegt wurden. Die FDP war als einzige Partei seit 1961 nicht mehr im Bürgermeisteramt vertreten und konnte seit 1959 mit ihren vier Mitgliedern in dem 48-köpfigen Rat nur eine nicht wirklich wahrgenommene Opposition leisten.

Schon im Vorfeld der Kommunalwahl von 1965 war eine Verjüngung des Gemeinderats angemahnt und mehr politische Diskussion gewünscht worden. Und tatsächlich zogen 1965 und dann 1968 18 neue Mitglieder in den Gemeinderat ein, die keine 40 Jahre alt waren. 1971 folgten sieben weitere Stadträte und Stadträtinnen unter 40 Jahren. Manche der Neuen, allen voran Horst Rehberger, brachten frischen Wind in den Gemeinderat. Sie waren nicht mehr so ohne weiteres auf den auf Kooperation zielenden Arbeitsstil der Nachkriegsgeneration einzuschwören, hatten sie doch schon in ihren Parteien für offenere Diskussionen gesorgt. Im Zeichen eines zunehmend kritischeren Demokratieverständnisses verlangten Stadträte mehr Mitsprachemöglichkeiten. Die Öffentlichkeit erwartete zudem mehr Transparenz der Entscheidungsprozesse. Oberbürgermeister Günther Klotz konnte sich dieser neuen Zeit nicht mehr wirklich anpassen. Vor dem Hintergrund des vergleichsweise leichten Konjunkturrückgangs 1966 sah die Vorlage für den Etat 1967 Steuererhöhungen vor. CDU und FDP, die sich stärker zu profilieren suchten, verlangten demgegenüber zuerst mehr Sparsamkeit. Der Sprecher der FDP, Hans Schubart, kritisierte dabei Klotz ganz offen. Der gehe über die Verschuldung der Stadt von einer halben Milliarde Mark hinweg wie über die Erinnerung an unbezahlte Bonbons.

Die wiederholte Forderung des Gemeinderats, eine mittelfristige Finanzplanung vorzulegen, quittierte Klotz mit der ungehaltenen Bemerkung, er lasse sich nicht schulmeistern. Man könne ja Dienstaufsichtsbeschwerde gegen ihn einreichen. Erstmals in der Geschichte der Stadt lehnten die FDP und fast geschlossen auch die CDU den Etat ab. 1968 machte die geballte Kritik der Architektenschaft und des Gemeinderats an den Planungen der Altstadtsanierung dem OB seine Eigenschaft als „Herr des Verfahrens" streitig. 1969 forderten jüngere Abgeordnete, auch aus seiner Fraktion, eine „Demokratisierung" des Planens. Sie kritisierten, dass der Planungsausschuss seit drei Jahren nicht getagt habe. Im Verfahren der Verabschiedung von Bebauungsplänen sei der Stadtrat so zum Akklamationsorgan degradiert. Erkennbar wurde zunehmend deutlicher der Wille bei CDU und FDP, sich gegenüber der Oberbürgermeister-Partei SPD besser zu profilieren und eine eigenständige Kommunalpolitik zu betreiben.

Nach den Kommunalwahlen von 1968 im November bekam das neue Selbstverständnis des Gemeinderats eine neue Qualität. Rehberger, selber nicht zur Wahl anstehend, hatte wiederum engagiert für seine Partei Wahlkampf geführt. Voll Optimismus warteten die Liberalen auf ein gutes Ergebnis, also mehr Mandate und damit bei der SPD den Verlust der absoluten Mehrheit. Was dann kam, war ein Wechselbad der Gefühle. Am Morgen nach der Wahl titelten die „Badischen Neuesten Nachrichten" (BNN): „Die SPD behauptet absolute Mehrheit". Als am Dienstagabend das amtliche Endergebnis vorlag, musste der Kommentar neu geschrieben werden. Jetzt hieß es: „SPD-Mehrheit im Rathaus doch gebrochen". Die SPD hatte zwei Sitze eingebüßt, die CDU blieb unverändert, Gewinner war mit einem zusätzlichen Sitz die FDP. Dass auch die NPD einen Sitz erhielt, war 1968 keine Überraschung, da diese Partei auch in das baden-württembergische Landesparlament eingezogen war. Nach der neuen Abstimmungsarithmetik hatten die SPD mit dem OB 24 Stimmen und CDU und FDP ebenfalls 24 Stimmen. Im Ernstfall bestand die Möglichkeit, unter Einschluss der NPD die SPD und den OB zu überstimmen.

Stadtrat Rehberger

Horst Rehberger war 1965 noch Stadtratskandidat, da hatte er schon begonnen, die in der Gemeinde- und Geschäftsordnung verbrieften Rechte wahrzunehmen, über die er sich natürlich eingehend informiert hatte. Kurz vor dem Ende des Wahlkampfs war bei OB Klotz ein Brief des Kandidaten Rehberger eingegangen, in dem sich dieser nach bevorstehenden Mieterhöhungen der stadteigenen Volkswohnung, einer Erhöhung der Eintrittspreise des Staatstheaters, nach Einführung eines Einheitspreises und Tariferhöhungen der Straßenbahn und Preissenkungen für die Gaslieferungen durch die Umstellung auf Raffineriegas erkundigte. Alle Fragen beantwortete der OB umgehend und knapp mit Hinweis, dass sie überhaupt noch nicht erörtert und spruchreif seien. Fragen und Antworten leitete der Wahlkämpfer Rehberger den BNN zu, die diese auch veröffentlichten.

Im Januar 1966, inzwischen Mitglied des Stadtrats, richtete er dann eine detaillierte Anfrage zur unbefriedigenden Karlsruher Schulraumsituation an OB Klotz. Die Bitte um Beantwortung in der folgenden Gemeinderatssitzung und nachfolgender schriftlicher Bestätigung fügte er ausdrücklich an. Von diesem Fragerecht war im Karlsruher Stadtrat seit langer Zeit nicht mehr Gebrauch gemacht worden und OB Klotz versuchte deshalb, den lästigen Fragesteller kurzerhand „abzuwimmeln". Doch das klappte nicht. Zur Charakterisierung des unerschrockenen Agierens Rehbergers gleich zu Beginn seiner Ratstätigkeit sei ein Bericht der BNN zitiert: „Er solle zunächst die vor etwa einem Jahr von Bürgermeister Dr. Gutekunst verfasste Broschüre mit einer Bestandsaufnahme über die Raumverhältnisse in allen Karlsruher Schulen lesen und dann mit seinen Fragen ins berechtigte ‚Schaugeschäft' gehen, meinte Oberbürgermeister Klotz zurechtweisend zu einer von Stadtrat Rehberger gestellten schriftlichen Anfrage. Rehberger aber ließ sich nicht beirren, verwies kühl auf das ihm in der Gemeindeordnung verbürgte Recht zu Anfragen vor dem Plenum trotz oberbürgermeisterlichem ‚nein, nein, nein' und setzte sein Recht durch. … Auf Rehbergers vom Plenum fröhlich belächeltes Ultimatum, bis spätestens zur nächsten Sitzung Bescheid haben zu wollen, konterte OB Klotz knurrend: ‚Das müssen Sie schon uns überlassen. Wir machen das so schnell wie möglich.'"

Ein anderes Thema für der Verwaltung unangenehme Fragen war 1967 / 68 der Schlacht- und Viehhof. Dort, so hatte Rehberger durch Insiderinformationen erfahren, war es zu Problemen bei der Entsorgung von beim Viehtransport verendeten Tieren und zu Unregelmäßigkeiten bei der Tierbeschau gekommen. Der zuständige Bürgermeister beantwortete die Fragen ausführlich und beschrieb die Maßnahmen zur Abhilfe, zeigte sich aber verärgert, dass hier längst abgeschlossene Vorgänge erneut hochgespielt würden. Damit diene man nicht dem Wohle der Stadt. Rehberger erwiderte, dass es sein gutes Recht sei, „darauf zu bestehen, dass Vorwürfe, die zunächst einmal als völlig unbegründet zurückgewiesen worden sind, wenn sie sich bewahrheitet haben, dann auch tatsächlich offen noch einmal erörtert werden." Im Februar 1968 hielt Rehberger dann die mit seiner Fraktion abgestimmte Haushaltsrede zum Stadt-Etat für 1968. Abstrahiert man mit der Distanz von heute die damals von ihm angesprochenen Problemlagen der Stadt, so kann man seine in dieser Rede herausgearbeitete Grundhaltung als liberal, demokratisch und sozial bezeichnen. Zudem zeigte sich z. B. in der Behandlung der schwierigen Schulraumsituation, dass Rehberger einmal aufgegriffene Themen hartnäckig verfolgte. Dabei konfrontierte er den OB auch mit dessen eigenen gewandelten Anschauungen oder attackierte ihn grundsätzlich in der Einschätzung aktiver Bildungspolitik, deren Notwendigkeit er unterstrich. Nicht ohne Genugtuung kommentierte er des OBs in einigen Punkten veränderte Haltung mit einem leitmotivisch die Rede zierenden „o quae mutatio rerum". Letztlich war Rehbergers Rede auch eine kämpferische Abrechnung mit dem Oberbürgermeister. Klotz selber hatte ihm dazu die Vorlage geliefert. Der hatte nämlich eingangs seiner eigenen Haushaltsrede der Demokratie in Karlsruhe und im Stadtparlament ein gutes Zeugnis ausgestellt, am Ende allerdings, sich auf Cicero beziehend, ausgeführt, es gebe ein verhängnisvolles Übermaß an Freiheit und Kritik, das in sein Gegenteil umschlagen könne. Zur Verteidigung der freiheitlichen Ordnung müsse „die Demokratie Muskeln" zeigen. Rehberger meinte dazu, der OB trage eine rosarote Brille, wenn er dem Funktionieren der Demokratie im Gemeinderat eine gute Zensur gebe. Der Mannheimer Kollege von Günther Klotz habe diesen als den „letzten absoluten Herrscher auf dem Thron eines Oberbürgermeisters" charakterisiert. Das sei kein Kompliment für die Volksvertretung der Stadt, für den Gemeinderat. Er wolle „glasklar" zum Ausdruck bringen, dass die absolute Mehrheit einer Partei auf die Dauer keineswegs die Funktionsfähigkeit der demokratischen Ordnung fördere. Als daraus resultierende Missstände nannte er, den Politologen Theodor Eschenburg zitierend, grassierende Ämterpatronage, dann die Tendenz, Meinungsverschiedenheiten „hinter den Kulissen" auszutragen, statt sie öffentlich und fair zu diskutieren und schließlich die Neigung der Verwaltung, sich über berechtigte Interessen der Bürger hinwegzusetzen. Diese Haltung des noch jungen Stadtrats brachte wenig später Bundeskanzler Willy Brandt auf die Formel „Mehr Demokratie wagen".

Die Etatrede Rehbergers wurde in den BNN als „angriffslustig, keck, ja respektlos" charakterisiert, was man beim Nachlesen schmunzelnd bestätigt findet. Insgesamt bescheinigte der BNN-Kommentator Josef Werner den Etatreden ein Niveau wie selten zuvor in der Geschichte des Hauses. Ganz im Gegensatz zu der von einem CDU-Stadtrat monierten altertümlichen „Klassenzimmeranordnung" des Ratssaals mit einem erhöhten Pult für die Bürgermeister habe die Etatdebatte den Bürgersaal zu einer kommunalpolitischen Arena gemacht, in der die stärkere Wahrung und Wahrnehmung der Rechte des Stadtrats deutlich dokumentiert worden sei. An diesem Wandel hatte der Liberale Horst Rehberger keinen geringen Anteil.

Auch zwei Jahre später, 1970, hielt Rehberger für die auf fünf Mitglieder angewachsene Stadtratsfraktion die Haushaltsrede. Sie trug, wie seine Rede zum Etat 1968, eine sozialliberale Handschrift. Wegen der allgemeinen Preissteigerungen hielt er eine von der Verwaltung geforderte zusätzliche Erhöhung der Abwasserentgelte für unangebracht. Trotz des Gebots der Sparsamkeit im Personalbereich befürwortete er zum öffentlichen Wohl Personalvermehrungen im Sozial- und Gesundheitswesen. Zugleich plädierte er allerdings noch stärker als 1968 dafür, genau zu prüfen, welche Leistungen von der Stadt, vom Land oder aber durch Private am wirtschaftlichsten erbracht werden könnten. Wobei er unterstrich, dass bei öffentlichen Unternehmen der Daseinsvorsorge wirtschaftliche Gesichtspunkte nicht allein den Ausschlag geben könnten. Was die Stadtentwicklung anbetraf, setzte er bei dieser Gelegenheit den Schwerpunkt auf die anstehende Sanierung der Altstadt. Hierbei reklamierte er für den Stadtrat ein stärkeres Mitspracherecht. Die Frage, welche Funktion die Altstadt nach der Sanierung wahrnehmen solle, könne nicht durch Architekten entschieden werden. Hier sei vielmehr die Politik in der Verantwortung. Er stellte in diesem Zusammenhang auch die Frage, ob nicht eine Entwicklung der City nach Süden sinnvoller sei als eine Verlängerung der Einkaufsachse entlang der Kaiserstraße nach Osten. Später wurde dieser Aspekt Ziel der Stadtplanung.

Der Bürgermeister

Am 28. Juni 1970 bewarb sich Horst Rehberger mit einem sechszeiligen Schreiben nebst Anlagen bei Oberbürgermeister Günther Klotz um die ausgeschriebene Stelle eines Beigeordneten der Stadt Karlsruhe. Damit wurde er zu einem wesentlichen Akteur in einem spannenden Kapitel der jüngeren Stadtgeschichte Karlsruhes. Günther Klotz stand, als er das Schreiben erhielt, einen Tag vor dem Ende seiner Dienstzeit als Oberbürgermeister. Sein Nachfolger Otto Dullenkopf (CDU) war in ereignisreichen Wochen im zweiten Wahlgang von der Bevölkerung gewählt worden. In Karlsruhe hatte ein „Machtwechsel" stattgefunden und nun strebte die FDP danach, im Rathaus wieder in der Verantwortung zu stehen, wieder – wie von 1946 bis 1961 – einen Bürgermeister zu stellen.

„Machtwechsel" in Karlsruhe

Seit 1965 war die Diskrepanz zwischen der „souveränen Amtsführung", die Klotz für sich in Anspruch nahm, und den erstarkenden Partizipationsansprüchen der Stadträte, die Klotz bezeichnenderweise als „modern werdendes demokratisches Heckmeck" bezeichnete, gewachsen. Die 1968 verlorene absolute Mehrheit seiner Partei im Stadtrat erschwerte dem OB zusätzlich die Amtsgeschäfte. Die ganze Dramatik dieser Entwicklung verdeutlicht die Debatte um eine zweite Bundesgartenschau in Karlsruhe.

Die Bundesgartenschau in Karlsruhe war 1967 – gemessen auch an heutigen Besucherzahlen – ein enormer Erfolg gewesen. 6,3 Millionen Besucher, darunter 2,7 Millionen auswärtige, hatte das sommerlange Fest angelockt. Von den 38,9 Millionen DM, die für die Baumaßnahmen und den Betrieb der Schau investiert worden waren, hatte die Stadt etwa 19 Millionen getragen, dafür aber auch mit erneuerten Parks und verschiedenen Baumaßnahmen bleibende Gegenwerte erhalten. Außerdem hatten diese Investitionen den konjunkturellen Rückgang des Jahres 1966 in Karlsruhe etwas abmildern können. Gleichwohl war die Schuldenlast der Stadt dadurch weiter angestiegen.

Als Günther Klotz dann noch 1967, getragen von der Welle des Erfolgs, eine neuerliche Bundesgartenschau plante und dafür auch den Zuschlag für 1979 erhielt, entwickelte dieses Vorhaben eine enorme politische Sprengkraft. Nach der erfolgreichen Bewerbung reihten sich 1968 schlecht vorbereitete Gemeinderatsvorlagen, externe Terminprobleme (Vorverlegung auf das Jahr 1975), intern versäumte konkrete Planungen und Kostenberechnungen sowie politische Fehleinschätzungen aneinander.

Im Stadtrat verwahrten sich CDU und FDP gegen das Ansinnen einer Beschlussfassung ohne konkrete Planungen und verlangten zuerst eine Abschlussbilanz der Gartenschau 1967. Mehrfach musste Klotz seine Vorlagen zurückziehen, da die skeptische CDU und die zur Ablehnung neigende FDP kurz vor der im Herbst 1968 anstehenden Stadtratswahl keine so weit reichenden Beschlüsse fassen wollten. Die neuen Mehrheitsverhältnisse – die SPD hatte ihre absolute Mehrheit eingebüßt – hinderten Klotz nicht daran, es nach der Kommunalwahl erneut zu versuchen. Er vertraute auf die freundschaftliche Verbundenheit mit einer Reihe von CDU-Stadträten. In der Öffentlichkeit hatte er, um die Gemeinderäte unter Druck zu setzen, außerdem angekündigt, die Bundesgartenschau notfalls ohne Stadtrat mit einem Bürgerentscheid durchzusetzen.

Am 10. Dezember 1968 kam es schließlich zur entscheidenden Stadtratssitzung. Klotz warb noch einmal leidenschaftlich für Zustimmung zu seinen Plänen. In der sachlichen Diskussion lehnte aber Kurt Gauly als Hauptredner der CDU die finanziellen Lasten für die Bundesgartenschau ab. Er entwickelte stattdessen ein kommunalpolitisches Gegenprogramm: Bau der II. Medizin, Bau von Schulen, Zuschüsse für Kindergärten, Turn- und Sportstätten, Verbesserung der Verkehrsverhältnisse in der Innenstadt und anderes mehr. Für die FDP lehnte Hans Schubart die Bundesgartenschau aus finanziellen Erwägungen ab. Horst Rehberger meinte in seinem Diskussionsbeitrag, dass die Veranstaltung nur dann einen Sinn ergäbe, wenn sie erstens bleibende städtebauliche Verbesserungen brächte und zweitens nicht auf Kosten vorrangiger Aufgaben im Sozial-, Gesundheits- und Bildungsbereich ginge. Ersteres wäre bei einer Gartenschau im Gelände von 1967 nicht zu erwarten und bei einer Verlegung in das Albgrün würden die Kosten so hoch sein, dass andere Vorhaben zurückgestellt werden müssten. Weil eine neue Gartenschau durchaus populär sei, gehöre mehr Mut dazu, diese abzulehnen, als ihr zuzustimmen. Nach dreieinhalbstündiger Debatte ließ Günther Klotz abstimmen. Er zählte – mit seinem – 24 Handzeichen der SPD für und 25 Handzeichen von CDU, FDP und NPD gegen die Bundesgartenschau. Tief enttäuscht erklärte er: „Damit ist die Bundesgartenschau 1975 für Karlsruhe tot." Wegen einer Grippeerkrankung verließ er dann die Sitzung mit der Bemerkung: „Welche Konsequenzen ich persönlich daraus ziehe, das werde ich reiflich, reichlich überschlafen." Wie viele der Räte und Besucher im Saal dachte auch Horst Rehberger in diesem Moment, dass nun das Ende der „Ära Klotz" begonnen habe. Diese Niederlage von Klotz war eine Zäsur. Die Frage für ihn war nur, ob Klotz sofort zurücktreten oder nicht erneut kandidieren werde. Das Ende verkündete Klotz selbst dann in diesem Moment unerwartet mit einem Paukenschlag etwa ein Jahr später am Ende seiner Rede vom 18. November 1969 zur Einbringung des Etats für 1970. Er zog einen Zettel mit einer handschriftlichen Erklärung aus seinem Sakko, die mit „Schluss" überschrieben war, und verkündete, er werde zur OB-Wahl im Frühjahr 1970 nicht antreten.

Was aus der Sicht der SPD nur zu einem Wachwechsel führen sollte, wurde dann aber zu einem Machtwechsel. Einen solchen hatte es auch in den politisch aufgewühlten Zeiten nach der Bundestagswahl nur sechs Wochen zuvor in Bonn gegeben, als die CDU / SPD-Koalition überraschend von einer sozialliberalen Koalition abgelöst worden war. Beflügelt von dem Zuwachs von 6 % der Stimmen und dem Direktmandat für Peter Corterier glaubte die Karlsruher SPD an einen Sieg ihres Kandidaten Walther Wäldele. Er und sein Konkurrent Otto Dullenkopf von der CDU, beide Kollegen auf der Bürgermeisterbank, lieferten sich einen Wahlkampf, der eine intensive Auseinandersetzung mit kommunalpolitischen Themen brachte. Der FDP, die keinen eigenen Kandidaten ins Rennen schickte, blieb nur eine Zuschauerrolle. Das Ergebnis der Wahl im April wurde in Karlsruhe als Sensation empfunden und fand auch Beachtung in Bonn. Dullenkopf hatte den ersten Wahlgang mit klarer Mehrheit gewonnen. Bei einer Wahlbeteiligung von knapp 60 % fehlten ihm jedoch etwa 1.000

Stimmen zum vorgeschriebenen Drittel aller Wahlberechtigten. Den nötigen zweiten Wahlgang entschied Dullenkopf dann trotz großer Anstrengungen der SPD mit einem neuen Kandidaten, dem gerade gewählten Bundestagsabgeordneten Peter Corterier, klar für sich. Der Machtwechsel in Karlsruhe mit umgekehrten Vorzeichen als der in Bonn war perfekt. Die CDU hatte nach über zwanzig Jahren das „rote" Rathaus in Karlsruhe erobert.

Die Wahl zum Bürgermeister

Die Wahl Otto Dullenkopfs zum Oberbürgermeister machte die Neuwahl eines Bürgermeisters notwendig. Unter normalen Umständen wäre dies ein unproblematischer Vorgang gewesen. Denn seit 1961 hatten die beiden großen Parteien je zwei Bürgermeisterstellen. Demnach wäre jetzt wieder ein CDU-Kandidat zu wählen gewesen. Die CDU nominierte Kurt Gauly und konnte nach der bisherigen Praxis von seiner Wahl ausgehen. Selbst wenn sich die SPD verweigert hätte, wäre Gauly mit den Stimmen des Oberbürgermeisters und – so dachte sie – der FDP die Wahl sicher gewesen. Doch diese Rechnung sollte nicht aufgehen. Als der Stadtrat die Ausschreibung der Bürgermeisterstelle beschlossen hatte, kam CDU-Stadtrat Werner Goldschmidt nach Rehbergers Erinnerung spontan auf ihn zu und meinte freundschaftlich „Das wäre für Sie doch genau die richtige Aufgabe". Bei seinem 31-jährigen Kollegen, der sich in seinem Anwaltsberuf sehr wohl fühlte, setzte er damit einen Prozess des Nachdenkens in Gang. Rehberger besprach diese Idee, mit der er sich inzwischen angefreundet hatte, mit seinem Fraktionsvorsitzenden Schubart und anderen engen politischen Freunden. Auch diese waren von der Idee angetan. So nahm Schubart mit den Vorsitzenden der beiden anderen Fraktionen Kontakt auf. Bei der CDU traf er auf wenig Gegenliebe. Schließlich wollte deren Fraktionsvorsitzender Gauly Bürgermeister werden. Differenzierter war die Reaktion der SPD. Unter dem Eindruck des Machtverlustes im Rathaus lagen Überlegungen, die CDU auf der Bürgermeisterbank nicht noch mehr zu stärken, durchaus nahe. Hinzu kam, dass sich mit der seit 1969 in Bonn regierenden sozial-liberalen Koalition die Atmosphäre zwischen SPD und FDP auch in Karlsruhe deutlich verbessert hatte. Die seit der letzten Stadtratswahl stark verjüngte Führung der SPD-Stadtratsfraktion war deshalb durchaus an einer engeren Zusammenarbeit mit der FDP und der Wahl eines Freidemokraten in das Bürgermeisteramt interessiert. Allerdings gab es unter den älteren Mitgliedern der SPD-Stadtratsfraktion starke Vorbehalte, da so mancher das Ende der Ära Klotz auch Rehberger anlastete. Nach heftigen Auseinandersetzungen in Fraktion und Kreisvorstand setzte sich dann aber schließlich doch der Vorschlag durch, mit der FDP über die Wahl eines Kandidaten dieser Partei sowie eine engere Zusammenarbeit im Stadtrat Gespräche zu führen.

Die Verhandlungen beider Fraktionen führten zu einer Vereinbarung, die drei Punkte enthielt: 1. Sachprogramm, 2. Dezernatsverteilung und 3. Bürgermeisterwahlen. Das Sachprogramm listete eine Reihe von Verpflichtungen auf: Ausarbeitung einer neuen Hauptsatzung der Stadt und einer neuen Geschäftsordnung des Stadtrats, Durchsetzung des Modells einer Ganztagesschule, Entwicklung neuer Methoden in der Sozial- und Jugendarbeit, Fortführung der Verwaltungsrationalisierung, Förderung des sozialen Wohnungsbaus, Durchsetzung des frühzeitigen Mitspracherechts des Stadtrats bei der Aufstellung des städtischen Etats und zur Abstimmung in allen bedeutenden kommunalpolitischen Angelegenheiten auf Wunsch der einen oder anderen Seite. Zur Dezernatsverteilung wurde festgestellt, dass den vom OB vorgeschlagenen Plänen nur zugestimmt werde, wenn sie den Vorstellungen beider Parteien Rechnung tragen würden. Zur Frage der Bürgermeisterwahlen verpflichtete sich die SPD-Fraktion, den FDP-Kandidaten bei der anstehenden Wahl voll zu unterstützen. Die FDP-Fraktion ihrerseits bekundete ihre einmütige Auffassung, wonach der 1. Bürgermeister einer anderen Partei angehören solle als der Oberbürgermeister. Demgemäß werde die FDP einen SPD-Kandidaten für dieses Amt voll unterstützen. Abschließend ist die Geltungsdauer dieser „Abreden" bis zur Gemeinderatswahl 1974 terminiert. Danach sollten neue Verhandlungen geführt werden.

Nachdem mit der SPD Einigkeit erzielt worden war, gab die FDP in einer Presseerklärung die Kandidatur Rehbergers bekannt. Sie begründete diese mit dem Hinweis, dass damit die seit langem bestehende Einseitigkeit der Besetzung des Bürgermeisteramts zuungunsten der FDP beendet werden solle. Natürlich fragten die BNN bei dem Kandidaten nach seinen persönlichen Motiven für diese als kleine Sensation empfundene Bewerbung. Die Antwort fiel kurz und unprätentiös aus: „Ich halte die Tätigkeit eines Bürgermeisters für eine sehr dankbare Aufgabe, die mir sachlich und politisch Freude machen würde." Anders als der scheidende OB, der geäußert hatte, die Zeit der großen Entwicklungsaufgaben in der Kommunalpolitik sei vorbei, hatte Rehberger in seiner Etatrede im Februar 1970 davon gesprochen, dass sich die Stadt neuen Herausforderungen stellen müsse. Die gescheiterte Bundesgartenschau könne deshalb „als drittrangiges Ereignis getrost vernachlässigt werden". So seien zum Beispiel die kommunale Gebietsreform, also die Erweiterung des Stadtgebiets von Karlsruhe, sowie eine engere Zusammenarbeit der Stadt mit ihrem Umland bedeutende Karlsruher Zukunftsaufgaben. Rehberger sah also Handlungsmöglichkeiten, die es ihm erlaubten, wie er heute formuliert, „nicht nur Fragen, sondern Weichen zu stellen". Horst Rehberger hatte aber mit dieser Entscheidung zuerst eine wichtige Weiche für sein Berufsleben in Richtung Politik gestellt.

Im Vorfeld der Wahl am 21. Juli 1970 widmeten sich die BNN ausführlich dem Thema Bürgermeisterwahl. Sie brachten von allen Parteien Stellungnahmen und befragten auch den OB. Dieser befürchtete von der „Machtprobe" negative Auswirkungen auf das künftige Klima im Stadtrat. Die CDU beharrte auf ihrem Vorschlagsrecht und der parteipolitischen Ausgewogenheit der Bürgermeister-Riege, da der OB nicht mitgerechnet werden dürfe. SPD und FDP betonten, das Gegenteil sei der Fall. Die Wahl selbst ging dann ohne jede Debatte über die Bühne. Die Argumente waren ausgetauscht. Dennoch brachte sie in der Geschichte des Stadtrats eine Neuigkeit. OB Dullenkopf hatte angeordnet, dass die Stimmabgabe in Wahlkabinen vor sich gehen sollte. Nur so könne die Geheimhaltung garantiert werden. Offenbar rechnete man in der CDU mit genügend „Abweichlern" in der SPD, die dem Kandidaten Rehberger wegen seiner Attacken gegen den OB Klotz und die SPD bei geheimer Wahl ihre Zustimmung verweigern würden. Auch die BNN hatten die Frage gestellt, ob der „OB- und SPD-

Schreck der Vergangenheit zum SPD-Liebkind avanciert" sei. Doch Rehberger reagierte gelassen. Als sich die Führung der SPD-Fraktion gegen die Aufstellung der Wahlkabinen ausgesprochen hatte, bat er sie seinerseits darum, die Wahlkabinen hinzunehmen. Er vertraue darauf, dass die SPD-Fraktion ihn geschlossen wählen werde, ließ er seinen SPD-Stadtrats-Kollegen Norbert Vöhringer und die Öffentlichkeit wissen. Tatsächlich fruchtete das Manöver der CDU und ihres Oberbürgermeisters nicht. Von 27 Stimmen der SPD/ FDP erhielt Rehberger 25, der CDU-Kandidat war in der Wahl unterlegen. In seinen Dankesworten zeigte sich der frisch gekürte Bürgermeister, der sein Amt zum 1. Oktober 1970 antrat, erfreut über das Wahlergebnis, da er als Freier Demokrat „hinsichtlich guter und günstiger Wahlergebnisse keineswegs verwöhnt" sei. Zugleich versprach er, sich um eine vertrauensvolle Zusammenarbeit mit allen zu bemühen. Jenen, die wegen seines jugendlichen Alters von 31 Jahren Bedenken trügen, versicherte er zur Erheiterung des Hauses, er werde schließlich mit jedem Jahr älter.

Die SPD hatte die Rehberger-Wahl nur betreiben können, weil sie immer noch als stärkste Fraktion zusammen mit der FDP eine klare Mehrheit hatte. Das sollte sich in den folgenden Jahren aber ändern. Denn die weitere Entwicklung belegt, dass der Aufstieg der CDU zur führenden Kraft in Karlsruhe noch keineswegs abgeschlossen war. Bei den Gemeinderatswahlen 1971 und 1975 wurde sie die stärkste Kommunalpartei. Die absolute Mehrheit im Stadtparlament schon 1971 verhinderte nur das roulierende System. Im Jahr 1975, nach dessen Abschaffung, war sie erreicht. In Karlsruhe gab es bei den Wählern keine Mehrheit für die sozialliberale Option.

Die selbstbewusst und selbstsicher gewordene CDU blieb trotz großer Verärgerung über den Verlust einer Bürgermeisterstelle gelassen und zeigte, wie es eine Zeitzeugin ausdrückte, „keine Furcht vor dem sozialliberalen Vabanquespiel der SPD mit der FDP". Es zeigte sich auch schnell, dass die sachlichen Gemeinsamkeiten zwischen FDP und CDU größer waren als zwischen FDP und SPD. Die sozialliberale Kooperation blieb im Gemeinderat nur eine kurze Episode. Für die FDP hatte Rehbergers erfolgreiche Kandidatur allerdings langfristige Folgen: Sie stellt bis heute einen Bürgermeister in Karlsruhe.

Dezernent für die Stadtwerke

Bei der Zuweisung der Aufgaben für sein „Kabinett" teilte Oberbürgermeister Dullenkopf seinem neuen Bürgermeister Horst Rehberger die Zuständigkeit für die Stadtwerke (Versorgungsbetriebe für Strom Gas, Wasser und Fernwärme, Verkehrsbetriebe und Rheinhäfen), das Marktamt und das Schlacht- und Viehhofamt zu. Rehbergers Dezernat umfasste demgemäß über 1.000 Mitarbeiter und Mitarbeiterinnen. Insgesamt schuf der OB eine neue Dezernatsstruktur, die eine den geänderten Bedingungen angepasste und sachliche Zusammenhänge beachtende, effizientere Arbeit des Bürgermeisteramtes ermöglichen sollte. Dass der junge Bürgermeister auch den Schlacht- und Viehhof zugewiesen bekommen hatte, war im Hinblick auf seine frühere massive Kritik an diesem Bereich nicht ohne Hintersinn. In beiläufigen Kommentaren hieß es, nun könne er beweisen, wie man es besser mache. So sehr es den Sohn eines „Eisenbahners" freute, dass er künftig auch für den Nahverkehr zuständig sein sollte, so sehr war ihm aber auch bewusst, dass er angesichts der Finanzlage der Stadt keine einfache Aufgabe übernommen hatte.

OB Dullenkopf hatte schon in seiner Antrittsrede harte und glanzlose Zeiten angekündigt. Die Stadt stehe in der Verschuldungsliste der deutschen Städte auf Rang drei. Der Stadtkämmerer Gerhard Seiler ergänzte bei der Debatte über den Etat 1971, ohne Änderung der Aufgaben- bzw. Ausgabenstruktur oder der Einnahmenstruktur sei eine anhaltende Entspannung nicht möglich. Die Pro-Kopf-Verschuldung der Stadt betrug Ende 1971 2.655,- DM , der Anteil der Stadtwerke daran 1.246,- DM. Die Hauptaufgabe für den neuen Bürgermeister lautete also eindeutig: Sanierung der Stadtwerke. Oberbürgermeister, Werksdezernent und Stadtkämmerer verständigten sich angesichts der starken Steigerungen der Personalkosten und der Ölpreise 1973/74 deshalb auf drei Maßnahmenbündel: Spürbare Tariferhöhungen sollten sich an der allgemeinen Kostenentwicklung orientieren. Rationalisierungsmaßnahmen und Personalabbau mussten Kosten mindern. Die Eigenkapitalbasis sollte durch Rückführung der erwirtschafteten Konzessionsabgabe verbreitert werden, soweit sie nicht zur Verlustabdeckung benötigt wurde.

Tariferhöhungen

Während die aus höheren Verbrauchszahlen und Kundenerwartungen steigenden Leistungen der Stadtwerke von den Nutzern als selbstverständlich akzeptiert wurden, standen die Tariferhöhungen in der Regel im öffentlichen Kreuzfeuer. Im Stadtrat mussten sie jeweils in harten Auseinandersetzungen erkämpft werden. Rehbergers Sanierungskurs setzte sich durch. Im Bereich der Versorgungsbetriebe genehmigte der Stadtrat dem Dezernenten immerhin 15 Tariferhöhungen (Strom siebenmal, Gas fünfmal, Wasser dreimal), bei den Verkehrsbetrieben waren es vier. Aber auch nach den Tarifsteigerungen lagen diese in Karlsruhe im Vergleich mit anderen Versorgungsunternehmen im Mittelfeld. Die Gemeinwohlorientierung der Daseinsvorsorgebetriebe und die Sozialverträglichkeit der Tarife stand nicht in Frage.

Insbesondere die Erhöhung der Fahrpreise bei den Verkehrsbetrieben im Sommer 1971, Rehberger war noch kein Jahr im Amt, war heftig umkämpft. Da es die erste Anhebung nach viereinhalb Jahren war, bemühte sich das Dezernat, im Vorfeld der Entscheidung durch den Stadtrat um Verständnis für die Maßnahme zu werben. Mit der Betriebsleitung der VBK wurde eine Fülle von Informationsmaterial erarbeitet und alternative Lösungen erörtert, die sich jedoch jeweils als weniger geeignet erwiesen. Der Bürgermeister warb für diese unpopulären Maßnahmen höchstpersönlich in Gesprächen mit den Fraktionen, mit Gewerkschaften, Schüler- und Studentenvertretern, Jungsozialisten und anderen linken Gruppierungen, zeitgemäß „Hearings" genannt, sowie mit der Presse. Dies erachtete er als notwendig, zumal die bundesweite, teilweise erfolgreiche „Rote-Punkt-Welle" noch nicht abgeebbt war und zu erwarten stand, dass auch in Karlsruhe Boykott- und Blockademaßnahmen gegen die Erhöhungen stattfinden würden. Da die SPD die Tarife nicht im Werkausschuss vorberaten, sondern dieses „heiße Eisen" gleich öffentlich diskutieren wollte, kam es erst nach einem FDP-Antrag zu einer Stadtratssitzung. Die kleinste Fraktion zeigte sich – gedrängt von ihrem Dezernenten – als die mutigste.

In seiner Begründung der neuen Tarife im Gemeinderat am 29. Juni 1971 führte Rehberger aus, dass die Förderung des Nahverkehrs nur einen Bruchteil der Förderung des Straßenverkehrs betrage. Die Folge sei ein Beitrag der Kraftfahrzeuge zur Luftverschmutzung von 30 %. Die Zunahme des Kfz-Verkehrs verursache zudem ein Chaos, das auch den Nahverkehr stark betreffe. Eine Verteufelung des Autos sei aber keine Lösung, vielmehr gehe es um eine vernünftige Ergänzung beider Verkehrsmittel. Er nannte folgende Ziele für Karlsruhe: weitgehendes Beförderungsmonopol der Verkehrsbetriebe in der City einschließlich einer Unterpflasterbahn in der zur Fußgängerzone umgewandelten Haupteinkaufsmeile Kaiserstraße, Einrichtung eines leistungsfähigen „Park-and-ride-Systems" sowie Ausbau eines leistungsfähigen Nahverkehrs auch außerhalb der City bis ins Umland hinein. Um die Verluste der Verkehrsbetriebe, 1971 würden die Einnahmen nicht einmal mehr die Personalkosten decken, dauerhaft zu senken, erörterte Rehberger folgendes Programm: Die Differenz zwischen Normal- und Sozialtarifen trägt der Staat; Nahverkehrsunternehmen werden von der Mineral- und Mehrwertsteuer freigestellt; die Konzessionsabgabe an die Stadt entfällt; der Kapitaldienst, soweit nicht vom Staat übernommen, wird durch den ordentlichen Stadtetat gedeckt; die Personalkosten werden über den Fahrpreis erwirtschaftet. Dieses nahverkehrspolitische Programm Horst Rehbergers bedeutete eine starke Subventionierung durch den Staat und die Stadt, d.h. durch alle Steuerzahler, auch jene, die den Nahverkehr nicht nutzen. Anschließend erläuterte der Dezernent die einzelnen Preiserhöhungen, die im Schnitt aller Kartenangebote 26 % betrugen. Die folgende zweistündige Diskussion begleiteten entrollte Spruchbänder und Zwischenrufe von der Zuhörertribüne des Bürgersaals, die der Sitzungsleiter mit großer Nachsicht zuließ. CDU und FDP hielten die Tariferhöhung angesichts der leeren Kassen der Stadt für unvermeidlich, die SPD verlangte parallel zu den Tariferhöhungen ein Konzept zur Bewältigung des Individualverkehrs in der Stadt. Die auf Antrag der FDP geheim erfolgte Abstimmung gewann der Dezernent mit 27 zu 19 Stimmen, wobei offenkundig auch drei Mitglieder der SPD-Fraktion seiner Vorlage zugestimmt haben müssen.

Dem konkreten Beispiel der sorgfältigen und zielführenden Vorbereitung einer wichtigen Gemeinderatsentscheidung gleich am Anfang der Dienstzeit als Werksdezernent, soll im Folgenden jenseits aller in den einzelnen Bereichen der städtischen Wirtschaftsunternehmen anfallenden Routineaufgaben die Tätigkeit des Bürgermeisters im Hinblick auf Problemstellungen skizziert werden, die seinerzeit die Städte beschäftigten. Die Großstädte waren in den 1960er- und 1970er-Jahren an ihre Gemarkungsgrenzen gestoßen. Vorausschauende Planung war ohne regionales Denken und Handeln nicht mehr sinnvoll möglich. Diese Stadt-Umland-Problematik stellte sich den Verantwortlichen auch in Karlsruhe in mehrfacher Hinsicht. Ende der 1960er-Jahre hatten sich die Folgen der Luftverschmutzung in teilweise drastischer Form gezeigt. Darauf mussten die Städte in ihrer Energie- und Verkehrspolitik reagieren. Schließlich führten die Finanzprobleme zu ersten Überlegungen der Privatisierung städtischer Unternehmen. Zunächst seien drei herausragende Baumaßnahmen genannt, die in Rehbergers Amtszeit zu bewältigen waren, auch wenn Vorentscheidungen dazu zum Teil schon gefallen waren.

Großbaumaßnahmen der Stadtwerke

1970 befanden sich der größte Teil der Versorgungsbetriebe noch im Areal und teilweise auch in Gebäuden des alten Gaswerks aus dem 19. Jahrhundert in der Kaiserallee 11. Statt dieser „Vereinigten Hüttenwerke" musste ein neues Domizil geschaffen werden. Effiziente und damit auch sparsamere Arbeitsabläufe sollten sowohl in der Verwaltung als auch in den Werkstätten ermöglicht werden. Dafür entstanden ab November 1971 die konkreten Planungen für den Bau an der Daxlander Straße. Er wurde 1975 begonnen und 1977 für 48 Millionen DM vollendet. Ebenfalls dem Ziel der Verbesserung des Betriebsablaufes diente ein weiteres Bauvorhaben, der Betriebshof West der Verkehrsbetriebe. Nach anfänglichem Widerstand der SPD wegen der hohen Kosten von etwa 80 Millionen DM für das Gesamtvorhaben einschließlich der Umbauten des alten Betriebshofs und Verzögerungen bei der Zuschussgewährung durch die zuständigen Ministerien in Bonn und Stuttgart konnte der Neubau am Rheinhafen 1978 bezogen werden. Das dritte Projekt war 1970 schon weiter gediehen, da sich die Notwendigkeit gezeigt hatte, zur Sicherung der Wasserversorgung ein neues Großwasserwerk zu bauen. 1977 wurde das Werk Rheinwald auf der Gemarkung der Gemeinden Elchesheim und Würmsheim in Betrieb genommen. Die Kosten des Baues beliefen sich auf 23 Millionen DM.

Die Stadt-Umland-Problematik

Das Wasserwerkprojekt führte Rehberger in den von ihm selbst als wichtig angesehenen Bereich der Verbindung Karlsruhes mit seinem Umland. Die Erkenntnis, dass sich Infrastrukturen und Daseinsvorsorgeeinrichtungen künftig immer weniger als rein lokale Aufgaben würden bewältigen lassen, belegt dieses gemeinsam mit dem Zweckverband Abwasser Albgau getragene Wasserwerk. Die Brisanz der Problematik war für Karlsruhe durch die 1972 bis 1975 im Zuge der Verwaltungsreform des Landes erfolgte Eingemeindung von sechs Vorortgemeinden zwar gemindert, aber keineswegs beseitigt. Weitere Erfahrungen mit konkurrierenden städtischen Unternehmungen machte Rehberger als Verantwortlicher für die Städtischen Rheinhäfen. Der 1967 angelegte Hafen Wörth auf der rheinland-pfälzischen Seite des Rheins begann sich als Handelshafen zu etablieren. In Verhandlungen mit den Ministerien in Stuttgart und Mainz erreichte der Bürgermeister die Einrichtung einer länderübergreifenden Kommission zur Koordination zwischen den beiden Häfen, die allerdings wegen der Zurückhaltung in Wörth nichts bewirkte. Erfolgreicher war dagegen die Arrondierung des Busnetzes durch die Wöschbacher Linie. Mit der Gemeinde Pfinztal konnten die VBK erstmals nach dem Vorbild der AVG einen Verlustbeteiligungsvertrag abschließen. Ähnliche Verträge sollten bei allen späteren Erweiterungen über die Stadtgrenzen hinaus selbstverständlich werden.

Wie sehr sich die Stadt über ihre Verwaltungsgrenzen hinaus faktisch ausgedehnt hatte, verdeutlichten die wachsenden Pendlerströme. Der zu kontrollierende und zu steuernde Verkehrsraum erweiterte sich in die Region. Der neue Werksdezernent hatte diese Aufgabe von seinem Vorgänger Dullenkopf übernommen. Dieser hatte als sein Wahlziel die Wiedergewinnung einer menschengerechten Stadt gegenüber der Planung einer autogerechten Stadt formuliert. Für Horst Rehberger folgte daraus insbesondere die Fortführung wichtiger Straßenbahnlinien über die Stadtgrenzen hinaus. Diese Planungen waren eingebunden in das stadtplanerische Ziel, die City von der lähmenden Blechlawine des motorisierten Individualverkehrs zu befreien. Immer mehr Autos (1965 – 50.000, 1970 – 73.000, 1980 – 11.3000), wachsende Pendlerströme und die rückläufige Nutzung des ÖPNV durch die Pendler waren die Ursachen für den anhaltenden Infarkt der Karlsruher Verkehrsschlagader Kaiserstraße.

In seiner Amtszeit als Werksdezernent hatte sich Rehberger mit etlichen Gutachten zum regionalen Nahverkehr auseinanderzusetzen und über entsprechende Planungen auch mit Umlandgemeinden zu beraten. Am weitest reichenden und schließlich am ehesten Erfolg versprechend war eines aus seinem eigenen Hause. Dies auch deshalb, weil in einem anderen Gutachten eine U-Strab für Karlsruhe als nicht sinnvoll abgelehnt und eine Optimierung des bestehenden Straßenbahn- und Bussystems als geeigneter angesehen wurde. 1972 schlugen die VBK vor, anknüpfend an das vom Karlsruher Verkehrswissenschaftler Prof. Leutzbach vorgelegte Gutachten zur Nahverkehrserschließung der nördlichen Hardt, neben der nördlichen auch die südliche Hardt durch Stadtbahnen mit der Karlsruher Innenstadt zu verknüpfen und in Ost-West-Richtung die Gemeinde Pfinztal und das pfälzische Wörth anzubinden. Ziel aller Überlegungen war die attraktive, umsteigefreie Fahrt vom Umland in die Innenstadt. Dass eine Amtszeit nicht ausreicht, solche komplexen Prozesse zum Abschluss zu bringen, ist einsichtig. Gleichwohl wurde durch erste Planungen und Baumaßnahmen der Grundstein gelegt für die so erfolgreiche Entwicklung des Karlsruher Nahverkehrssystems in den folgenden Jahrzehnten. Mit der Verlegung der Gleise durch die Blücherstraße und vorbei an dem noch von den Amerikanern beanspruchten alten Flugplatz zur Nordweststadt (1975) und der Verlängerung nach Neureut (1979) entstand der Beginn der Nordbahn bis nach Eggenstein-Leopoldshafen. In Neureut wurden dabei nach langwierigen Verhandlungen mit der Deutschen Bundesbahn erstmals auch Bahngleise für die Stadtbahn genutzt. Nicht immer wurde der Ausbau des Schienennetzes der Straßenbahn allerdings von den Anwohnern so positiv aufgenommen wie in Neureut. So musste Rehberger heftige Auseinandersetzungen mit Anliegern führen, um den Beginn der Südbahn (1980) in Richtung Rheinstetten und Durmersheim durchzusetzen. Letztlich wurde aber auch hier ein Konsens gefunden. Die neue Strecke konnte gebaut werden.

Fragen des Umweltschutzes

Anfang der 1970er-Jahre verging in Karlsruhe kaum ein Tag, an dem nicht Probleme des Umweltschutzes die politische Agenda bestimmten. Dies verschärfte sich, als 1972 die Raffinerien am Rhein Kapazitätserweiterungen beantragten. Es regte sich nun massiver Widerstand, der die Raffinerien zu verstärkten Anstrengungen bei der Verringerung des Ausstoßes schädlicher Abgase und Feinstäube zwang. Zwar hatte die Stadtverwaltung schon in den 1960er-Jahren auf die Umweltverschmutzung reagiert, indem sie auf freiwilliger Basis mit Unternehmern verhandelte und den Bau höherer Schornsteine sowie den Einsatz schwefelärmerer Brennstoffe erreichte. Auch hatte sie für manche Neubaugebiete nur noch den Einsatz von Fernwärme oder Gasheizung zugelassen. Die Bemühungen um eine bessere Umwelt fanden aber notwendigerweise unter Bürgermeister Rehberger eine verstärkte Fortsetzung.

Als Beitrag dazu wurden die Bemühungen zur Attraktivitätssteigerung des ÖPNV gesehen. Von überragender Bedeutung war in diesem Zusammenhang die 1972 begonnene Umwandlung der Kaiserstraße in eine Fußgängerzone, die den Fluss und die Pünktlichkeit der Straßenbahnen deutlich verbesserte. Der Anteil eines eigenen Gleisbetts am Streckennetz konnte von 60% auf 80% erhöht werden. Neue Wagen, grüne Welle für Straßenbahnen, verbesserte Haltestellen, der Ausbau des innerstädtischen Liniennetzes von Bahnen und Bussen und dessen bedarfsorientierte Optimierung sollten die Fahrgastzahlen steigern und so die Umweltverschmutzung durch den Autoverkehr verringern. Vorerst blieb der Erfolg aber aus. Trotz Erhöhung der Einwohnerzahlen um 12.000 von 1970 bis 1980 stagnierten die Fahrgastzahlen bei etwa 52 Millionen. Rehberger zog in seiner Bilanz dennoch den optimistischen und – wie die Entwicklung belegte – richtigen Schluss, dass „der öffentliche Nahverkehr auch in Zukunft eine herausragende Rolle bei der Erhaltung und Weiterentwicklung einer gesunden Infrastruktur der Stadt Karlsruhe spielen wird."

Umweltschutzmaßnahmen ergriffen in der Amtszeit Rehbergers auch die Versorgungsbetriebe: Verzicht auf den Bau eines weiteren Kraftwerkblocks des städtischen E-Werks zugunsten des Strombezugs vom Badenwerk, Umstellung des Heizkraftwerks West von Öl auf Kohle bei gleichzeitigem Einbau eines verbesserten Staubfilters, Umstellung des Heizkraftwerks Mitte auf Erdgas, Ausbau der Kraft-Wärme-Kopplung und der Fernwärmeversorgung sowie Bezug von umweltfreundlicherem Erdgas anstelle von Raffineriegas.

Privatisierung kommunaler Dienstleistungen

Am Anfang der Amtszeit Rehbergers stand die Frage, ob die Stadtwerke, die als Eigenbetrieb der Stadt im Querverbund geführt wurden, in eine Eigengesellschaft überführt werden sollten. Die Werkleitung versprach sich davon – dem Vorbild anderer Städte folgend – mehr Flexibilität in der Geschäftsführung. Anders als viele Jahre später kamen Bürgermeisteramt und Werkausschuss zu dem Ergebnis, dass der Kraftakt einer Vergesellschaftung nicht zu rechtfertigen sei. Da aber eine den modernen Anforderungen angemessene Geschäftsführung dennoch notwendig erschien, erhielten die Stadtwerke 1975 eine neue Organisationsform mit klarer Verantwortungs- und Kompetenzstruktur.

Die Beibehaltung der bisherigen Form des städtischen Wirtschaftsunternehmens als Eigenbetrieb hinderte den neuen Bürgermeister, wie er in seiner Bilanz erklärt, aber nicht daran, „Privatinitiative zur Lösung öffentlicher Aufgaben zu mobilisieren." Dahinter stand zum einen die Notwendigkeit der Entlastung des Etats der Stadtwerke durch Übertragung von Leistungen an Privatunternehmer und zum anderen die liberale Überzeugung, dass Private bestimmte Leistungen genauso gut wie oder sogar besser erbringen können als Betriebe der öffentlichen Hand. Der liberale Bürgermeister fand „erfreulicherweise selbst in dem hochdefizitären und deshalb für private Unternehmen keineswegs attraktiven Bereich der Verkehrsbetriebe eine Teilaufgabe, die mit Hilfe privater Unternehmer wirtschaftlicher zu lösen ist als mit eigenen Mitteln." Seine erste Privatisierung organisierte Rehberger deshalb gegen die Bedenken der Betriebsleitung mit den Karlsruher Taxiunternehmen. Diesen übertrug er 1971 den sehr unwirtschaftlichen Spätverkehr zunächst einer Buslinie, der nach dem Erfolg auf der Probestrecke rasch weitere folgten. Die Einsparungen blieben zwar gering, aber für die Taxiunternehmen brachten sie doch eine zusätzliche Einnahme in der Zeit schwacher Auslastung. Mit dieser – modern gesprochen – Privat-Public-Partnership erregte der Bürgermeister ein lebhaftes bundesweites Echo in den Medien und eine Fülle von Anfragen – eine gar aus Neuseeland.

Da der Großmarkt Anfang der 1970er-Jahre infolge der Konzentrationsprozesse im Lebensmittelhandel und des „Wildwuchses" einer großzügigen Personalpolitik zunehmende Verluste produzierte, setzte der Bürgermeister auch hier tief greifende Veränderungen durch. Das Personal wurde drastisch reduziert, die Amtsleitung ausgetauscht und die Blumen- und Erzeugerhalle auf Erbpachtbasis an die Blumengroßmarkt-Genossenschaft veräußert. In der Tat gehört ein Blumenmarkt nicht zu den existentiellen Daseinsvorsorgeeinrichtungen einer Gemeinde für ihre Bürger. Der Blumenmarkt florierte fortan und das Defizit des Großmarktes konnte verringert werden. In Rehbergers Amtszeit fiel auch erstmals 1972 die Abhaltung eines Christkindlmarkts, von Stadtteil-Wochenmärkten und von Flohmärkten, die bis heute das Karlsruher Marktgeschehen bereichern.

Beim Schlacht- und Viehhof brachte der Strukturwandel der Fleischgewinnung und -vermarktung, der durch perfektionierte Kühlketten den Totversand der Tiere aus den Erzeugergebieten ermöglichte, schwerwiegende Probleme. Die Schlachtzahlen gingen zurück, die Kosten stiegen. Diese verschärften sich mit hygienischen Auflagen für die Schlachtanlagen, die den Neubau eines Schlachthauses erforderlich machten. Da eine Schließung des Schlachthofs an der Durlacher Allee wegen einer Empfehlung des Landes und im Interesse der zahlreichen mittelständischen Existenzen nicht in Frage kam, setzte der Bürgermeister auch hier auf die Mobilisierung der Privatinitiative. Den Viehagenten, die die Verwaltung des Viehhofs als zu umständlich und zu aufwändig kritisierten, schlug er die Übernahme in eigener Verantwortung vor. Nach längeren Verhandlungen übernahm eine Viehhof GmbH die Einrichtung und erwirtschaftete durch Rationalisierungen regelmäßig einen kleinen Gewinn. Bei der Stadt reduzierte sich das Defizit um mehrere hunderttausend DM pro Jahr. Auch dieses Beispiel einer gelungenen Privatisierung machte bundesweit Schule. Für den Schlachthof gelang es dagegen auch nach dem Neubau einer Schlachthalle nicht, den Nutzern die Verantwortung für den Betrieb zu übertragen. So entschloss sich Rehberger zur Sicherung der Existenz des Schlachthofs, diesen in eine privatrechtliche städtische GmbH zu überführen. Nur so, lautete die Argumentation gegenüber dem Stadtrat, könnten attraktive Konditionen für die Großschlächter erreicht werden. 1978 erfolgte die Gründung der Gesellschaft und schon bald zeigten sich hier Besserungstendenzen.

Ideenreichtum und Innovationsfreude des Bürgermeisters zeigten sich auch bei der zu zahlreichen Überstunden führenden nächtlichen Kontrolle der Straßenbeleuchtung. Das Dezernat forderte die Bevölkerung auf, ausgefallene Straßenlaternen zu melden und verloste am Jahresende unter allen Einssendern ansehnliche Preise. Diese Aufforderung zum „bürgerschaftlichen Engagement" wurde ein voller Erfolg und spart der Stadt seitdem Millionenbeträge.

Die Bilanz des Werksdezernenten für seine Amtszeit fällt durchweg positiv aus. Die verabredete Aufstockung ließ das Eigenkapital von 17,45 % im Jahre 1970 auf fast 30 % 1977 steigen. Der Anteil der Zinslast am Gesamtaufwand des Unternehmens fiel im gleichen Zeitraum von 14 % auf 7,7 %. Die Anstrengungen zur Rationalisierung der einzelnen Geschäftsbereiche schlugen sich in einer Reduzierung der Mitarbeiterzahl um 4,4 % nieder. Dabei ist zu beachten, dass die Versorgungsleistungen dennoch eindrucksvoll gesteigert werden konnten. Das Investitionsvolumen in die Infrastruktur (Leitungen und Netze) verdreifachte sich fast auf rund 66 Mio. DM. Hatten die Stadtwerke 1970 nach Verrechnung der Konzessionsabgabe noch einen Verlust von 1,7 Mio. DM hinzunehmen, so überstieg 1977 die Konzessionsabgabe den Jahresverlust um mehr als 15 Mio. DM. Sorgenkind blieben dabei trotz großer Anstrengungen die Verkehrsbetriebe, deren Verlust von 10,7 auf 21,1 Mio. DM anstieg. Ein Verlust, der ohne die Tarifsteigerungen aber 33 Mio. DM betragen hätte.

Horst Rehberger hatte sich als Stadtrat den Ruf eines „Einsparungsfans" erworben. Es war ihm in den acht Jahren als Werksdezernent gelungen, im rauen Wind der Praxis als Verantwortlicher für die städtischen Versorgungsbetriebe diesen Ruf zu bestätigen. Er hatte die wirtschaftliche Sanierung des Unternehmens Stadtwerke ein gutes Stück vorangebracht, auch wenn er in angenehmer Zurückhaltung dieses Verdienst in seiner Bilanz mit all seinen Amtsleitern und Mitarbeitern teilte.

Dezernent für das Gesundheitswesen

Die erste Amtszeit des Bürgermeisters Rehberger endete im September 1978. Zu dieser Zeit gab es fünf Bürgermeister, da der Gemeinderat 1977 den parteilosen Kämmerer Gerhard Seiler zum Bürgermeister gewählt hatte. Unter dem der CDU angehörenden OB amtierten demnach zwei Sozialdemokraten, ein Christdemokrat, ein Freier-Demokrat und ein Parteiloser. Kurz vor der anstehenden Neuwahl für die Position Rehbergers war dessen CDU-Konkurrent von 1970, Kurt Gauly, zum Nachfolger eines ausscheidenden CDU-Bürgermeisters in das Bürgermeisteramt gewählt worden. Die CDU blieb also vordergründig mit nur einem Bürgermeister als stärkste Fraktion unterrepräsentiert. Dennoch wünschte OB Dullenkopf, selbst gerade mit guter Zweidrittelmehrheit im Amt bestätigt, keine weiteren Veränderungen im Bürgermeisteramt. Zumal er wohl insgeheim schon mit dem kurz danach erfolgten Beitritt des parteilosen Bürgermeisters Seiler zur CDU rechnen durfte. Dullenkopf hatte seinen Nachfolger im Werksdezernat schätzen gelernt und wollte auf dessen Mitarbeit nicht verzichten. So stand der Wiederwahl Rehbergers als Bürgermeister – dieses Mal vor allem auch mit den Stimmen der CDU – nichts im Wege. Er erhielt von 55 abgegebenen Stimmen 39. Obwohl die SPD wegen der in den ersten acht Jahren Rehbergers als Bürgermeister aufgetretenen sachlichen Meinungsverschiedenheiten nicht für seine Wiederwahl eingetreten war, hatte er damit bei der geheimen Wahl auch einige Stimmen von Stadträten der SPD erhalten. Die Wiederwahl mit über 70% der Stimmen wertete er als Anerkennung seiner bisherigen Arbeit und als Ermunterung und Auftrag, die ihm gestellten Aufgaben auch künftig mit Engagement anzugehen.

In die Freude Rehbergers über die Wiederwahl im Jahr 1978 floss jedoch ein Schuss Wehmut. Mit „einem weinenden und einem lachenden Auge" akzeptierte er die neue Dezernatsverteilung. Er gab die von ihm so erfolgreich geführten Stadtwerke an seinen Kollegen Gauly ab und übernahm neben den sonstigen Bereichen seines Dezernats das Gesundheitswesen und damit die Städtischen Krankenanstalten, mit rund 3000 Beschäftigten die weitaus größte Einrichtung der Stadt. Hinzu kam außerdem der Zivil- und Katastrophenschutz, dem 1983 auch noch die städtische Feuerwehr zuge-ordnet wurde.

Im Stadtrat sprach Rehbergers liberaler Parteifreund Jürgen Mor-lok offen aus, was natürlich auch den anderen Ratsmitgliedern bekannt war. Im neuen Dezernat Rehbergers waren schwierige Aufgaben konzentriert worden. Mit dem Krankenhausfinanzie-rungsgesetz von 1972, das die Übernahme von Investitionskosten durch Bund und Länder regelte, war das Ende eines Investitions-staus und eine Modernisierung der Krankenhäuser eingeleitet wor-den. Der Krankenhausbedarfsplan des Landes hatte das Städti-sche Krankenhaus 1977 als Haus der „Maximalversorgung" mit der Verpflichtung zur Versorgung einer weiten Region eingestuft. Zugleich war das Krankenhaus in Karlsruhe von der Landesregie-rung in Stuttgart als Lehrkrankenhaus der Universität Freiburg ein-geplant. Rehberger machte in einer seiner ersten Amtshandlungen als Gesundheitsdezernent, der Begrüßung der Medizinstudenten im Oktober 1978, keinen Hehl daraus, dass man es noch lieber ge-sehen hätte, wenn an der Universität Karlsruhe eine medizinische Fakultät entstanden wäre. Aber diese Frage war längst entschieden.

Seit 1977 gab es für das Karlsruher Krankenhaus, das kurz darauf in Städtisches Klinikum umbenannt wurde, eine Rahmenplanung. Deutlich zeigte diese eine Fülle von Aufgaben, nach Rehbergers Worten einen „Problemstau". Dabei ging es insbesondere um die Weiterentwicklung allein auf dem Areal an der Moltkestraße ein-schließlich einer neuen Kopf- und Kinderklinik. Rehberger nahm diese Herausforderung beherzt an und fand daran bald auch Ge-fallen. Als er das Haus „erkundete", war dieses von Handwerkern bevölkert. Überall wurde saniert und renoviert. So hieß es 1982, die Renovierung der I. Medizin sei nach zwölf Jahren und Gesamtkos-ten von neun Mio. DM abgeschlossen, in der Chirurgie aber gehe es weiter. In einem Presseinterview erklärte Rehberger, dass Bau-maßnahmen mit einem Volumen von 50 Millionen DM im Gang seien, wozu vor allem der neue OP-Trakt und die Erweiterung der Strahlenklinik gehörten.

Die Schwierigkeiten von mittelfristigen Planungsprozessen im Gesundheitswesen erlebte der neue „Ressortchef" im Jahrestakt. 1979 beschloss der Gemeinderat im Hinblick auf den Rahmenplan eine Prioritätenliste für Planung und Bau des neuen OP-Trakts, der Kopf- und der Kinderklinik. Im Oktober 1980 wurde neu diskutiert, wobei sich herausstellte, dass die Planung der Kopfklinik vorerst gestoppt werden musste, da die Einbindung der Neurochirurgie nach einem externen Gutachten verworfen worden war. Alle Planungen litten außerdem unter der Fülle von Investitionsanträgen aus ganz Baden-Württemberg. Im zuständigen Ministerium in Stuttgart standen Anforderungen in Höhe von 2,5 Milliarden DM jährliche Mittel von 200 Millionen gegenüber.

Der Entwurf des Krankenhausbedarfsplans II, für den 1981 vor Ort Anhörungen stattfanden, in Verbindung mit dem Landespsychiatrieplan von 1974 veranlasste Rehberger, im Februar 1981 mit einem spektakulären Plan in die Offensive zu gehen. Der Krankenhausbedarfsplan sollte die jeweiligen lokalen Bettenkapazitäten mit dem Ziel des Bettenabbaues neu festlegen. Der Psychiatrieplan sah die „gemeindenahe" Versorgung psychisch Kranker vor. In einer Denkschrift publizierte Rehberger deshalb kurz vor der Anhörung des Ministeriums in Karlsruhe im März 1981 die Vorstellungen der Stadt. Es gebe einen Überhang in der Gynäkologie von etwa 100 Betten, dem ein Fehlbedarf von etwas über 100 Betten in der Psychiatrie gegenüberstehe. Da die Landesfrauenklinik mit 111 Betten bei drastisch sinkenden Geburtenzahlen ein hohes Defizit erwirtschafte und Investitionen in neue OP-Räume nötig seien, könne man dieses Haus in eine psychiatrische Klinik umwidmen. Die von Rehberger selbst als „Bombe" bezeichnete Denkschrift löste heftige Debatten aus. Von der „Notschlachtung" der Landesfrauenklinik war die Rede. Die Klinik war immerhin eine in Karlsruhe hochgeschätzte Institution mit einer langen Tradition. Dem Vorwurf, er zerbreche sich den Kopf der Landesregierung, begegnete Rehberger mit dem Hinweis, er verstehe seine „Aufgabe als Bürgermeister so, dass ich im kommunalpolitischen Bereich gestalterisch tätig werde und nicht nur verwalte."

Nach anderthalb Jahren und vielen Verhandlungen in Stuttgart hatte sich Rehberger mit seinem Plan, den auch der Stadtrat unterstützte, durchgesetzt. Der zuständige Minister empfahl wegen der Überkapazität in der Gynäkologie die Schließung bzw. Umwandlung der Frauenklinik. Der Mut, ein „heißes Eisen" beherzt anzupacken, hatte sich ausbezahlt und fand im Stadtrat allseits Anerkennung. Rasch geklärt werden konnten die Übernahme aller Beschäftigten in das Städtische Klinikum und – wiederum nach heftigen öffentlichen Kontroversen – die Gewährleistung der nach § 218 Strafgesetzbuch zulässigen Schwangerschaftsabbrüche im Klinikum. Zum 30. Oktober 1982 wurde die Landesfrauenklinik geschlossen. Fünf Jahre später fand die Einweihung der mit 20 Millionen DM umgebauten Psychiatrischen Klinik statt. Horst Rehberger erlebte diesen großen Erfolg seiner an rationalen und funktionalen Kriterien orientierten Planung als Klinikdezernent nicht mehr als Bürgermeister. Im Januar 1984 hatte er im Saarland das Amt des Wirtschaftsministers übernommen.

Wahlkämpfer und Parteipolitiker

Als Horst Rehberger sich 1978 im Gemeinderat für seine Wiederwahl bedankte, meinte er, für einen Freien Demokraten seien auch vermeintlich sichere Wahlen aufregender als für Bewerber größerer Parteien. Er zitierte dann den vormaligen Minister für Gesamtdeutsche Fragen, Ernst Lemmer, der vor 1933 auch Vorsitzender der Jungen Demokraten der DDP gewesen war und nach 1945 seine politische Heimat in der CDU zunächst in der SBZ und dann in der Bundesrepublik gefunden hatte. Der antwortete auf die Frage, warum er Mitglied der CDU geworden sei, er habe auf seine älteren Tage nicht mehr das Nervenkostüm besessen, das man brauche, um in einer liberalen Partei Wahlabende und -nächte durchzustehen. In dieser wenn nicht wahren, so doch gut erfundenen Anekdote, werde schlaglichtartig die Situation liberaler Politiker auf allen Ebenen beleuchtet. Rehberger gewann dem aber auch Positives ab. Man lerne die demokratische Tugend der Bescheidenheit und dass es ohne Leistung nicht gehe. Indem er 1971 den Parteivorsitz in Karlsruhe übernahm und später weitere Führungsämter auf Kreis- und Landesebene, stellte er sich den Mühen der parteipolitischen Ebene. Er erfuhr die teilweise zähe Organisationsarbeit, die Freuden und Leiden der Wahlkämpfe. Aber er bewältigte auch die bislang härteste Existenzkrise der Bundes-FDP in seinem Karlsruher Kreisverband.

Kreisvorsitzender, Bezirksvorsitzender, Mitglied des Landesvorstands

1971 übernahm Rehberger, inzwischen Karlsruher Bürgermeister, weiter gehende Aufgaben für die Karlsruher FDP. Nachdem Wolfgang Rutschke, der Karlsruher FDP-Bundestagsabgeordnete, 1970 in das Bundesinnenministerium gewechselt war, kandidierte er nicht mehr für den Karlsruher Parteivorsitz. Am 21. März 1971 wurde Rehberger zu seinem Nachfolger gewählt. Zum Ziel gesetzt hatte sich der neue Vorsitzende die Konsolidierung und den Aufschwung des Kreisverbandes. Nach seiner Überzeugung waren die Zeiten endgültig vorbei, da die liberale Partei es sich leisten konnte, als Honoratiorenzirkel immer erst kurz vor Wahlen eine größere Aktivität zu entfalten und ansonsten auf die Arbeit ihrer Mandatsträger zu vertrauen. Die Steigerung der Mitgliederzahlen und der Ausbau der Parteiorganisation waren deshalb vorrangig. Sie bildeten die Basis für die erfolgreiche Führung von Wahlkämpfen. Als er 1983 nicht mehr für den Parteivorsitz kandidierte, konnte Rehberger auf stattliche Erfolge verweisen. Die Mitgliederzahlen waren von 1971 bis 1981 von 173 auf 506 gestiegen, darunter seit 1973 das erste ausländische Mitglied, ein in Karlsruhe lebender Isländer. Es konnten durch Neugründungen und bedingt durch die Eingemeindungen im Zuge der Verwaltungsreform des Landes elf Ortsverbände gebildet werden. Der Vorstand wurde durch Satzungsänderung erweitert, fünf Arbeitskreise etablierten sich dauerhaft. Seit 1974 gab es wieder eine eigene Geschäftsstelle, seit 1978 erschien ein Mitteilungsblatt, mit dem Liberalen Zentrum hatte sich 1978 ein parteinahes lebendiges Diskussionsforum gebildet und schließlich stand die Partei trotz vieler Wahlkämpfe dank der Spendenfreudigkeit der Mitglieder und Anhänger auf einem soliden Fundament. Zudem stellte die FDP mit 18 Mandatsträgern in Gemeinderat und Ortschaftsräten die höchste Zahl in Baden-Württemberg.

Rehberger galt nicht nur der Presse als Repräsentant der Erfolge. Er war zugleich der stete Mahner, der immer wieder darauf hinwies, es gebe ob des Erreichten keinen Grund, die Hände in den Schoß zu legen. 1978 sagte er: „Wir müssen gerade auch unseren neuen Mitgliedern immer wieder deutlich machen, dass Geduld, Ausdauer und Zähigkeit Eigenschaften sind, die der politisch interessierte und in der FDP engagierte Bürger braucht. Wer bei der ersten Krise, bei Rückschlägen und Meinungsverschiedenheiten auf lokaler, regionaler, Landes- oder Bundesebene die Flinte gleich ins Korn wirft, verkennt die Aufgabe, die mit der Mitgliedschaft in jeder politischen Partei verbunden ist." Darin lag sicher ein Stück weit eine Selbstbeschreibung. Es entsprach auch durchaus Rehbergers Naturell, dass er bei der Jubelfeier im Liberalen Zentrum nach dem Bundestagswahlerfolg 1980, wie Michael Obert berichtet, daran erinnerte, dass die Römer den gefeierten Siegern einen Mahner zur Seite stellten, der mit einem eindringlichen „memento mori" an die Vergänglichkeit aller Erfolge erinnerte. 1981 wollte er nicht wieder als Vorsitzender des Kreisverbandes kandidieren, stellte sich dann aber, da kein Nachfolgekandidat gefunden werden konnte, für unwiderruflich zwei weitere Jahre zur Verfügung. Zwei Jahre, die mit der Bonner „Wende" auch im Karlsruher Kreisverband zu größten Turbulenzen führten und Rehberger als Krisenmanager forderten.

1974 setzte die FDP im Lande einen Organisationsbeschluss ihres Vorstandes um. An die Stelle der vier Bezirksverbände traten neun Bezirke, für den Raum Karlsruhe war das der Bezirk Mittlerer Oberrhein mit den Kreisverbänden Karlsruhe-Stadt und -Land, Rastatt und Baden-Baden. Ihm gehörten etwa 800 Mitglieder in 25 Ortsverbänden an. Den Vorsitz dieser neuen Mittelinstanz in der Parteiorganisation vertrauten die Mitglieder Horst Rehberger an. Der Geschäftsführer Fritz Simon, aus anderem Anlass nach der Aufgabenfülle seines Vorsitzenden befragt, bescheinigte diesem, mit großer Leichtigkeit und ebensolchem Organisationstalent ein großes Arbeitspensum bewältigen zu können. So ging Rehberger auch diese neue Herausforderung an, für die er drei Aufgaben benannte: Erledigung der Arbeit des Bezirks in der Karlsruher Geschäftsstelle, Unterstützung der vier Kreisverbände vor allem bei Wahlkämpfen, Vorbereitung der Gründung neuer Ortsverbände. In diesem Aufgabenfeld war das, was Rehberger, Max Weber zitierend, das hartnäckige Bohren dicker Bretter nannte, besonders beschwerlich. Die Mitgliederentwicklung stieg bis April 1983 mit Schwankungen auf 1.060. Aber trotz der Gründung neuer Ortsverbände blieben etwa die Hälfte der 57 Städte und Gemeinden des Kreises ohne eigene

FDP-Organisation. Bei Wahlen konnte dennoch die Zahl der Mandate 1980 von 24 auf 39 gesteigert werden.

Ein Jahr nach Gründung des Bezirksverbandes zog dessen Vorsitzender dann beim traditionellen Stuttgarter Dreikönigstreffen der FDP qua Amt in den Landesvorstand der FDP ein. Bei der Wahl zum Stellvertretenden Landesvorsitzenden war er allerdings dem Tübinger Landtagsabgeordneten Hinrich Enderlein unterlegen. Ab 1978 verzichtete Rehberger auf den Amtsbonus und stellte sich regulären Vorstandswahlen, die er bis 1983, als er letztmals für dieses Amt kandidierte, gewinnen konnte. Als Mitglied des Landesvorstandes „erlitt" er dessen schädliches Ringen um die Spitzenkandidatur und die Koalitionsaussage zum Landtagswahlkampf 1976. Der Vorsitzende, Martin Bangemann, der selbst als Mitglied des Bundestags nicht als Spitzenkandidat antreten wollte, schlug vor, mit seinen drei Stellvertretern als Spitzenkandidaten in den Wahlkampf zu ziehen. Diese etwas abstruse Idee wies der Parteivorstand empört zurück.

In dieser verfahrenen Situation, die die Wahlaussichten zu schmälern drohten, bot Rehberger den Verzicht auf seine erneute Kandidatur in Karlsruhe zugunsten des Fraktionsvorsitzenden Dr. Peter Brandenburg an. Der hatte sich im Alter von 70 Jahren und nach einer Operation zwar zurückziehen wollen, willigte aber dennoch ein. Die Chancen standen nicht schlecht, denn der Wahlkreis Rehbergers war durch die Eingemeindung Neureuts nach Karlsruhe größer geworden und Brandenburg hatte die Neureuter bei dem Versuch, die Eingemeindung abzuwehren, im Landtag unterstützt. Entgegen diesen Hoffnungen schaffte es Brandenburg dann aber doch nicht, in den Landtag einzuziehen.

Die weitere Entwicklung zeigte jedoch, dass die daraufhin eingeleiteten Schritte zu einer für die FDP in Baden-Württemberg stabilisierenden und zukunftsweisenden Lösung der Krise führten. Zugleich brachte diese den Karlsruher Liberalen noch wesentlich mehr Einfluss auf die Politik der FDP in Baden-Württemberg. Denn die nun freie Position des Fraktionsvorsitzenden in Stuttgart wurde von der neuen FDP-Landtagsfraktion mit dem Karlsruher Jürgen Morlok besetzt. Der stieg damit für viele Jahre zum unbestrittenen Spitzenmann der Südwest-Liberalen auf und wurde 1978 zum Landesvorsitzenden gewählt. Auf diese Weise hatte Rehbergers selbstloser Verzicht auf eine sehr aussichtsreiche Landtagskandidatur Weichen gestellt für ein Kapitel der Geschichte des FDP-Landesverbandes im Südwesten.

Nach der Wahl Morloks zum Parteivorsitzenden 1978 wurde er nach eigenen Worten „zu einem verlässlichen Mitstreiter des neuen Vorsitzenden." Er wurde Mitglied verschiedener Wahlkampfkommissionen und Vorsitzender von Programmkommissionen zur Kommunalpolitik. Auf dem Landesparteitag in Fellbach präsentierte Rehberger das weiterentwickelte Kommunalwahlprogramm und hob vier dringliche Forderungen hervor: stärkere Entfaltungsmöglichkeiten der kommunalen Selbstverwaltung, mehr Freiräume und Rechte für die Gemeindebürger, mehr Verständnis und Schutz für Kinder und Jugendliche und mehr Rücksicht auf die Umwelt. Ziel liberaler Politik müsse es sein, von den Kreisen und Gemeinden ausgehend, die in zunehmendem und beklemmendem Maße von der CDU dominiert seien, deren Alleinherrschaft in Baden-Württemberg zu brechen. Ganz auf Wahlkampf gestimmt endete seine Rede: „Baden-Württemberg muss vom schwarzen Joch befreit werden, Baden-Württemberg muss wieder liberal werden!"

Wahlkämpfe – Gewinne und Verluste

Rehberger hatte seit 1965 für die FDP alle anstehenden Wahlen in Karlsruhe mitorganisiert und mit großem persönlichen Einsatz geführt. Er wusste also genau, wovon er sprach, als er die Lemmer-Anekdote erzählte. Jede Ausübung eines politischen oder parteipolitischen Amtes setzt eine Wahl voraus, deren erfolgreiches Bestehen erst zum Handeln als Mandatsträger mit demokratischer Legitimation ermächtigt. Welche Anstrengungen ein Wahlkampf erfordert, vermag wohl nur der richtig zu beurteilen, der sich dem selbst ausgesetzt hat. Lange zuvor müssen die Strategie entwickelt, das Informationsmaterial erarbeitet, die Plakate in Auftrag gegeben und die Versammlungsräume organisiert sowie die Termine mit auswärtigen Wahlkampfrednern abgestimmt werden. Schließlich sind zahlreiche Versammlungen in kleinen Wirtshausnebenzimmern bis hin zu gut gefüllten Stadtsälen und Veranstaltungen auf offener Straße bei nahezu jedem Wetter mit mehr oder weniger qualifizierten Fragen oder gar unqualifizierten Beschimpfungen durchzustehen. Horst Rehberger hat mit seiner Partei zwischen 1965 und 1983 in Karlsruhe 15 Wahlkämpfe entweder selbst als Kandidat oder als Leiter im Wahlkampfteam bestritten. Es waren fünf Gemeinderats- und fünf Bundestagswahlen sowie vier Landtags- und eine, die erste Europawahl. In manchen Jahren (1965, 1968, 1972 und 1976) waren zwei Wahlkämpfe zu bestehen und 1980 sogar drei.

Karlsruhe war für die FDP zumeist ein gutes Pflaster. Bei den Gemeinderatswahlen lag die Partei nach fast 20% in den Jahren 1947 und 1951 von 1956 an bis zu Rehbergers Wechsel ins Saarland immer knapp über 10%. Die Zahl der Mandate betrug bei Rehbergers Wahl in das Gremium vier und bei der letzten von ihm als Parteivorsitzender geleiteten Wahl sieben. Bedingt durch die Eingemeindungen und die Ausgleichsmandate war die Zahl der Stadträte allerdings auch von 48 auf 65 angestiegen. Aus diesen gleich bleibend guten Ergebnissen fällt allerdings das der Gemeinderatswahl von 1971 deutlich heraus. Der Wahlkampf stand unter dem landesweiten, nicht ohne Kritik übernommenen Motto „Mehr Herz" und thematisierte schwerpunktmäßig den Umweltschutz und die menschengerechte Stadtsanierung. Den Verlust von 5,5 % kommentierte Rehberger als Parteivorsitzender knapp vier Wochen nach der Wahl vom 24. Oktober bei der Mitgliederversammlung mit den Worten: „Wir sind um eine Hoffnung ärmer und um eine ebenso wichtige Aufgabe reicher." Die Hoffnung sei gewesen, dass die ausgezeichnete Arbeit der Gemeinderatsfraktion, die präzisen Wahlaussagen und die hohe Qualität der Kandidaten auch die Wähler überzeugen werde, die der Politik der FDP auf der Bundesebene kritisch oder ablehnend gegenüberstünden. Die Aufgabe bestehe deshalb darin, die „vielen Missverständnisse, Vorbehalte und Vorurteile auszuräumen", die gegen den Kurs der Bundespartei bestünden. Tatsächlich war auch in der FDP die Diskussion über die sozialliberale Koalition und die eher linksliberalen Postulate des Freiburger Parteiprogramms vom Oktober 1971 noch in vollem Gang. Es wurde vor einem „Linksrutsch" der Partei gewarnt, der viele Wählerstimmen auch bei der Bundestagswahl 1969 gekostet habe. Rehberger selbst bekannte sich in einem Schreiben an den Stadtrat und BNN-Herausgeber Wilhelm Baur zur sozialliberalen Bonner Koalition, die aus staatspolitischer Sicht notwendig sei und nach seiner Ansicht keine sozialistisch eingefärbte Politik betreibe. Der „mäßigende Einfluss der F.D.P." habe die Durchsetzung „weltanschaulich motivierter Auffassungen" verhindert. Bei den Gemeinderatswahlen 1975 gewann die F.D.P. 4,8% zurück und Rehberger konstatierte erleichtert, „das bundesweite Stimmungstief" sei inzwischen überwunden.

Auch bei den Bundestagswahlen konnte die Karlsruher FDP im Vergleich zu den bundesweiten Ergebnissen immer (Ausnahme 1953) bessere Zahlen vorweisen. Im baden-württembergischen Vergleich blieb die Karlsruher FDP aber bis 1969 hinter dem Landesdurchschnitt zurück. Ab 1972 – bei dieser Wahl warb die FDP für die Fortsetzung der sozialliberalen Koalition – bis zum Ende der Zeit Rehbergers in Karlsruhe lagen die Zahlen dann aber regelmäßig über dem Landesdurchschnitt.

Die südwestdeutschen Landtagswahlen der Nachkriegsjahre bis 1964 weisen Karlsruhe nicht gerade als liberale Bastion aus. Deutlich lagen die Ergebnisse in der Regel unter dem Landesdurchschnitt. 1968 konnte die Karlsruher FDP dann aber fast aufschließen, um von 1972 bis 1983 immer Zahlen über dem Schnitt zu erreichen. Die außerordentlich guten Ergebnisse der Bundes- und Landtagswahl 1980 machten Karlsruhe auch für die Pressekommentatoren nun sogar zur FDP-Hochburg. Nur in Stuttgart lagen die Ergebnisse geringfügig höher.

So beeindruckend diese Bilanz des Wahlkampfleiters Horst Rehbergers ist, so wenig durchschlagenden Erfolg hatte er, von seinem Einzug in den Gemeindrat 1965 abgesehen, als Kandidat. Bei den Bundestagswahlen 1965 stand er noch als reiner Zählkandidat auf der Landesliste der FDP. Aber 1968 bewarb er sich um das Landtagsmandat im Wahlkreis Karlsruhe-West. Die politische Landschaft der Bundesrepublik war zu dieser Zeit in einem Wandel begriffen, an dem die FDP durch eine Umorientierung entscheidend beteiligt war. 1966 hatte sich in Düsseldorf eine SPD / FDP-Regierung gebildet. In Bonn waren die FDP-Minister aus der Regierungskoalition mit der CDU ausgeschieden, was zur Bildung der Großen Koalition geführt hatte, und in Stuttgart schloss der neue CDU-Ministerpräsident ein Bündnis mit der SPD. Rehberger begrüßte dies als „Befreiung aus dem Koalitionsschwitzkasten" der CDU. Angesichts eines sozialstrukturellen

Wandels, der die Bedeutung des alten Mittelstandes (selbstständige Erwerbstätige) verringerte und die des „neuen" Mittelstandes (qualifizierte abhängig Beschäftigte) ansteigen ließ, vollzog auch die FDP einen Wandel. Unter dem Eindruck der ersten „Wirtschaftskrise" 1966 / 67, dem Aufstieg der rechtsradikalen NPD und unter dem Einfluss des eigenen linksliberalen Flügels, der vor allem aus den Reihen der Jungdemokraten kam, leitete die Partei in dem „Hannoveraner Aktionsprogramm" 1967 einen neuen Kurs ein, der in den „Freiburger Thesen" vom Oktober 1971 mündete. Formuliert wurde ein offensiveres Liberalismusverständnis in Fragen der Demokratisierung von Staat und Gesellschaft, in der Hochschul- und Bildungspolitik, in der Wirtschafts- und Finanzpolitik und in einer entspannungsorientierten Ost- und Deutschlandpolitik. Die Auftritte prominenter Wahlhelfer wie Walter Scheel, Hildegard Hamm-Brücher, Ralf Dahrendorf und Hans Dietrich Genscher machten deutlich, dass Rehberger diesen neuen Kurs aus Überzeugung mit trug. 1968 fand die Umorientierung Ausdruck im Wechsel an der Parteispitze. Auf Erich Mende folgte Walter Scheel. Mit der Wahl des ersten sozialdemokratischen Bundespräsidenten Gustav Heinemann im Jahr 1969 setzte die FDP dann ein klares Zeichen in Richtung einer sozialliberalen Koalition in Bonn.

Den Wahlkampf in Karlsruhe führte Rehberger wiederum engagiert, ideenreich und, wie die Presse bemerkte, „mit erstaunlich intensiver Werbung". Er leistete im Übrigen als einziger Karlsruher Kandidat einer Einladung des Republikanischen Clubs zu einer Diskussion über die damals heftig umstrittenen Notstandsgesetze Folge. Gesprächspartner war das Vorstandsmitglied des SDS, K. D. Wolf. Dem Pressebericht zufolge ließ sich Rehberger von den stark ideologisch geprägten Monologen Wolfs nicht beirren und vertrat seine Position, dass die Notstandsgesetze das Funktionieren der Demokratie im Falle eines äußeren Notstandes garantieren müssten, ein Missbrauch aber auszuschließen sei. Auf solche Diskussionen mit der Außerparlamentarischen Opposition ließen sich damals kaum Politiker ein. Ralf Dahrendorf, der auf dem FDP-Parteitag im Januar 1968 mit Rudi Dutschke debattiert hatte, mag dem von Hause aus unerschrockenen Rehberger Vorbild gewesen sein. Seine weiteren Themen im Wahlkampf betrafen die Bildungs- und Kulturpolitik, die Justizreform des Landes und die Sparsamkeit der Verwaltung. Nach der Wahl im April waren die Freude und der Stolz groß. Rehberger hatte mit 13,2% im Wahlkreis Karlsruhe-West das beste FDP-Ergebnis seit 1952 erzielt und 5,8% gegenüber 1964 zugelegt. Noch größer aber war die Enttäuschung darüber, dass dieses Ergebnis für ein Landtagsmandat in Stuttgart nicht ausreichte. Das Landeswahlgesetz benachteiligte bei der Zweitauszählung der Stimmen wegen der Orientierung an den absoluten Stimmenzahlen die Vertreter der Wahlkreise mit geringerer Wählerzahl. Zu diesen gehörte Rehbergers Wahlkreis Karlsruhe-West. Bereits im Mai hatte Rehbergers Anwaltskanzlei deswegen eine umfangreiche Verfassungsbeschwerde von sechs Betroffenen, darunter Rehberger selbst, erstellt und beim Bundesverfassungsgericht eingereicht. Es blieb allerdings vorerst bei dem ungerechten Wahlrecht und Rehberger scheiterte noch zweimal bei Landtagswahlen an dieser Regelung. 1972 fehlten ihm nur 33 Stimmen und 1980 waren es 1250. Sein Parteifreund Jürgen Morlok schaffte dagegen im größeren Karlsruher Wahlkreis Ost seit 1972 den Einzug ins Landesparlament.

In einer besonders schwierigen parteiinternen Situation musste der Landtagswahlkampf 1976 geführt werden. Die südwestdeutsche FDP spürte die sozialliberale Umorientierung der Partei durch den Verlust zahlreicher „altliberaler" Mitglieder auch in Führungspositionen und eine Wählerwanderung vor allem in ländlichen Gebieten zur CDU. Im Landesverband wechselte seit 1966 mehrfach die Führung und zeigte, ablesbar auch an unklaren Koalitionsausssagen, ein Bild der Zerrissenheit, die bei der Vorbereitung der Landtagswahl in der oben geschilderten Auseinandersetzung über den Spitzenkandidaten offen zu Tage trat. Für die Karlsruher FDP hatte die von Rehberger initiierte Lösung des Problems zur Folge, dass im Wahlkreis Karlsruhe-West mit dem Spitzenkandidaten Peter Brandenburg ein hier nicht ansässiger Kandidat ins Rennen ging. Da man dennoch die Chancen eines Erfolgs als gut einschätzte, hatte auch die Karlsruher Wahlkreiskonferenz der Nominierung Brandenburgs zugestimmt. Nach einem wie immer intensiv geführten Wahlkampf enttäuschte das Wahlergebnis die Liberalen sehr. Die CDU hatte die absolute Mehrheit gewonnen, die FDP 1,1% verloren. Gegenüber der Wahl 1972 sank der Karlsruher Stimmenanteil um 2%, war allerdings immer noch das beste großstädtische Ergebnis im Land.

Rehbergers Ursachenforschung für die enttäuschenden Ergebnisse des Wahljahres 1976, auch in der Bundestagswahl hatte die Partei 1,7% in Karlsruhe eingebüßt, mutet an wie eine von Genscher schon im April 1976 empfohlene „Auflockerungsübung". Im Rechenschaftsbericht vom März 1977 schildert er die großen Probleme, vor die die sozialliberale Regierung gestellt war, und äußerte, obgleich man im Wahlkampf uneingeschränkt die Fortsetzung der Koalition propagiert hatte, erstmals Zweifel an der Lösungskompetenz der Regierung vor allem in wirtschaftlicher Hinsicht. 30 Jahre später in einer Erinnerung an Peter Brandenburg heißt es dann: „Die sozialliberale Koalition war in Baden-Württemberg bei der Landtagswahl 1976 keine Empfehlung." 1977 signalisierte das Kieler Programm der Liberalen mit der Betonung der der Marktwirtschaft innewohnenden Selbstregulierungskraft – in den Freiburger Thesen war noch von der liberalen Reform des Kapitalismus die Rede – eine programmatische Annäherung an die CDU. Noch im gleichen Jahr koalierte die FDP im Saarland und in Niedersachsen mit dieser Partei.

Als im März 1980 die Landtagswahl bevorstand, musste die Landes-FDP einen Spagat meistern. In Bonn regierte die Partei mit der SPD und in Stuttgart kam nach dem Rücktritt von Ministerpräsident Filbinger rein rechnerisch nur die noch mit absoluter Mehrheit regierende CDU als Koalitionspartner in Betracht. Um diese absolute Mehrheit zu brechen, attackierte die FDP den Machtmissbrauch sowie die geistige und kulturelle Enge der CDU und warf der SPD sozialistische planwirtschaftliche Überlegungen vor. Im Lande stabilisierte sich die FDP zwar. In Karlsruhe verbuchte sie sogar Gewinne von 3,2% bzw. 4,7%. Die absolute Mehrheit der CDU war aber nicht gebrochen worden. Die FDP blieb im Landtag in der Opposition.

Bei der Bundestagswahl 1980 machte Otto Graf Lambsdorff in Karlsruhe eine neue Distanz zur SPD erneut deutlich. Die Grundlage der Koalition bilde die Gemeinsamkeit in der Außen- und Sicherheitspolitik, in der Wirtschafts- und Gesellschaftspolitik gebe es aber klare Differenzen. Die FDP werde mit der SPD auf marktwirtschaftlicher Basis zusammenarbeiten. Bei dieser Wahl im Oktober hatte die CDU als Spitzenkandidaten den CSU-Vorsitzenden Franz Josef Strauß aufgeboten, der liberalen Wählern nur schwer vermittelbar war. So argumentierte auch Rehberger in diesem Wahlkampf, wer

Strauß verhindern wolle und gegen die Alleinherrschaft der SPD sei, müsse die FDP in der Verantwortung bestätigen. Bei der Aufstellung der Landesliste hatte es die Karlsruher FDP geschafft, durch kluges Taktieren ihre Kandidatin Rita Fromm auf Rang acht zu platzieren. Der Landesvorsitzende Jürgen Morlok sah darin auch den Respekt der Landespartei vor den Leistungen der Karlsruher Parteiorganisation ausgedrückt. Das Wahlergebnis war für die FDP insgesamt mit 3% Zuwachs positiv, für Karlsruhe aber überragend. Denn dank einer massiven Zweitstimmenkampagne – „jede Zweitstimme für die FDP ist eine Stimme für Bundeskanzler Helmut Schmidt" – erhielt die FDP 13,6% und Rita Fromm zog ungefährdet in den Bundestag ein.

Die Bonner Wende der FDP und der Karlsruher Kreisverband

Die Ereignisse in Bonn

Die vom damaligen Wirtschaftsminister Lambsdorff (FDP) artikulierten gravierenden Differenzen mit der SPD hatten ihre aktuelle Ursache in der nach dem neuerlichen starken Anstieg der Ölpreise 1978 / 79 entstehenden weltweiten Wirtschaftskrise. In Deutschland stiegen die Arbeitslosenzahlen bis zur Zwei-Millionen-Marke. Hatte die Krise nach den Ölpreiserhöhungen 1973 / 37 noch mit dem „deficit spending" des Staates bewältigt werden können, so setzte die Regierung nach 1980 angesichts der stark wachsenden Staatsverschuldung auf Einschnitte in den Haushalt. Angeführt von Lambsdorff profilierte sich die FDP dabei als Sparpartei. Insbesondere bei den Sozialausgaben des Staates wurde der Rotstift angesetzt, damit allerdings auch der Konsum geschwächt. Der Parteivorsitzende Hans Dietrich Genscher machte mit dem Begriff der „sozialen Hängematte" Schlagzeilen. Er wollte damit deutlich machen, dass eine zu üppige soziale Absicherung den individuellen Leistungswillen untergrabe. Gleichzeitig wurden den Unternehmern Steuererleichterungen gewährt, um die Konjunktur anzukurbeln. Da diese aber weltweit zurückging, konnte damit wenig Wirkung erzielt werden. Die Arbeitslosigkeit stieg weiter. Und damit die Sozialausgaben. Die

Haushaltslage wurde schlechter und nicht besser. Das Koalitionsklima litt zusehends. Dies aber nicht nur wegen der unterschiedlichen wirtschaftspolitischen Vorstellungen. Im Zuge der staatsanwaltlichen Ermittlungen wegen gesetzwidriger Parteienfinanzierung gerieten die Schatzmeister aller Parteien seit 1977 ins Visier der Staatsanwaltschaften. Ein Amnestiegesetz, das alle Fraktionsführungen vereinbart hatten, scheiterte Ende 1981 am Widerstand der SPD und ihres Justizministers. Die daraus resultierende Verstimmung wurde verstärkt, als ab Februar 1982 in der „Flick-Affäre" gegen führende Politiker der Koalition wegen Bestechlichkeit ermittelt wurde. Die FDP war von den drohenden Prozessen am stärksten betroffen. Als Folge dieser Entwicklung sanken die Umfragewerte von SPD und FDP. Die FDP musste befürchten, bei Wahlen die Fünf-Prozent-Hürde zu verfehlen. Und tatsächlich gelang es ihr im Juni 1982 nicht, wieder in das Hamburger Parlament einzuziehen.

Die Unzufriedenheit in Teilen der FDP mit dem Koalitionskurs und Existenzängste, aber auch die Tatsache, dass sich Bundeskanzler Helmut Schmidt selbst in wichtigen Fragen der Wirtschafts- und Sozialpolitik sowie auch der Außenpolitik (NATO-Doppelbeschluss) in der eigenen Partei und Fraktion immer weniger durchsetzen konnte, führten schließlich im September 1982 zur „Wende" in Bonn. Schon im August 1981 hatte Genscher angesichts des „Scheidewegs", an dem sich die Bundesrepublik befinde, in einem Brief an die Mitglieder formuliert, „trotz grundsätzlich unterschiedlicher Positionen … in wichtigen wirtschaftlichen und gesellschaftspolitischen Fragen" sei eine Verständigung mit der SPD möglich. Unausgesprochen blieb, dass der Rückzug von Strauß nach Bayern durchaus die Option einer Verständigung mit der CDU / CSU ermöglichte. Und diese Option nutzte die FDP-Spitze, als sie für die Landtagswahl in Hessen, die Ende September 1982 anstand, eine Koalitionsaussage zugunsten der CDU traf und diese als Test für den Koalitionswechsel bezeichnete. Die Entwicklung kam dem Test jedoch zuvor. Bundeskanzler Schmidt gelang es durch „brillantes" Taktieren, der FDP in den Augen der Öffentlichkeit das Scheitern der sozialliberalen Koalition anzulasten. Am 17. September reichten die vier FDP-Minister auf Drängen des Kanzlers ihrer Entlassungsgesuche ein. Nach 13 Jahren war die Bonner Koalition aus SPD und FDP beendet.

Koalitionswechsel verursachten in der Geschichte der FDP jeweils eine schwere Krise. Während der „Machtwechsel" 1969 jedoch aus der Opposition heraus offensiv mit der Zielsetzung einer neuen Ostpolitik und mutiger Reformen im Inneren vollzogen wurde und zudem in Übereinstimmung mit einer Mehrheit der Bevölkerung stattfand, fehlte der „Wende" 1982 sowohl eine eindeutige Botschaft als auch die Zustimmung. Die Parteiführung stand vor dem Dilemma, diesen Wechsel plausibel erklären zu müssen. Angesichts der Tatsache, dass man zwei Jahre zuvor mit einer Koalitionsaussage zugunsten des sozialistischer Bestrebungen wahrlich nicht verdächtigen Helmut Schmidt in den Wahlkampf gezogen war, ein schwieriges Unterfangen! Kurzfristig gelang es nicht, die (potenziellen) FDP-Wähler für den neuen Kurs der Partei zu begeistern. In Hessen, Bayern und Hamburg (zweite Bürgerschaftswahl dieses Jahres) sank die Partei deutlich unter die Fünf-Prozent-Grenze. Die Zerrissenheit der Partei dokumentieren im September und Oktober auch die Abstimmungsergebnisse der Parteigremien. In der Fraktion stimmten 34 für das Misstrauensvotum zur Ablösung des SPD-Bundeskanzlers und 18 dagegen, 2 enthielten sich. Im Parteivorstand scheiterte nur denkbar knapp mit einer Stimme der Antrag, die Koalitionsfrage durch einen Sonderparteitag klären zu lassen. Und das geplante Misstrauensvotum gegen Helmut Schmidt erhielt nur die Zustimmung von 19 Abgeordneten. 16 stimmten dagegen. Das Koalitionspapier mit der CDU akzeptierten 32 Abgeordnete und 20 lehnten es ab. Gleichwohl wurde Helmut Kohl mit den Stimmen der FDP zum Bundeskanzler gewählt. Einige Liberale wechselten zur SPD, andere übten deutliche Kritik. Ralf Dahrendorf, Mitverfasser der „Freiburger Thesen" von 1971, erklärte, die FDP habe „ihre Seele verloren". Hildegard Hamm-Brücher glaubte in dem ganzen Procedere im September / Oktober 1982 „die moralisch-sittliche Qualität von Machtwechseln" beschädigt.

Die Position Rehbergers

Horst Rehberger sah in dieser Krise der Partei ein „liberales Naturgesetz" walten. Die Geschichte lehre, „dass die FDP bei Aufkündigung bestehender oder der Gründung neuer Koalitionen auf Bundesebene in eine mehr oder minder schwere Krise gerät." Diesen Wechsel bei gegebenen Sachgründen herbeizuführen, sei aber gerade in einem Dreiparteiensystem notwendig, Das Funktionieren der Demokratie sei nur durch gelegentlichen Machtwechsel gewährleistet. 1973 definierte er als Aufgabe der FDP, als liberale Kraft zwischen der „konservativen CDU" und der „sozialistischen Tendenzen zuneigenden SPD" einen die freiheitliche Mitte sichernden Kurs zu steuern. Deshalb dürfe die FDP nie das „Koalitionsanhängsel" der einen oder anderen Partei werden. Schon 1977 betonte er, dass „die Chance, liberale Grundsätze in praktische Politik umzusetzen, nur dann gegeben ist, wenn die FDP Koalitionsentscheidungen nicht stets nur zugunsten einer bestimmten Partei fällen kann oder muss." Aufgrund dieser weniger ideologischen als vielmehr pragmatischen Sicht der Koalitionsfrage sah er durchaus keinen Widerspruch darin, in Karlsruhe mit der CDU zu kooperieren, während in Bonn die sozialliberale Koalition regierte, oder 1980 im Landtagswahlkampf eine Koalitionsaussage zugunsten der CDU zu treffen, wenn es gelingen würde, deren absolute Mehrheit zu brechen, während im gleichen Jahr der Bundestagswahlkampf mit einer sozialliberalen Koalitionsaussage geführt wurde.

Seine Position zur regierenden Bonner sozialliberalen Koalition hat Rehberger bereits im April 1982 beim Bezirksparteitag offen gelegt. Nach seiner Einschätzung könne die Krise der Bonner Koalition „noch in diesem Jahr zum Bruch des Regierungsbündnisses führen", dies müsse aber „nicht unbedingt" geschehen. Verschleißerscheinungen nach 13 Jahren, der längsten Phase einer Koalition in der Bundesrepublik bis dahin, seien wenig verwunderlich. Die tieferen Ursachen lägen in den unterschiedlichen Konzepten der Partner zur Bewältigung der welt- und binnenwirtschaftlichen Krise. Die SPD reagiere mit einem „Mehr an Staat (Gesetze, Bürokratie, Steuern usw.)", wie der SPD-Parteitag in München verdeutlicht habe, während die FDP auf den Einzelnen in Wirtschaft und Gesellschaft vertraue. Es gelte, die Bürger „von staatlicher Bevormundung und Reglementierung" zu entlasten und ihnen „damit natürlich auch ein höheres Maß an Eigenverantwortung und Risiko" zuzumuten. Folge der wachsenden Differenzen der Bonner Koalitionspartner SPD und FDP sei der Vertrauensverlust bei der Bevölkerung, ablesbar an den schlechten

Ergebnissen bei den Kommunalwahlen in Schleswig-Holstein und der Landtagswahl in Niedersachsen. Durch das Erstarken der CDU und die Erweiterung des Parteiensystems durch eine vierte Partei, die Grünen, sah er zudem die Rolle der FDP als liberales Korrektiv gefährdet. Als Kenner der Parteigeschichte ahnte Rehberger natürlich die Folgen dieser koalitionspolitischen Überlegungen voraus, insbesondere die Differenzen im liberalen Lager. Ein Parteifreund, teilte er im April mit, habe ihm erklärt, dass er im Moment kein Werbeargument für die FDP habe. Die konservativen Wähler könne man erst wieder gewinnen, wenn sie sicher sein könnten, dass die FDP ins „bürgerliche" Lager wechsle. Die Sozialliberalen hätten demgegenüber genug damit zu tun zu erklären, warum sie überhaupt noch in der FDP mitmachten. Rehberger setzte dem inneren Zwist entgegen, dass es nur der organisatorischen Einheit des politischen Liberalismus als große Errungenschaft der FDP-Gründer zu verdanken sei, wenn die Bundesrepublik „ein sehr stark liberal geprägter Staat geworden ist". Indem man die zentrale Aufgabe der FDP klarmache, „ein Höchstmaß liberaler Grundsätze – wie immer die Mehrheiten und Koalitionen … auch aussehen mögen" – in die Politik einfließen zu lassen, könne man die „leidige Koalitionsfrage tiefer hängen". Rehberger hatte sich also bereits im April 1982 auf den Koalitionswechsel eingestellt. Er befand sich dabei in vollem Einklang mit seinem Freund Jürgen Morlok, dem Vorsitzenden der Landespartei und Stellvertretenden Bundesvorsitzenden.

Den ganzen Sommer über erörterten natürlich auch die Karlsruher Liberalen den Zustand der Bonner Koalition. Rehberger wurde dabei klar, dass der Wechselkurs der Bonner Parteispitze in Karlsruhe weit mehr Ablehnung als Zustimmung fand. Vor allem die Jungdemokraten, deren Mitglieder fast alle erst nach 1969 zur FDP gestoßen und die im Karlsruher Parteivorstand stark vertreten waren, lehnten den neuen Kurs entschieden ab. Am 6. September kam es in einer erweiterten Vorstandssitzung zu einer ersten Abstimmung. In Bonn lag der vom Bundeskanzler von seinem Wirtschaftsminister am 1. September geforderte Bericht über dessen wirtschaftspolitische Ziele, der zum „Scheidungsbrief" der Koalition werden sollte, noch nicht vor. In dieser Situation verlangte Stadtrat Eidenmüller ein klares Votum für die Bonner Koalition. Gegen Rehbergers Position, der von der Notwendigkeit eines Politik- und damit eines Koalitionswechsels in Bonn fest überzeugt war. Die Abstimmung brachte die erste und zugleich massive Niederlage Rehbergers im Vorstand. Mit 18 Ja- gegen 3 Nein-Stimmen beschloss der Vorstand: „Eine Koalition, die mit großer Mehrheit das Vertrauen der Wähler für vier Jahre erhalten hat, ist nicht ohne zwingende Notwendigkeit aufzugeben." Die Vehemenz, mit der Rehberger den Koalitionswechsel befürwortete, verdeutlicht das Begleitschreiben vom 9. September, mit dem er den Vorstandsbeschluss nach Bonn weiterleitete. Er bemerkt, dass er, wie auch der Landesvorsitzende Morlok, der Meinung sei, „dass diese Koalition unverzüglich beendet werden muss. ... Ein Fortbestand der jetzigen Koalition ... wäre meines Erachtens staatspolitisch und für die weitere Entwicklung des politischen Liberalismus so schädlich, dass ich meine Parteiämter zur Verfügung stellen würde. Denn ich könnte weder intern noch nach außen den Kurs der Partei weiter vertreten." Er sah in den Wahlverlusten seit 1980 mit dem Aufkommen der Grünen die schmale Koalitionsmehrheit von 1980 definitiv verloren. Damit sei auch das noch bei der Bundestagswahl vertretene Votum für sozialliberal überholt. „Eine Ablösung der amtierenden Regierung wäre umso dringlicher, als die Koalitionsparteien ja offensichtlich nicht mehr in der Lage sind, in der Wirtschafts-, Finanz- und Sozialpolitik zu einem Konsens zu gelangen, der tragfähig und damit mehr als ein fauler Kompromiss wäre." Dieses Schreiben gab Rehberger auch der Bundestagsabgeordneten Rita Fromm, einer erklärten Gegnerin des Koalitionswechsels, zur Kenntnis. Damit war der Brief nicht nur im Vorstand, sondern im gesamten Kreisverband publik.

Die Reaktionen in Karlsruhe

Mit dem Ministerrücktritt am 17. September war das Ziel, eine neue Koalition mit der CDU/CSU zu bilden zwar noch nicht erreicht, aber es war greifbar nahe. In Karlsruhe allerdings ging das Ringen unverändert weiter. Es wurde weiter leidenschaftlich und kontrovers diskutiert. Am 20. September bereiteten die Opponenten des neuen FDP-Kurses im erweiterten Vorstand Rehberger und Morlok erneut eine schwere Niederlage. Sie verabschiedeten mit 14 Ja-, 4 Nein-Stimmen und drei Enthaltungen eine Resolution, in der die Art und Weise des Koalitionsbruchs verurteilt und sofortige Neuwahlen gefordert wurden. In der Diskussion wurde auch Genschers Rücktritt als Bundesvorsitzender verlangt. Bei der außerordentlichen Mitgliederversammlung am 7. Oktober im Saal des „Ziegler", inzwischen war am 1. Oktober Helmut Kohl zum Kanzler gewählt und die Koalitionsvereinbarung mit der CDU bekannt geworden, ging es nicht nur draußen stürmisch zu. 161 Parteimitglieder und etwa 50 Gäste waren in dem überfüllten Saal. Rehberger führte an diesem Abend als weiteres Argument zum Kurswechsel an, dass nur eine von der Regierungsverantwortung entbundene SPD die Friedens- und Ökologiebewegung integrieren und damit das Dreiparteiensystem erhalten könne. In wenigen Jahren werde es daher keine Partei der Grünen mehr geben, und das sei für die Demokratie von Nutzen. Als taktisches Zugeständnis erklärte er darüber hinaus, über die personelle Zusammensetzung der Parteiführung könne man diskutieren, um die programmatische Akzentuierung glaubhaft zu machen und die Geschlossenheit der Partei zu gewährleisten. Im Verlauf der dreistündigen, überwiegend sachlichen Diskussion kritisierte der Fraktionschef im Stadtrat und eigentlich ein Befürworter der „Wende", Rolf Funck, die Koalitionsvereinbarung als „einen dilettantisch zusammengehauenen Papierfetzen" scharf. Nach einer wegen der Anwesenheit von Gästen laut Presseberichten chaotischen Abstimmung, die ein Teil der Mitglieder nicht mehr abgewartet hatte, wurde mit 67 gegen 40 Stimmen die Ablösung von Parteichef Genscher gefordert und mit 70 gegen 33 Stimmen festgestellt, dass die Parteiführung in Bonn der Glaubwürdigkeit der Partei schweren Schaden zugefügt habe. Trotz der erneuten Niederlage des Karlsruher Parteivorsitzenden konnte dieser doch nach den weit eindeutigeren Ergebnissen im erweiterten Parteivorstand Hoffnung schöpfen. Seine Minderheitenposition schien nicht mehr ganz so aussichtslos.

Aber der Tiefpunkt der Entwicklung, der einen Neubeginn ermöglichen würde, war noch nicht erreicht. Während in Bonn sich die neue CDU / FDP-Regierung etablierte, gingen überall in der FDP die innerparteilichen Auseinandersetzungen weiter. In Karlsruhe trat am 18. Oktober wegen interner Spannungen der gesamte Kreisvorstand zurück. Seine Geschäfte nahmen sechs ehemalige

Vorstandsmitglieder wahr, darunter Horst Rehberger. Am 8. November, drei Tage nach dem FDP-Sonderparteitag in Berlin, der Genscher knapp im Amt bestätigt hatte, versammelten sich auf Einladung von Stadtrat Eidenmüller zahlreiche Amts- und Mandatsträger der Karlsruher FDP. Nicht eingeladen oder informiert war Horst Rehberger. Der erfuhr am Tag darauf vielmehr aus der Presse von der Missbilligung der Entwicklung der Bundespartei durch die Versammlung. Diese informierte den die Geschäfte des Kreisverbandes führenden Rehberger darüber, dass sie in den Inhalten der neuen Koalition keine im liberalen Sinn positive Veränderung erkennen könnten und dass im Hinblick auf die Probleme Arbeitslosigkeit, Rüstung und Energie die FDP eine Zukunftsperspektive vermissen lasse. Abschließend kündigten sie die Gründung eines „liberalen Gesprächskreises" und damit die potenzielle Spaltung der Partei an. Zudem erklärten nach dem Vorstand des Ortsverbandes Mitte auch die Vorstände West, Ost und Nordweststadt sowie weitere Träger von Parteiämtern ihren Rücktritt. Am 13. November erklärten schließlich die Jungdemokraten, ihre Verbindung zur Mutterpartei lösen und eine Liberale Vereinigung gründen zu wollen. Auch im Bezirksverband musste Rehberger den Rücktritt von drei Beisitzern und von mehreren Ortsvorsitzenden konstatieren. Die BNN sahen die Spaltung der Partei kommen, während Rehberger zumindest nach außen gelassen blieb und Optimismus ausstrahlte: „Eine Spaltung der Karlsruher FDP wird es nicht geben."

Mit dieser Vorhersage sollte Rehberger Recht behalten. Am 25. November fand die Jahreshauptversammlung der Karlsruher FDP statt. Wegen des erwarteten Andrangs hatte man sie in der Neureuter Badnerlandhalle anberaumt. Mit 210 Besuchern war es die größte Mitgliederversammlung in der Geschichte der Karlsruher FDP. Einleitend trug Rehberger noch einmal seine Argumente für die „Wende" vor. Er sprach vom Klärungsprozess, der stattfinden müsse. Mit den Neuwahlen müsse auch über den Kurs der Karlsruher FDP entschieden werden. Für alle Ämter könne er Parteifreunde zur Wahl vorschlagen, die Verantwortung übernehmen möchten. Ausgetreten seien 48 Mitglieder, durch Neueintritte war die Zahl gegenüber 1981 allerdings nur um 21 gesunken. Zu seiner persönlichen Situation erklärte er: Nachdem er schon 1981, also nach elf Jahren das arbeitsreiche Amt des Kreisvorsitzenden habe abgeben wollen, sei die Versuchung jetzt groß, nun definitiv auf eine erneute Kandidatur zu verzichten. Dies wäre jedoch zum jetzigen Zeitpunkt, da die Partei sich in einer so schweren Krise befinde, nach seinem Empfinden nichts anderes als Fahnenflucht. Trotz mancher auch menschlichen Enttäuschung werde er deshalb noch einmal für eine einjährige Amtszeit kandidieren. Trotz eines Gegenkandidaten konnte er die Wahl zum FDP-Kreisvorsitzenden mit 150 zu 46 Stimmen eindrucksvoll für sich entscheiden. Mit der Neuwahl des Vorstands überwand der Karlsruher FDP-Kreisverband, wie Michael Obert, ein Gegner der „Wende" konstatiert, „erstaunlich schnell, inhaltlich und personell in erstaunlicher Kontinuität ... die wohl schwerste Krise seiner Geschichte." Die von Rehberger immer wieder beschworene Solidarität, auf die gerade auch eine liberale Partei zur Wahrnehmung ihrer politischen Funktion angewiesen sei, wurde so weit gewahrt, dass auch persönliche Beziehungen nicht dauerhaft beschädigt waren. Zudem hatte der Vorsitzende immer wieder darauf hingewiesen, dass so wie nach 1969 für jeden konservativen Liberalen die weitere Mitarbeit in der FDP möglich geblieben sei, nun auch jeder „Sozialliberale" diese Chance habe. Als die BNN im Oktober für die Karlsruher FDP das Schlimmste befürchteten, meinte der Kommentator, es bedürfe „schon einer taktischen Meisterleistung des auch in diesem Punkt Genscher artverwandten Taktierers Rehberger, um die Spaltung noch zu verhindern." Selbst wenn die „Wendegegner" in Rehbergers Verhalten seinerzeit wohl eher „Trickserei" gesehen haben, bleibt festzuhalten, dass es Rehberger gelungen war, den Kreisverband weitgehend unbeschadet durch die Krise zu steuern. Die hohe Zustimmung bei seiner Wiederwahl als Karlsruher Parteivorsitzender belegt dies nachdrücklich. Er selbst resümierte in seinem letzten Rechenschaftsbericht im Dezember 1983, die „durch die politische Wende in Bonn arg gebeutelten Ortsverbände haben sich inzwischen wieder gefangen und wichtige Beiträge für die Kreisverbandsarbeit geleistet." Kritischer fällt Michael Oberts Einschätzung von 1986 aus, wonach die Partei – was er wohl nicht nur auf Karlsruhe bezogen hat – als Folge der Bonner Wende insgesamt ärmer geworden sei und die Ortsverbände ihre alte Dynamik nicht mehr besäßen.

Das Jahr 1983 brachte dann mit der Bundestagswahl im März jenen Wahlkampf, den Rehberger als Kampf um Sein oder Nichtsein der FDP charakterisierte. Entsprechend intensiv führte der Kreisverband mit Rehberger und der Bundestagsabgeordneten Rita Fromm an der Spitze, einer erklärten Gegnerin des Koalitionswechsels, den Wahlkampf. Das war ebenso typisch für Rehbergers auf Ausgleich bedachte Führung wie die Tatsache, dass selbst Kritiker der „Wende" wie Ralf Dahrendorf nach Karlsruhe eingeladen wurden. Die Bereitschaft vieler Sozialliberaler, sich weiter für den Liberalismus in Deutschland zu engagieren, wurde auf diese Weise gefördert. Die Schlüsselrolle der FDP für das Wahlergebnis wurde im Wahlkampf natürlich wirkungsvoll und vor allem auch im Hinblick auf die Zweitstimmen der CDU-Wähler hervorgehoben. Nur mit der FDP im neuen Bundestag werde die Regierung Kohl/Genscher ihre Arbeit fortsetzen können. Das Ergebnis der Wahlen im März 1983 führte die FDP wieder in den Bundestag. Sie verzeichnete zwar deutliche Verluste gegenüber der Bundestagswahl 1980. Bundesweit betrug der Verlust 3,7%, im Land 3,0%, in Karlsruhe sogar 4,4%. Aber das Überleben der FDP als gestaltende politische Kraft der Bundesrepublik war gesichert. Wie sehr die FDP bei den Wählern immer noch unter der Bonner „Wende" zu leiden hatte, zeigten die gleichzeitig mit der Bundestagswahl in Rheinland-Pfalz durchgeführten Landtagswahlen. Hier scheiterte die FDP erstmals seit 1947 mit 3,6%. Der Bonner Koalitionswechsel hatte deutliche Spuren hinterlassen. Trotz der Verluste von gut einem Drittel der Wähler werteten die Sprecher der FDP das Wahlergebnis als Zustimmung zur Politik des Koalitionswechsels. Dem schloss sich auch Rehberger in seinem letzten Rechenschaftsbericht Ende 1983 an. Der erfolgsgewohnte Karlsruher Parteivorsitzende fand, für ihn sicher nicht untypisch, trotz der herben Verluste in der Statistik noch etwas Positives. Karlsruhe lag mit seinem Ergebnis unter 248 Bundestagswahlkreisen auf Platz 29 und damit so weit vorne wie nie zuvor.

Abschied aus Karlsruhe

Bei der Wahlkreiskonferenz zur Landtagswahl 1984 im Juli 1983 hielt Rehberger die Fäden der Partei auch nach BNN-Meinung fest in der Hand. Weil er aber auf eine erneute Kandidatur verzichtete und der Rücktritt vom Parteivorsitz am Ende des Jahres feststand, begannen die Spekulationen, was der erst 46-Jährige wohl „im Schilde führe". Vermutet wurde, er könnte 1986 bei der Wahl des Oberbürgermeisters kandidieren, um – je nachdem – im zweiten Wahlgang zugunsten des CDU-Kandidaten zu verzichten und sich dafür Zusagen für die Position des Bürgermeisters geben zu lassen. Aber es kam alles ganz anders. Ende 1983 erhielt Rehberger völlig überraschend das Angebot, als Wirtschaftsminister in das Saarland zu wechseln. Ein Angebot, das ihn vor eine sehr schwierige Entscheidung gestellt habe, wie er bei seiner offiziellen Verabschiedung in Karlsruhe im Februar 1984 bekannte. Dies nicht nur wegen der Folgen für die Familie und wegen des beruflichen Risikos, sondern auch wegen der sehr komplexen Aufgabe. Aber letztlich habe gerade diese Herausforderung, ja Faszination, den Ausschlag gegeben.

Letzten Endes passten sowohl die Spekulationen um seine Zukunft als auch die Entscheidung, den Karlsruher „Ohrensessel" mit dem Saarbrücker „Schleudersitz" zu tauschen, zu dem Bild, das sich Presse und Öffentlichkeit von Rehberger machte. Er galt als Mann, der politischen Sachverstand mit einer gehörigen Portion Cleverness und taktischem Geschick verband. Dies habe ihn zum besten Repräsentanten und sehr erfolgreichen Vorsitzenden der Karlsruher FDP gemacht. Attestiert wurde ihm auch Unerschrockenheit, mit der er direkte Auseinandersetzungen suchte und dabei Klarheit und Offenlegung der Differenzen als Grundlage für Problemlösungen forderte. Als Mann des Ausgleichs, der keine heißen Eisen scheute, habe er eine rhetorisch scharfe, aber nie verletzende Klinge geführt. Hinter der freundlichen Sanftheit seines Auftretens verberge sich ein in der Verfolgung seiner Ziele hartnäckiger Pragmatiker. Dabei sei er stets der beste PR-Agent in eigener Sache gewesen. Auch Oberbürgermeister Otto Dullenkopf, mit dem er 13 Jahre vertrauensvoll zusammengearbeitet hatte, bescheinigte ihm bei der offiziellen Verabschiedung Selbstvertrauen, Risikobereitschaft und Optimismus.

Bürgermeister Rehberger mit seiner Frau und Alt-Oberbürgermeister Günther Klotz (1971)

Bumdesinnenminister Hans-Dietrich Genscher mit Rehberger und Stadtrat Günter Calmbach (FDP) anlässlich der Veranstaltung „pro musica" (1972)

Im Gespräch mit Bundespräsident Walter Scheel anlässlich des Festakts
„25 Jahre Bundesverfassungsgericht" (18.11.1976)

Schweigemarsch „Für Freiheit und Demokratie – gegen Terror und Gewalt"
anlässlich der Ermordung des Generalbundesanwalts Siegfried Buback.
Links neben Rehberger Oberbürgermeister Otto Dullenkopf (16.04.1977)

100-jähriges Jubiläum der Karlsruher Verkehrsbetriebe (03.09.1977).
Außer dem Wagenführer und Rehberger steht Dieter Ludwig, Chef der VBK,
auf der Plattform.

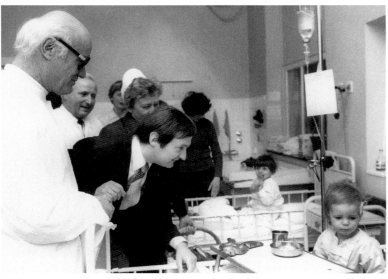

Weihnachtsfeier in der Kinderklinik Karlsruhe. Links im Bild die Chefärzte
Prof. Dr. Vivell und Dr. Maier.

Der Bürgersaal des Karlsruher Rathauses anlässlich des Besuchs von Ministerpräsident Lothar Späth (in der Mitte der Bürgermeisterbank neben Oberbürgermeister Otto Dullemkopf. Ganz rechts Bürgermeister Horst Rehberger) (01.10.1979)

Landtagswahlkampf 1980. Rehberger als Landtagskandidat am Info-Stand.

„MISTER ZEHN PROZENT"
DER GRÖSSTE TRIUMPH
BIRGT EINEN VERLUST

Von Alfred Schön

Es war ein historischer Abend für das überschaubare Bundesland Saarland mit seiner Einwohnerzahl von rund einer Million, jener 10. März 1985. Die Fernsehkameras richteten sich nach der Landtagswahl fast ausschließlich auf den strahlenden Sieger, den damaligen SPD-Landesvorsitzenden und Saarbrücker Oberbürgermeister Oskar Lafontaine. Er hatte es geschafft, mit 49,2 Prozent der Stimmen (26 von 51 Sitzen im Parlament) die seit 1947 bestehende konservative Vormacht zu brechen und die absolute Mehrheit für seine SPD zu holen.

Gewinner und Verlierer zugleich war an diesem Abend FDP-Landesparteichef und Wirtschaftsminister Dr. Horst Rehberger, der zwar jetzt den Ehrentitel „Mister Zehn Prozent" tragen durfte, aber in die Opposition musste. Weil die Einbrüche bei seinem bisherigen Koalitionspartner CDU zu groß waren: Die Union kam nur noch auf 37,3 Prozent der Stimmen (20 Mandate). Der spröde Ministerpräsident und CDU-Vorsitzende Werner Zeyer, der zuvor harte Arbeit ohne Fortune geleistet hatte, irrte nach dem tapferen Eingeständnis seiner Niederlage noch im grellen Scheinwerferlicht einsam im Dunkel auf der Franz-Josef-Röder-Straße vor dem Hohen Haus am Saar-Ufer umher, um seinen Fahrer zu suchen. Er übernahm die volle Verantwortung für das Fiasko und zog sich ganz aus der Landespolitik zurück.

Da stand Horst Rehberger nun wie bestellt und nicht abgeholt, der Import aus Karlsruhe, der seine Zelte in Baden-Württemberg über ein Jahr zuvor abgebrochen hatte, um die am Boden liegenden Liberalen an der Saar aus der Talsohle zu führen. Dieses erklärte Ziel hatte er zwar erreicht: Fünf Landtagssitze hatte seine FDP seit Jahrzehnten nicht mehr geschafft. Nur die Vorgänger-Organisation, die Demokratische Partei Saar (DPS), hatte 1955 und 1960 mit zwölf und sieben Mandaten besser abgeschnitten. Und doch stand der FDP-Retter letztlich mit leeren Händen da.

Rehberger und Klumpp

Dabei hätte es viel schlimmer kommen können. Wochen vor dem 10. März 1985 sagte ihm die Sphinx vom Bodensee, Allensbach-Chefin Prof. Elisabeth Noelle-Neumann, in allem Ernst voraus, die Liberalen würden wohl an der Fünf-Prozent-Hürde scheitern. Und auch sein Vorgänger an der FDP-Spitze im Land, Werner Klumpp, machte ihm noch am Nachmittag des Wahltages wenig Hoffnung: Er hatte dank seiner Drähte zum Saarländischen Rundfunk Kenntnis von Teilen der Rohdaten zur ARD-Prognose für 18 Uhr erhalten. Und doch irrten sie gewaltig, die Meinungsforscher. Die Rehberger-FDP holte entgegen allen Unkenrufen stolze zehn Prozent. Da kam liberale Freude im Landtagsgebäude auf.

Die Geschichte der FDP/DPS Saar in der Ära nach der Legende Dr. Heinrich Schneider, der 1957 sogar ein Direktmandat für den Deutschen Bundestag im schwarz-roten Saarland geholt hatte, ist mit zwei Namen von Landesvorsitzenden verbunden, mit Parallelen in der Biografie, aber auch mit Verhaltensmustern und Temperamenten, wie sie unterschiedlicher nicht sein können: Werner Klumpp und Dr. Horst Rehberger. Beide sind sie Importe aus Baden-Württemberg. Der Schwabe Werner Klumpp ist am 12. November 1928 in Baiersbronn im Schwarzwald geboren und wurde im Herbst 2008 80 Jahre alt. Der Badener Horst Rehberger hat das Licht der Welt am 10. Oktober 1938 in Karlsruhe erblickt und wurde 70 Jahre alt. Beide sind sie gelernte Juristen, der eine hat in Tübingen, der andere in Heidelberg und Berlin studiert. Klumpp, schwer kriegsbeschädigt, kommt schon in den 60er-Jahren nach Saarbrücken, arbeitet dort zuletzt als Regierungsdirektor im Sozialministerium, bevor die aktive Politik sein Leben bestimmt. Rehberger ist als Rechtsanwalt tätig, bevor er in die kommunale Verwaltung wechselt: 1970 wird er einer von mehreren hauptamtlichen Beigeordneten („Bürgermeister") in der Stadt Karlsruhe, für die Wirtschaftsbetriebe und später für das Gesundheitswesen verantwortlich.

Im parteipolitisch organisierten Liberalismus machen beide Karriere. Rehberger, der den späteren Landeschef Jürgen Morlock für die FDP wirbt, übernimmt den Kreisvorsitz in Karlsruhe-Stadt und später die Führungsrolle im FDP-Bezirk Mittlerer Oberrhein. Klumpp lässt sich 1970 an der Saar zum Landesparteichef wählen. Für die FDP/DPS in einer Stunde der Not. Denn die Liberalen, die sich bei der Landtagswahl auf keine verlässliche Koalitionsaussage haben festlegen wollen, sind mit 4,4 Prozent aus dem Landtag herausgeflogen, haben in die außerparlamentarische Opposition gehen müssen. In der Folgezeit entstehen die Kontakte von Klumpp zu dem jungen SPD-Landtagsabgeordneten Oskar Lafontaine. Sie vereinbaren gemeinsam, über den Umweg der Kommunen die Regierungspartei CDU unter Landesvater Dr. Franz Josef Röder mürbe zu machen und auf Landesebene aus der Machtzentrale, der Staatskanzlei am Saarbrücker Ludwigsplatz, zu vertreiben.

Genscher immer dabei

Der erste Teil des Coups gelang: Lafontaine wurde 1974 Bürgermeister, zwei Jahre später Oberbürgermeister in der Landesmetropole Saarbrücken, übernahm das zweitwichtigste Amt im Land. Das sozial-liberale Bündnis machte im Gegenzug Klumpp zum ersten Präsidenten des Stadtverbandes Saarbrücken, zu einer Art Landrat mit größerem Einfluss. Doch bei der Landtagswahl am 4. Mai 1975 scheiterte das erklärte Ziel der beiden Brüder im Geiste, den Ministerpräsidenten abzulösen, an der Landesverfassung: Es reichte nur zu einem nicht einmal echten „Patt", je 25 Stimmen für die CDU sowie für SPD und FDP gemeinsam. Röder blieb im Amt und genoss die Ohnmacht der sozial-liberalen Verbündeten.

In diese Zeit fiel die Suche der Bonner SPD/FDP-Koalition unter Bundeskanzler Willy Brandt nach Verbündeten in der Union für die Verabschiedung des Rentenabkommens mit der Volksrepublik Polen, ein Herzensanliegen von Außenminister Genscher. Der Taktiker Franz Josef Röder signalisierte Zustimmung im Bundesrat, der FDP-Bundesvorsitzende gab als Anerkennung für diese Haltung den Weg frei für eine CDU/FDP-Koalition im Saarland.

„Aus staatspolitischen Gründen", so die offizielle Sprachregelung, ging Klumpp 1977 im Saar-Landtag eine Zweck-Ehe mit Röder ein.

Lafontaines Aufstieg

Lafontaine nutzte die konservativ-liberalen Zweck-Liebesspiele, um seine Machtstellung auszubauen. Er sägte Friedel Läpple nach allen Regeln der Kunst als SPD-Landeschef ab, ließ sich im September 1977 zum gefeierten Landesvorsitzenden küren, machte Opposition gegen die sozial-liberale Regierung in Bonn und gegen das Saarbrücker Duo Röder/Klumpp. Wie eine Bombe schlug die Forderung des neuen SPD-Vorsitzenden ein, alle saarländischen Stahl-Standorte zusammenzufassen. Eine Einbeziehung der Dillinger Hütte scheiterte jedoch an den Regierungen in Bonn und Saarbrücken. Sie setzten auf den Luxemburger ARBED-Konzern, unter dessen industriellem Dach Röchling Völklingen, Burbacher Hütte und Neunkircher Eisenwerk zu ARBED Saarstahl zusammenfanden, zu jenem Unternehmen, das die Folge-Jahre mit Negativ-Schlagzeilen beherrschen sollte. Das Konstrukt litt darunter, dass die Luxemburger Mutter auf einer „Feuerschneise" zwischen dem Großherzogtum und dem Saarland bestand, keine müde Mark in die Völklinger Tochter steckte. Bund und Land waren so genötigt, für die hoch gelobte grenzüberschreitende Lösung Milliarden-Subventionen aufzubringen. Üppige Sozialpläne federten dabei die Restrukturierung ab.

Wechsel vertagt

Die Ablösung der Landesregierung durch Lafontaine wird jedoch bei der Landtagswahl am 27. April 1980 noch einmal vertagt. Die Sozialdemokraten werden zwar erstmals stärkste Kraft im Parlament, doch können CDU und FDP weiter regieren. Beim liberalen Koalitionspartner der CDU hat es zwischenzeitlich gravierende personelle Veränderungen gegeben. Am 26. Juni 1979 ist Ministerpräsident Röder an den Folgen einer Herzattacke gestorben, einen Tag, nachdem er seinen Abschied vom Amt des Regierungschefs angekündigt hat. Zum

Nachfolger wird der Bundestagsabgeordnete Werner Zeyer gewählt, ein durch und durch geradliniger Politiker. Fehlende Ausstrahlung und Kamera-Ängstlichkeit machen ihm im Fernseh-Zeitalter die Behauptung als Nummer eins im Land aber schwer. Die CDU leidet zudem darunter, dass der von der Partei gewünschte, von Röder aber erfolgreich verhinderte Kronprinz ausgefallen ist: Kultusminister und CDU-Chef Werner Scherer hat schon 1977 seine politische Karriere ebenfalls wegen einer Herzattacke stoppen müssen.

Zeyers kleines Waterloo

Zeyer wollte bei der Kabinettsbildung 1980 neue Wege auf CDU-Seite gehen: Er holte mit Gerhard Zeitel, Wolfgang Knies und Franz Becker gleich drei Professoren in die CDU/FDP-Regierung, verzichtete dafür auf den populären Alfred Wilhelm, den „guten Menschen von Hülzweiler". Bei der Wahl des Ministerpräsidenten erlebte er dafür ein kleines Waterloo, erhielt aus den eigenen Reihen nur 24 von 27 erwarteten Stimmen, schaffte es erst im zweiten Anlauf. Für Lafontaine, der Zeyer und Klumpp als „Dummschwätzer und Tünnesse" verspottet hatte, ein Grund zum Feixen. Der starke Mann der SPD Saar nutzte jetzt die nächsten Jahre, um sich vor allem auf Bundesebene weiter zu profilieren. Auch gegen Kanzler Helmut Schmidt, dem er bei der atomaren Nachrüstung in den Rücken fiel. Als dazu aus einem Zwiegespräch mit Noch-Ehefrau Margret der Satz öffentlich wurde, mit den von Helmut Schmidt beschworenen Sekundärtugenden Pflichtgefühl, Berechenbarkeit, Machbarkeit, Standhaftigkeit könne man auch ein KZ betreiben, schien das Handtuch zerschnitten. Erst bei einem Landesparteitag in Bous reichten sich der Saarländer und der Kanzler auf der Bühne öffentlichkeitswirksam die Hände. Doch bei Helmut Schmidt blieben Narben und Vorbehalte zurück.

Liberale Leidensgeschichte

Parallel zum Aufstieg von Lafontaine und zum Abstieg von Zeyer beginnt die Leidensgeschichte der FDP. Im Sommer 1982. Als Wirtschaftsminister und FDP-Chef Werner Klumpp aus dem CDU/

FDP-Kabinett ausscheidet und zum Sparkassen- und Giroverband wechselt, wo der lukrative Posten des Präsidenten winkt. Nach offizieller Lesart „aus gesundheitlichen Gründen" tauscht der listenreiche Schwabe den Schleudersitz in der Regierung mit dem weichen Sessel bei der Sparkassen-Organisation. Zeyer ist zu schwach und zu großzügig, um diesen Coup zu unterbinden, der mit SPD-Hilfe ausgeführt wird. Klumpp lässt es in dieser Stunde der Ratlosigkeit zu, dass sich der gelernte Schriftsetzermeister Edwin Hügel, durch ein Rückenleiden gesundheitlich angeschlagen und auf eine Gehhilfe angewiesen, im Ringen um seine Nachfolge durchsetzt. Die fachliche Kompetenz von Edwin Hügel wird zwar mehr oder weniger offen angezweifelt, doch sein Durchsetzungsvermögen und sein Ehrgeiz geben den Ausschlag: Der bisherige Vorsitzende der FDP-Landtagsfraktion wird im Juli 1982 Wirtschaftsminister, mitten auf dem Höhepunkt der Stahlkrise. Mit Hohn und Spott wird bald kolportiert, dass der Klumpp-Nachfolger das eine oder andere Mal bei Kabinettssitzungen ein „Nickerchen" gemacht hat, eingeschlafen ist. Im Oktober 1983 wirft Edwin Hügel entnervt das Handtuch, droht mit Parteiaustritt. Keine guten Vorzeichen für die Liberalen mit Blick auf die Landtagswahl weniger als zwei Jahre später.

Notanker aus Karlsruhe

In dieser Notlage kommt erstmals der Name von Horst Rehberger ins Gespräch. In einem Hotel in Mannheim treffen sich FDP-Chef Genscher, die Landesvorsitzenden Morlok und Klumpp sowie der Bürgermeister von Karlsruhe: Die aus dem Tritt geratenen Parteifreunde an der Saar sollen mit einem unbelasteten Import stabilisiert werden. Rehberger gilt als politische Hoffnung aus der zweiten Reihe, als Allzweckwaffe, und soll mit seiner Verwaltungserfahrung in Saarbrücken einspringen. Und erklärt sich auch grundsätzlich bereit, dem Drängen von Genscher nachzugeben, obwohl seine Ambitionen eigentlich eher in Richtung Bonn oder Stuttgart reichen. Doch Stunden später sagt ihm ein Anruf von Klumpp, dass die Landespartei sich anders entschieden hat: Dr. Walter Henn, der stellvertretende FDP-Chef, ein persönlicher

Freund von Zeyer, Vorstandsmitglied bei der RWE-Tochter Vereinigte Saar-Elektrizitäts-Werke (VSE), soll in die Bresche springen. Versüßt wird ihm der Wechsel in die Politik durch einen Deal mit seinem Arbeitgeber, der einen Ausgleich zwischen dem höheren Manager- und dem niedrigeren Ministergehalt zahlt. Aus Geldern der Stromkunden. Dass diese Geschmacklosigkeit genüsslich zum Skandal hochgespielt wird, kann nicht verwundern. Folge: Am 22. Dezember 1983 tritt der erst am 11. Oktober vereidigte Wirtschaftsminister Dr. Walter Henn wieder zurück, geht damit als Minister mit der kürzesten Amtszeit in die Geschichte des Saarlandes ein.

Anruf am Neujahrstag

Da platzt nicht nur Genscher der Kragen. Am Neujahrstag 1984 ruft er Rehberger in Karlsruhe an: „Jetzt schlägt Ihre Stunde." Auf den 2. Januar ist eine Akten-Notiz von Rehberger datiert, in der unter Berufung auf ein Telefonat mit Klumpp seine „eventuelle Entscheidung für die Aufgaben im Saarland" festgehalten ist. Er weiß dabei, dass der Verzicht auf die nach Besoldungsstufe B 7 gut dotierte Bürgermeister-Stelle in Karlsruhe mit großen Risiken behaftet ist. Als im Saarland völlig unbekannter Einsteiger verbleiben ihm bis zur Landtagswahl nur mehr 14 Monate, um das Handicap „fehlende Popularität" zu beseitigen. Damals notiert Rehberger zu seiner Zukunft: „Risiken gehören zum politischen Leben, und noch bin ich wohl nicht alt (oder weise?) genug, ihnen aus dem Weg zu gehen."

Geheimtreffen mit Klinik-Nachspiel

Am 3. Januar 1984 ist dann ein internes Gespräch von Genscher, Klumpp, Gesundheitsministerin Dr. Rosemarie Scheurlen und Alt-Sozialminister Paul Simonis in Saarbrücken angesetzt. Dieses „Geheimtreffen" wird dann doch öffentlich. Denn auf der Rückfahrt nach Bonn verunglückt der FDP-Bundeschef gegen 12.20 Uhr auf der Autobahn A 1 bei Nonnweiler. Die von dem erfahrenen Minister-Chauffeur gesteuerte schwere Mercedes-Limousine gerät ins

Schleudern, überschlägt sich dreimal und bleibt auf dem Dach liegen. Genscher erleidet einen Bruch des Brustbeines und Prellungen, die erste Versorgung erfolgt im Krankenhaus Hermeskeil, ehe er von einem Hubschrauber in seine Wohnung nach Bonn geflogen wird.

Danach geht es für Rehberger nach einem „Schnupperstudium" (vor allem mit den Landtagsabgeordneten Josef Ley, Heinrich Mann, Norbert Wagner und Peter Comperl) Schlag auf Schlag: Schon am 11. Januar 1984 wird der damals 45-Jährige als neuer Wirtschaftsminister vereidigt. Auf einem „Schleudersitz" für die „liberale Allzweckwaffe" und für den „Politfuchs mit Fingerspitzengefühl", wie Journalisten schreiben. Im Wirtschaftsministerium („Blauer Affe"), wo nach Klumpp, Hügel, Henn und Interims-Chefin Scheurlen mit Rehberger der fünfte „Hausherr" in 18 Monaten begrüßt wird, flachst man: „In diesem Jahr darf es aus haushaltsrechtlichen und gesundheitspolitischen Gründen keinen weiteren Wechsel mehr geben. Erstens schadet zu viel Wein, der bei solchen Anlässen kredenzt wird, der Leber. Und zweitens haben wir dafür kein Geld mehr."

Von Karlsruhe zum Homburg

Karlsruhe blieb zunächst für die Familie Rehberger Mittelpunkt, bis Mutter Christa und Vater Horst für einen Schulwechsel der Kinder Annette, Michael und Daniela fündig wurden und das Saarbrücker Rotenbühl-Gymnasium wählten. Der Minister bezog für die Arbeitswoche eine Übergangswohnung „Am Lulustein", die ihm Heinrich Mann besorgt hatte. Am 1. November war der Umzug nach Saarbrücken perfekt: „Ohmsteg 2" war die neue Anschrift, ein Haus mit 1.600 Quadratmetern Gelände auf dem Saarbrücker „Homburg", für den Hobby-Gärtner eine Herausforderung. Und die ursprüngliche Geheimnummer (0681) 39 99 88 ist heute im amtlichen Telefonbuch jedermann frei zugänglich.

Obwohl er die Verbindung von Saarstahl mit ARBED Luxemburg ohne Mitbestimmungsmöglichkeit des deutschen Steuerzahlers für einen fatalen Fehler hielt, setzte Oskar Lafontaine unterdessen auf einem SPD-Bundesparteitag durch, dass es direkte staatliche Zuschüsse zum Prozess der Restrukturierung geben durfte. Vorher konnten nur Bürgschaften gewährt werden. Erfolgreich hatte er Jahre zuvor gemeinsam mit Klumpp auch eine von der noch sozial-liberalen Bundesregierung geplante Mittelkürzung für den Ausbau der Saar zur Großschifffahrtsstraße Saar gestoppt und über die Fraktionschefs im Bundestag, Herbert Wehner und Wolfgang Mischnick, gekippt.

Dauer-Bittgänge nach Bonn

Für die angeschlagenen, noch nicht ausgezählten Regierungsparteien CDU und FDP kommt es derweil knüppeldick. Zwar gelingt es Zeyer, Rehberger und Zeitel, den immer wieder drohenden Zusammenbruch von Saarstahl durch ständige Bittgänge nach Bonn (jetzt zu Kanzler Helmut Kohl, Wirtschaftsminister Otto Graf Lambsdorff und Finanzminister Gerhard Stoltenberg) zu verhindern, wo in immer kürzeren Abständen Millionen Mark locker gemacht werden müssen. Der Ministerpräsident droht bei seinem Bundesvorsitzenden sogar mit seinem Rücktritt. Doch das Image der Landesregierung und der Koalition nimmt weiter Schaden. Bei der Kommunal- und Europawahl am 17. Juni 1984 holt Lafontaine in Saarbrücken satte 51 Prozent der Stimmen, sieht in diesem Ergebnis schon die „halbe Miete" für einen Regierungswechsel im Land.

Die FDP stabilisiert sich spürbar dank Rehberger, der im September auch den Parteivorsitz übernimmt. Wie Genscher und Klumpp warnt er kämpferisch vor einem „lebensgefährlichen Experiment mit fatalen Folgen für das Land und seine Menschen" am 10. März 1985. Doch die Angst vor einem „rot-grünen Chaos" verfängt nicht. Lafontaine setzt die Grünen schachmatt, indem er ihnen jede Regierungsfähigkeit abspricht. Die damals noch alternative Partei zeigt sich nur bereit, einen SPD-Ministerpräsidenten unter Umständen zu tolerieren, will aber selbst keine Minister stellen. Als der SPD-Chef dazu noch den einstigen Sprecher des Bundesverbandes Bürgerinitiativen Umweltschutz (BBU), Jo Leinen, in sein Schattenkabinett holt, ist die Bedeutungslosigkeit der Grünen am Wahlabend programmiert. Die Umfragen sagen ein Kopf-an-Kopf-Rennen voraus.

Frühstück am Ohmsteg

CDU und FDP haben längst erkannt, dass die Strategie gescheitert ist, auf die Luxemburger ARBED zu setzen. Sie setzen eine Kommission unter Vorsitz des anerkannten Experten und früheren Wirtschaftsministers Dr. Manfred Schäfer (CDU) ein, die Chancen zu einer Verzahnung der Stahlstandorte Völklingen und Dillingen ausloten soll. Derweil wildert Lafontaine in der konservativen Wählerklientel, indem er die Saarbrücker Hindenburgstraße vor dem Landtag in „Franz-Josef-Röder-Straße" umbenennt.

Rehberger macht sich derweil unter Saarländern bekannt. Im Ministerium, seit beinahe anderthalb Jahren fast führungslos, gibt es Arbeit in Hülle und Fülle. Neben Stahlindustrie und Kohlebergbau kümmert sich Rehberger vor allem um den Mittelstand. Die Förderinstrumente werden verbessert. Innovative Projekte haben Vorfahrt. Zum Beispiel in der auch an der Saar aufblühenden IT-Branche. Der Tourismus wird angekurbelt. Die überfällige Fusion zwischen den zerstrittenen Molkereien in Saarlouis und Saarbrücken, für die der saarländische Wirtschaftsminister als Landwirtschaftsminister ebenfalls verantwortlich ist, kommt in Nächte langen Sitzungen mit den Landwirten unter Dach und Fach. Rehberger ist quer durchs Saarland immer wieder unterwegs. Rastlos. Für die Abende lässt er eine Reihe von Besuchen in Familien organisieren. Pressewirksam. Bergleute, Stahlarbeiter, Förster, Postangestellte, Landwirte laden das Ehepaar Rehberger zum Essen ein. Heimische Kost. „Dibbelabbes" und anderes steht auf dem Tisch. Umgekehrt lädt der neue Wirtschaftsminister zum Frühstück zu sich nach Hause ein. Juristisch geht er gegen Verleumdungen lokaler SPD-Größen vor, er habe sich mit einem Job im Vorstand der Saarbergwerke schon für die Zeit nach dem 10. März abgesichert. Jetzt trudelt jedoch der Koalitionspartner, dessen Spitzenmann ein „Defizit an Gefühlen" zugeordnet wird. Da hilft auch keine Reise von Werner Zeyer zu Papst Johannes Paul II. mehr, der dem Ministerpräsidenten seinen Segen an alle Saarländer mit ins Gepäck gibt. Auch keine Kabinettsumbildung, die mehr Bürgernähe nach außen sichtbar dokumentieren soll. Vor allem durch die Berufung des populären Werner Scherer zum Innen- und Gemeindeminister und des „schwarzen Grünen" Dr. Berthold Budell zum Umweltminister. Doch der Verzweiflungsakt kommt zu spät.

Stunde der Wahrheit

Am Wahlabend sind die Prognosen der Experten überholt. So hat etwa Wolfgang G. Gibowski von der Forschungsgruppe Wahlen aus Mannheim ein offenes Rennen vorhergesagt, bei dem es „mit hoher Wahrscheinlichkeit" zu erheblichen Stimmenabgaben der SPD an die Grünen kommen werde, eine absolute Mehrheit von CDU oder SPD ausbleibe, die CDU sich aber stärker als die SPD erweisen werde. Pustekuchen, es kommt ganz anders. Nach der Auszählung hat die SPD 346.595 Stimmen erreicht (49,2 Prozent), 13.000 Wähler mehr als CDU (37,3 Prozent) und FDP (10,0 Prozent) zusammen. Die Konservativen erreichen ihr schlechtestes Ergebnis, die Liberalen ihre beste Quote seit 1960. Für Werner Zeyer steht die Konsequenz fest: Abschied aus der aktiven Landespolitik, Nichtannahme des Mandats.

Rehberger schreibt an den „sehr geehrten Herrn Ministerpräsidenten" und „lieben Herrn Zeyer" zwei Tage später (in noch alter Rechtschreibung): „Wer eine Wahlniederlage hinnehmen muß, steht alleine da. Umso mehr nötigt die Haltung, die Sie nach der Landtagswahl vom vergangenen Sonntag eingenommen haben, Respekt ab. Nach meiner Überzeugung hat bei dieser Landtagswahl wie schon so oft die Demagogie über die Redlichkeit gesiegt. Hoffentlich gibt es für die vielen Arbeitnehmer, insbesondere die Stahlarbeiter, die Opfer der Demagogie geworden sind, nicht schon in Kürze ein schlimmes Erwachen."

Bissig gegen „Oskar Superstar"

Für Horst Rehberger beginnt mit dem 10. März eine Umorientierung: Der Verwaltungsmann muss sich auf die parlamentarische Bühne einstellen. Mit seinen Landtags-Kollegen Heinrich Mann, Reiner Jost, Wilfried Heidenmann und Norbert Wagner. Fast selbstverständlich, dass der Wirtschaftsminister a. D. den Fraktionsvorsitz übernimmt. Und vom ersten Tag an auf eine bissige Opposition gegen „Oskar Superstar" drängt, der seinen Genossinnen und Genossen nicht nur bei der Bildung seiner ersten Minister-Riege unmissverständlich klar macht: „Hier läuft alles über Papa." Am 9. April wird Lafontaine ohne jeden Abweichler zum ersten Ministerpräsidenten aus SPD-Reihen in der Saar-Geschichte gewählt, eine in der Tat durchaus historische Zäsur.

Vor allem die CDU tut sich schwer, ihre neue Rolle in der Opposition anzunehmen. Werner Scherer lässt sich trotz ärztlicher Bedenken noch einmal in die Pflicht nehmen, übernimmt wieder den Parteivorsitz, auf den er acht Jahre zuvor aus Gesundheitsgründen verzichtet hat. Viele Christdemokraten sehen dabei den Machtwechsel an der Saar nur als lästigen Betriebsunfall, der bei der nächsten Wahl ausgebügelt werden kann. Scherer aber sagt lange Jahre in der Opposition voraus. Und es sollte ja auch bis 1999 dauern, dass die CDU wieder den Regierungschef stellt.

Zum ersten Rededuell der „besten Männer" von SPD und CDU, die sich persönlich nichts zu sagen haben und ein „Nichtverhältnis" pflegen, kommt es am 24. April 1985, als Lafontaine seine erste Regierungserklärung mit einem Spruch aus der Bibel beendet: „Wer seine Hand an den Pflug legt und blickt zurück, der ist nicht geschickt zum Reich Gottes." Werner Scherer kontert ebenfalls mit der Heiligen Schrift: „Sie sind wie Wolken, die vom Wind verweht werden und keinen Regen bringen." Das Schicksal verhindert, dass sich die beiden Führungsleute der Volksparteien in der Folge ein Dauerringen um den besseren Weg liefern können: In der Nacht des 27. Oktober 1985 stirbt Werner Scherer, der dienstälteste Abgeordnete des Landtages, an akutem Herzversagen in seiner Heimatstadt Neunkirchen. Die Nachricht erreicht am Morgen den SPD-Landesparteitag in Saarbrücken, wo Lafontaine zum ersten Mal in der Rolle des Ministerpräsidenten unter dem Motto „Die SPD in der Verantwortung für die Saar" spricht. Ihm bleibt es vorbehalten, dort den ersten Nachruf auf den Mann zu sprechen, dem man am ehesten zugetraut hätte, ihm das Wasser zu reichen.

Saarstahl aus den Schlagzeilen

Das Sorgenkind Stahlindustrie, das die Kräfte von Zeyer und Rehberger gebunden hat, kommt erneut in die Schlagzeilen. Lafontaine segnet genau das ab, was er im Wahlkampf für den Fall eines Wahlsieges von CDU und FDP als Schreckgespenst an die Wand gemalt hatte: Saarstahl muss Insolvenz anmelden. Dann kommt das Unternehmen in ruhigere Gewässer. Im Mai 1986 wird das Management von Dillingen und Völklingen miteinander verzahnt, der frühere Wirtschaftsminister Dr. Manfred Schäfer Treuhänder von Saarstahl. Die Sozialpläne werden abgeschmolzen, eine „Stahlstiftung Saar" als Auffangbecken für ausscheidende Arbeiter gegründet. 1989 schließt die Gründung einer Holding den Restrukturierungsprozess vorerst ab, der über 20.000 Arbeitsplätze kostet. Rehberger setzt dabei selbstbewusst einen neuen Akzent: Während es bisher guter Brauch ist, dass unvermeidliche Finanzhilfen für Kohle und Stahl im Landtag einvernehmlich abgenickt werden, enthält sich die FDP bei der letzten Finanzspritze von 120 Millionen Mark der Stimme als „Warnsignal" an die Adresse des Unternehmens und der neuen Landesregierung. Auch ein gemeinsames Saar-Memorandum scheitert erstmals, weil CDU und FDP den Weg der Gemeinsamkeit durch Lafontaines Provokationen gegenüber der konservativ-liberalen Bundesregierung von Helmut Kohl verlassen sehen.

„Kampf der Giganten"

Die größere Oppositionspartei macht in den ersten fünf Jahren der SPD-Regierung keinen Boden gut. Der neue CDU-Landesvorsitzende Peter Jacoby und der Chef der CDU-Landtagsfraktion, Günther Schwarz, zeigen sich trotz aller Bemühungen Lafontaine nicht gewachsen. Bissig hält vor allem Rehberger gegen den Kurs des „kleinen Napoleon" von der Saar, der auch als stellvertretender SPD-Bundesparteichef (seit 1987) zeigt, „wer schon jetzt Herr im Haus ist", wie das Magazin „Der Spiegel" schreibt. Auch wenn der Ministerpräsident im Interview mit der „Saarbrücker Zeitung" versichert hat, er werde 1990 „definitiv" nicht als Kanzlerkandidat der SPD zur Verfügung stehen, wächst die Erwartung, dass er dann gegen das Denkmal Helmut Kohl antritt. Die Union zieht Konsequenzen. Im Konrad-Adenauer-Haus wird mit Blick auf die Landtagswahl 1990 der Slogan geboren: „Stoppt Lafontaine an der Saar." Und ausfüllen soll diesen schwierigen Auftrag als CDU-Spitzenkandidat eine Allzweckwaffe, der Bundesumweltminister Professor Klaus Töpfer mit seinem saarländischen Hintergrund: Unter Ministerpräsident Röder hat er über Jahre als Planungschef in der Staatskanzlei gewirkt.

Die „neue F.D.P."

Rehberger erkennt die Gefahr, dass seine FDP zwischen Lafontaine und Töpfer („Kampf der Giganten") zerrieben werden kann. Als „heimlicher Oppositionsführer" führt er daher die schärfste Klinge gegen den Regierungschef, gegen Schul-Schließungen, gegen das Nichteinschreiten der Polizei bei einer Autobahn-Besetzung durch Bergleute („Rechtsbruch"), gegen die der Wiedervereinigung skeptisch bis ablehnend gegenüber stehenden Positionen Lafontaines im Vorfeld der deutschen Einheit, die über Nacht alles überlagert. Und bescheinigt dem SPD-Star zugleich, dass er „seinen Machiavelli besser gelesen hat als Marx und Engels". In dieser Zeit grenzt sich Rehberger, in FDP-Reihen nicht bei allen beliebt, aber unverzichtbar, auch deutlicher als vorher von der Politik der taktischen Spielchen seines Vorgängers Werner Klumpp ab, verkauft seine Partei wie schon im erfolgreichen Wahlkampf des Jahres 1985 selbstbewusst als die „neue F.D.P.". Aus SPD-Reihen werden ihm die Beinamen „Terrier" und „Giftzwerg" verliehen, die in den Ruf einmünden: „Zurück nach Karlsruhe!" Hans-Georg Wagner, damals noch parlamentarischer Geschäftsführer der SPD-Landtagsfraktion unter Reinhard Klimmt, begründet die Spitzen: „Der Rehberger, der hat auch die meisten Stacheln."

Der FDP-Chef lässt sich auf eine weitere Mutprobe ein: Bei der Kommunalwahl 1989 kandidiert er als liberaler Spitzenkandidat für den Saarbrücker Stadtrat, ärgert mit ständigen Nadelstichen Hans-Jürgen Koebnick, den Lafontaine-Nachfolger als Oberbürgermeister: „Halten Sie Hipos und Knöllchen für ein Verkehrskonzept?", fragt er etwa auf Großflächenplakaten den nicht unumstrittenen SPD-Rathaus-Chef. Der vereinten Stadt-Opposition gelingt es, was sich Rehberger auch für den Landtag erhofft: Die SPD verliert in ihrer Hochburg, in der Landesmetropole, in der Lafontaine 1984 noch 51,1 Prozent in die Scheunen eingefahren hatte, klar ihre absolute Mehrheit. Entscheidend trägt dazu die FDP bei. War sie 1984 unter Klumpp noch mit 4,9% an der 5%-Klausel gescheitert, erzielt sie mit Rehberger an der Spitze 9% der

Stimmen, das beste Stadt-Ergebnis seit Jahrzehnten. Die Generalprobe des FDP-Chefs für die bevorstehende Landtagswahl hat geklappt.

Im Sog der deutschen Einheit

Im Vorfeld der Landtagswahl am 28. Januar 1990 zieht Rehberger alle Register, hält Lafontaine vor, seine Staatskanzlei erinnere an „die Zustände am Hofe eines Duodezfürsten des 18. Jahrhunderts", nennt es zudem „starken Tobak", was der Ministerpräsident „in den letzten Jahren in der Deutschlandpolitik alles von sich gegeben hat". Die regierenden Sozialdemokraten spielen dagegen den „Oskar-Bonus" voll aus, sprechen das „Wir-Gefühl" der Saarländer an, setzen auf das Motto „Mir sinn widder wer." Und haben ungeahnten Erfolg mit dem selbstbewussten Hinweis, dass „Einer gegen alle" gewinnen will. Denn Lafontaine führt den Wahlkampf weitgehend ohne Hilfe von außen.

Am Wahlabend dann der Paukenschlag: Die SPD kommt auf bislang unerreichte 54,4 Prozent der Wähler-Stimmen. Die CDU verliert mit ihrem Star Klaus Töpfer noch einmal gegenüber 1985, landet bei mageren 33,4 Prozent. Die Liberalen schaffen es knapp mit 5,6 Prozent und nur noch drei Sitzen im neuen Landtag. Die Saarländer haben die Wahl zu einer Volksabstimmung über die Kanzlerkandidatur von Lafontaine gemacht, befindet damals Rehbergers Landesgeschäftsführer Axel Künkeler. Einen Tag nach dem Triumph des „Franz Josef Strauß der SPD" in seiner Heimat ruft Hans-Jochen Vogel als Noch-SPD-Bundesparteichef den Saarländer offiziell zum Herausforderer von Kohl bei der Bundestagswahl im Herbst 1990 aus.

Fingerhakeln unter Weggefährten

Für Horst Rehberger änderte sich wenig. Er übernahm wieder den Vorsitz der FDP-Landtagsfraktion, der neben ihm noch Norbert Wagner und Brunhilde Müller angehörten.

In diesen Monaten des Wunden-Leckens musste er aber erstmals auch eine parteiinterne Kontroverse öffentlich austragen: Mit seinem

Weggefährten Reiner Jost, dem Chef des Kreisverbandes Saarlouis. Unter dessen Verantwortung wäre die Einreichung der Bewerber-Unterlagen für die Landtagswahl 1990 auf Wahlkreisebene beinahe verschlafen worden. Erst in letzter Minute konnte das Fiasko vermieden werden, dass die FDP in einem Drittel des Landes nicht wählbar gewesen und mit Sicherheit an der Fünf-Prozent-Hürde gescheitert wäre. Der aufmerksame Wahlleiter in Saarlouis alarmierte Rehberger telefonisch zwei Stunden vor Toresschluss. Der FDP-Kreisverband hatte bis zu diesem Zeitpunkt keine Kandidatenliste eingereicht. Eine Schlamperei sondergleichen, wie Rehberger befand.

Jost konterte jedoch auf diese Pannen-Kritik mit dem Versuch eines Scherbengerichts über den Wahlkampf seines Landesvorsitzenden, stellte „Inhalt und Form unserer Koalitionsaussage" pro CDU in Frage, nannte es unglücklich, die Auseinandersetzung auf eine Person zu konzentrieren, „die zu Recht oder zu Unrecht über ein derart hohes Maß an Akzeptanz in der Gesamtbevölkerung verfügt". Oskar Lafontaine spaltete Rehberger und Jost, der den Sprung in den neuen Landtag nicht mehr geschafft hatte. Und erstmals führte die „offene Wunde Saarlouis" auch dazu, dass der selbstbewusste Kurs des Landesvorsitzenden FDP-intern in Frage gestellt wurde. Hans Kaltenbach, ein früherer Stellvertreter von Klumpp, verglich den Mann aus Karlsruhe öffentlich sogar „fast" mit einem Despoten.

In den folgenden Wochen und Monaten gerät die Landespolitik unter den Folgen der Maueröffnung und durch die Wegstrecken zur Deutschen Einheit völlig ins zweite Glied. Am 25. April rüttelt das Attentat von Köln auf Oskar Lafontaine auf. Spitzengenossen müssen ihn danach mit wahren Pilgerzügen nach Saarbrücken drängen, als Kanzler-Kandidat bei der Stange zu bleiben. Doch Helmut Schmidt sagt ihm ein Fiasko voraus: „Er hat die Niederlage auch verdient." Und als die SPD bei der ersten gesamtdeutschen Bundestagswahl nur auf 33,5 Prozent der Stimmen kommt, Helmut Kohl als „Kanzler der Einheit" eindrucksvoll siegt, schreibt Theo Sommer in der „Zeit" über Lafontaine: „Ein Buchhalter, der sich als Visionär verkaufte, ein Mann, der mit der Macht stets nur kokettierte, ein Politiker, der nicht im Geschirr gehen kann, geschweige denn im Joch. Er ist nicht das Opfer der Einheit geworden, sondern das Opfer seiner eigenen Lernunfähigkeit." Für Rehberger war das Scheitern Lafontaines eine große Genugtuung. Es wäre ja auch ein „Treppenwitz" der Geschichte gewesen, wenn ausgerechnet der „Deutschland-Skeptiker Lafontaine" erster Bundeskanzler des vereinten Deutschland geworden wäre. Auch Lafontaine hatte jetzt erfahren müssen, was der FDP-Chef erlebt hatte: Nach geglückter Generalprobe bei Rehberger die Saarbrücker Stadtratswahl, bei Lafontaine die saarländische Landtagswahl war die Hauptsache daneben gegangen. Erst Jahre später, im November 1995, kehrt Lafontaine mit einem mächtigen Paukenschlag auf Bundesebene wieder voll sichtbar in die erste Reihe zurück, als er Rudolf Scharping als Parteichef ablöst.

Abschied nach Magdeburg

Für Rehberger bleibt Saarbrücken nur wenige Monate noch Mittelpunkt, ehe er im November 1990 als Wirtschaftsminister nach Sachsen-Anhalt wechselt. Und damit der Landespartei aufzeigt, wie wichtig er für sie gewesen ist. Denn der Motor des liberalen Bootes an der Saar gerät ins Stottern. Die Nachfolger an der Parteispitze können nicht verhindern, dass die Liberalen 1994 und 1999 bei der Landtagswahl deutlich an der Fünf-Prozent-Hürde scheitern. Die Bundestagsabgeordnete Uta Würfel führt die FDP Saar als Rehberger-Nachfolgerin nur wenige Wochen, von November 1990 bis März 1991. Unter dem Juristen Dr. Harald Cronauer, in der Führung der Dillinger Hüttenwerke tätig und am Sturz seiner Vorgängerin nicht unbeteiligt, fällt die Partei am 16. Oktober 1994 auf das schlechteste Ergebnis aller Zeiten bei einer Landtagswahl zurück, auf 2,1 Prozent.

„Fiasko auch hausgemacht"

Nach diesem Fiasko meldet sich Rehberger, der sich weithin mit Kommentaren zu seiner alten Wirkungsstätte zurückhält, denn doch zu Wort. Er mahnt einen personellen und inhaltlichen Neubeginn an, nennt den Absturz auch „hausgemacht". Wer wie Cronauer mit einer Koalitionsaussage pro SPD an der Saar antreten wolle, während die FDP im Bund auf ein konservativ-liberales Bündnis setze, habe im „Desaster" enden müssen. Cronauer kontert genauso öffentlich: Wer wie Rehberger das Saarland aus Karrieregründen verlassen habe, solle besser keine Ratschläge erteilen.

Ende dieses Zwischenspiels: Cronauer übergibt im Dezember 1994 die Stafette des Vorsitzenden an Rechtsawalt Walter Teusch, der dann bis Januar 1998 im Amt ist. Bundesweite Wahrnehmung erfährt der heute als Sitzungspräsident von Parteitagen bewährte FDP-Mann, als ihm die Jungen Liberalen „Haider-Parolen" vorhalten, ein Vorgang, den das Wochenblatt „Die Zeit" sogar genüsslich aufgreift. Und lange nach der Jahrtausend-Wende findet er auch berufliche Beachtung als Anwalt und Verteidiger im Saarbrücker „Pascal-Prozess". Wie sein Anwaltskollege Michael Rehberger, Sohn von Horst Rehberger.

Zweiter Klumpp-Anlauf ohne Glück

Anfang 1998 lässt sich Werner Klumpp unter dem für die FDP verheerenden Vorzeichen der außerparlamentarischen Opposition noch einmal in die Pflicht nehmen, gewinnt klar gegen den chancenlosen Udo Konstroffer bei der Wahl des Vorsitzenden. Doch ohne jeden Erfolg für die Partei. Denn bei der nächsten Landtagswahl am 5. September 1999, bei der sich Peter Müller (CDU) gegen Amtsinhaber Reinhard Klimmt (SPD) als Ministerpräsident durchsetzt, scheitert die FDP erneut mit nur 2,6 Prozent. Grund genug für Klumpp, seinen Wiedereinstieg in die Landespolitik nach Abstinenz von 14 Jahren jäh zu beenden und Karl-Josef Jochem ans Ruder zu lassen.

Die Familie Rehberger hatte derweil den familiären Mittelpunkt in Saarbrücken nie aufgegeben. Zunächst, weil die Ausbildung der Kinder noch nicht abgeschlossen war. Anschließend wegen der „Gehälter-Affäre" in Sachsen-Anhalt, die zum Rücktritt des gesamten CDU/FDP-Kabinetts geführt hatte. Die Festlegung auf das Saarland überdauerte auch die Zeiten, als Rehberger neue Aufgaben in Zeitz und Bernburg sowie zuletzt von 2002 bis 2006 wieder als

Wirtschaftsminister von Sachsen-Anhalt übernahm. Von den Schatten des einstigen Vorwurfs, in den Jahren von 1990 bis 1992 zu Unrecht West-Gehalt bezogen zu haben, war er längst, ebenso wie sein Kollege Werner Schreiber (CDU) aus Saarbrücken, vom Oberverwaltungsgericht Magdeburg voll rehabilitiert worden.

„Ich bin gestorben"

Persönlich betroffen war Horst Rehberger von einer Nachricht aus dem Saarland, die ihn im November 1994 erreichte: Der Tod seines langjährigen Weggefährten Norbert Wagner ging ihm nahe. Der gelernte Lehrer, nach Rehberger Vorsitzender der FDP-Fraktion im Landtag, war mit der Kälte in der Politik nicht mehr zu Recht gekommen, hatte sich nach mehr Menschlichkeit gesehnt, dem Parlament und seiner Partei zuletzt den Rücken gekehrt. „Wenn Politik unerträglich wird, muss man sich von ihr befreien", sagte er einmal. Als Früh-Pensionär wartete er über ein halbes Jahr vergeblich auf ein Spenderherz. Und verfasste im Vorgriff auf sein Lebensende seine eigene Todesanzeige: „Ich bin gestorben", stand am 12./13. November in der SZ über seinem Namen. Für Horst Rehberger war es eine Ehrensache, den Nachruf auf den eigenwilligen Ex-Parteifreund zu sprechen.

Nach den Zwischenzeiten der FDP-Landeschefs Würfel, Cronauer, Teusch, Klumpp und Jochem sehen die Saar-Liberalen seit dem Amtsantritt von Dr. Christoph Hartmann (36) aus Homburg als FDP-Chef im Jahr 2002 wieder neue Ufer: Dabei hätte seine Vorsitzenden-Zeit schon vier Jahre früher beginnen können. Damals hat Klumpp mit seiner Kandidatur den Start des liberalen Hoffnungsträgers verhindert: Hartmann solle sich erst einmal bewähren, hieß es abwiegelnd aus dem Mund des Alt-Vorsitzenden. Für den „Mann von morgen" wurde eigens das neue Amt des Generalsekretärs geschaffen. Gerade erst Parteichef, führte Hartmann die FDP Saar mit 5,2 Prozent der Stimmen (drei Sitze) am 5. September 2004 in den Landtag zurück, wo er auch die Fraktion führt (CDU 47,5 %, SPD 30,8 %).

Hoffnungsträger Hartmann

Rehberger will als „Elder Statesman" den heutigen Doppelvorsitzenden nach Kräften im bevorstehenden Wahlkampf 2009 unterstützen, der auf ein CDU/FDP-Kabinett, auf eine CDU/SPD-Koalition oder ein rot-rot-grünes Regierungsbündnis hinauslaufen dürfte. Ob Ministerpräsident Peter Müller (CDU) den Freien Demokraten freilich den gleichen Spielraum zugesteht, wie einst Werner Zeyer dem FDP-Spitzenkandidaten Horst Rehberger das Werben um „Koalitionswähler" ermöglicht und damit „Mister Zehn Prozent" programmiert hat, gilt als offen. Der erfahrene FDP-Fuchs ist sich nur bei einer Prognose sicher: „Wenn am Wahltag eine linke Mehrheit möglich sein sollte, wird sie mit Macht durchgesetzt." Wie im Jahr 1985, als Horst Rehberger sich um konservativ-liberale Stimmen bemühte, ist Oskar Lafontaine wieder Gegenspieler und Herausforderer eines christdemokratischen Ministerpräsidenten. Diesmal allerdings nicht mehr als SPD-Spitzenkandidat, sondern auf dem Ticket der Partei, die sich „Die Linke" nennt. Das FDP-Ergebnis wird mit darüber entscheiden, welche Seite die Wählermehrheit gewinnt. Für Rehberger Grund genug, sich wenigstens beratend in den Kampf einzubringen. Für das Saarland steht, wieder einmal, viel auf dem Spiel. Und dieses Land wurde nun einmal für den Karlsruher Horst Rehberger zur zweiten Heimat.

Bundespräsident Richard von Weizsäcker anlässlich seines Antrittsbesuches im Gespräch mit Ministerpräsident Werner Zeyer und Wirtschaftsminister Horst Rehberger (1984)

Aufmerksam lässt sich der Wirtschaftsminister von einem Stahlarbeiter anlässlich eines Besuchs bei Saarstahl den Produktionsprozess erklären (1984).

Das saarländische FDP-Führungsteam mit dem FDP-Bundesvorsitzenden und Bundeswirtschaftsminister Dr. Martin Bangemann in einer Wahlkundgebung (von links): Sozialministerin Dr. Rosemarie Scheuerlen, Dr. Martin Bangemann, Wirtschaftsminister Dr. Horst Rehberger sowie die Stellvertretenden FDP-Landesvorsitzenden Prof. Dr. Paul Müller und Norbert Wagner MdL (März 1985)

145

Der Wirtschaftsminister nach einer Grubenfahrt bei Saarburg (1985)

Als FDP-Landesvorsitzender und Mitglied des FDP-Bundesvorstands ist Rehberger auch bei anderen Landesverbänden der FDP ein gern gesehener Gast. Hier ein Schnappschuss, der anlässlich der 40-Jahr-Feier der hessischen FDP entstand: Rehberger im Gespräch mit dem langjährigen Vorsitzenden der FDP-Bundestagsfraktion Wolfgang Mischnick, der Luxemburger Ministerin Colette Flesch und dem hessischen FDP-Landesvorsitzenden Dr. Wolfgang Gerhardt (25. Januar 1986)

Seit der Landtagswahl 1985 ist Rehberger nach Meinung der Presse der „heimliche Oppositionsführer" im Landtag. Mit Ministerpräsident Oskar Lafontaine (ganz rechts im Bild) kreuzt er häufig die Klingen (1989)

Im Sommer 1989 finden im Saarland Kommunalwahlen statt, im Januar 1990 folgt die Landtagswahl. Rehberger, inzwischen auch Spitzenkandidat bei der Stadtratswahl in Saarbrücken, zieht alle Register, um für die FDP hohe Ergebnisse zu erzielen. Die Unterstützung durch den FDP-Bundesvorsitzenden Dr. Otto Graf Lambsdorff auf dem FDP-Landesparteitag im April 1989 ist deshalb hochwillkommen.

FASZINATION SACHSEN-ANHALT

Von Volker Daur

Minister für Wirtschaft, Technologie und Verkehr

Im Land der Frühaufsteher

Magdeburg, die neue Hauptstadt von Sachsen-Anhalt. Ein eilig für Mitglieder der neuen Landesregierung hergerichtetes früheres Hotel für Bauarbeiter aus Polen. Zwei Zimmer, die gemeinsame Küche mit drei Waschbecken: links der Minister Rehberger, rechts sein Staatssekretär Bohn – Frühbesprechung des Wirtschaftsministeriums bei der Morgentoilette. Schon beim Rasieren geht es um Terminabsprachen, Fall- und Problembesprechungen und um die Richtung der neuen Wirtschaftspolitik. In der Mitte wird Geschirr gespült. Pioniere der Marktwirtschaft im „Land der Frühaufsteher". Abends, erinnert sich Horst Rehberger, heißt es: Anstehen an der Rezeption. In einer langen Warteschlange. Lauter „Wessis". Dort steht nämlich das einzige Telefon des Hotels. Telefonieren von Ost nach Ost ist schon schwierig. Ein Anruf im Westen aber ein Geduldspiel. Als es Staatssekretär Rudolf Bohn aus Saarbrücken reicht, legt er sich sein erstes „Handy" zu. Die schwere Siemens-Funktechnik wiegt etliche Kilo. Ende 1990 ist sie für 5.300 DM zu haben.

Von Saarbrücken nach Magdeburg

Wie kommt ein Politiker von Saarbrücken nach Magdeburg? Nach „der Wende" im Osten, mit der Wirtschafts- und Währungsunion, mit der deutschen Einheit am 3. Oktober 1990 und mit der Bildung der neuen Bundesländer war vorgezeichnet, dass die jungen Landesregierungen Spezialisten brauchten. Leute, die sich nach dem Beitritt zur Bundesrepublik Deutschland im übergestülpten Regelwerk West und im Umgang mit der für manchen im Osten bedrohlich wirkenden Marktwirtschaft auskannten. Für den Transformationsprozess von der zentralistischen Staatswirtschaft zur sozialen Marktwirtschaft gab es nicht mal in der Theorie Beispiele.

So kam wie schon beim Wechsel Rehbergers von Karlsruhe nach Saarbrücken wieder Bundesaußenminister Hans-Dietrich Genscher ins Spiel. Sachsen-Anhalts FDP war an den in Halle (Saale) geborenen Politiker herangetreten. Die erste Wahl zum Landtag von Sachsen-Anhalt hatte den Freien Demokraten 13,5 Prozent der Stimmen und die Regierungsbeteiligung beschert. Mit dem künftigen Koalitionspartner CDU war unter anderem das Ressort des Ministers für Wirtschaft, Technologie und Verkehr als FDP-Domäne ausgehandelt worden. Für den Minister-Posten, sagt Cornelia Pieper, die heutige FDP-Vorsitzende des Landes, habe Genscher den Fraktionsvorsitzenden der FDP im Landtag des Saarlandes, Horst Rehberger, empfohlen.

Eine Leidenschaft

Politik sei Rehbergers Leidenschaft. Er könne auf Menschen zugehen und mit Menschen umgehen, heißt es bei Parteifreunden. Ein umtriebiger Typ mit Durchsetzungsvermögen, der ein Land nach vorn bringen könne, meinen siebzehn Jahre danach selbst Politiker, die sich nicht unbedingt zu seinen Freunden zählen. Die Aufgabe in Magdeburg reizte den früheren Wirtschaftsminister des Saarlandes. Die Familie akzeptierte, doch waren die Kinder noch in der Ausbildung. So wurde Rehberger ab 1990 West-Ost-Pendler. Später wird er einmal sagen, es sei die aufregendste Zeit in seinem Berufsleben gewesen: „Solch eine faszinierende Umbruchsituation gibt es nur einmal in hundert oder zweihundert Jahren."

Zunächst flog er mit Genscher in den Osten. Der Außenminister war mit seinem britischen Kollegen auf dem Weg von Bonn nach Halle. Auch für Rehberger war in der Bundeswehrmaschine genügend Platz. Am Flughafen Leipzig wartete der Dienstwagen des Außenministers. Und brachte Rehberger nach Magdeburg. Zu Gerd Gies, dem CDU-Landesvorsitzenden und designierten Ministerpräsidenten. Es war eine freundschaftliche Unterhaltung. Man verstand sich. War guten Mutes und fest entschlossen, in Sachsen-Anhalt mit dem „Aufbau Ost" zu beginnen.

Am 2. November 1990 tagte der Landtag von Sachsen-Anhalt in der Pionierkaserne in Dessau. In der Landeshauptstadt Magdeburg stand ein geeigneter Raum noch nicht zur Verfügung. Wichtigster Tagesordnungspunkt: Wahl der Landesregierung. Gies wurde erster Ministerpräsident von Sachsen-Anhalt. Rehberger Minister für Wirtschaft, Technologie und Verkehr.

Ein nicht ganz unbekanntes Land

Als Rehberger im Oktober 1990 mit Hans Dietrich Genscher nach Leipzig flog, war dies nicht seine erste Reise nach Ostdeutschland. Schon als Pennäler hatte er versucht, eine Einreise-Erlaubnis der DDR für Mitteldeutschland zu bekommen. Ein Brief an Walter Ulbricht sollte helfen. Zusammen mit einem indischen Freund wolle er die Städte besuchen, in denen Luther, Bach und Goethe gelebt und gewirkt hatten. So schrieb er. Die Antwort aus dem Ostberliner Außenministerium war keine Überraschung. Der Inder könne ein Visum beantragen. Nicht aber ein Bürger der BRD. Solange die Regierung in Bonn an ihrer Politik der Spaltung Deutschlands festhalte, gebe es keine Einreise-Erlaubnis. Das war 1958. Ein Jahr später konnte der Student Host Rehberger dann doch schon ein wenig hinter den „Eisernen Vorhang" schauen. Der „Interzonen-Zug" von Frankfurt über Leipzig nach Berlin machte es möglich. Aussteigen war den Transit-Reisenden natürlich strengstens verboten. Nicht aber der Blick aus dem Fenster. Städte wie Erfurt, Weimar, Naumburg, Weißenfels, Leipzig und Dessau zogen vorbei. Und im Winter auch der Geruch der Braunkohle. In der DDR die Energiequelle Nummer eins für Industrie und Wohnung.

Mit der Entspannungspolitik der sozial-liberalen Koalition in Bonn wurde der „Eiserne Vorhang" löchrig. Seit vielen Jahren hatte Christa Rehberger Pakete an Familie Hoffmann in Wittenberg gesandt. Kaffee, Schokolade, Nylonstrümpfe. Im Gegenzug kamen Weihnachtsengel aus dem Erzgebirge und für den Ehemann DDR-Briefmarken. Im Sommer 1976 fassten sich die beiden Familien dann ein Herz. Frau Rehberger sei eine Kusine von Frau Hoffmann, erklärte man den DDR-Behörden. Das war glatt erfunden. Dennoch: Rehbergers bekamen die Einreise-Erlaubnis nach Wittenberg. Erlebten den DDR-Alltag. Die Fenster in dem schönen, aber seit Jahrzehnten nicht mehr renovierten Jugendstil-Gebäude, in dem Familie Hoffmann wohnte, durften zum Teil nicht mehr geöffnet werden. Sonst musste man damit rechnen, dass die Scheiben heraus fielen. Der Kitt war schon weg. Abends gab es „West-Fernsehen". Was denn sonst. Man bummelte gemeinsam durch die Stadt. Die Schlosskirche, der Marktplatz, die Luther-Eiche wurden besichtigt. Im nahen Wörlitzer Gartenreich fuhr man gemeinsam Boot. Ein Ausflug führte sogar nach Potsdam und Sanssouci. Auf der Hinreise hatten die Rehbergers schon dem Naumburger Dom eine Stippvisite abgestattet. Auf der Rückfahrt folgten Weimar und die Wartburg. Obwohl ihnen das gar nicht erlaubt war. Vielleicht war es ja die einzige Gelegenheit überhaupt in ihrem Leben, all dieses einmal zu sehen?!

Dreimal Erich Honecker

Heute wissen wir: Es kam anders. Erst in kleinen Schritten. Dann, mit dem Fall der Mauer, in Siebenmeilenstiefeln. Damit gerechnet hatte allerdings keiner. Schon gar nicht Erich Honecker. Angesichts der dramatisch wachsenden ökonomischen Probleme seines Landes hatte er eine vorsichtige Öffnung der DDR nach Westen eingeleitet. Anlässlich der Leipziger Messe im Frühjahr 1985 durfte sich das Saarland als Pionier betätigen. Erstmals präsentierte ein Bundesland einen Gemeinschaftsstand von Mittelständlern auf der größten Messe der DDR. Erich Honecker, gebürtiger Saarländer, und Oskar Lafontaine, Oberbürgermeister der Landeshauptstadt Saarbrücken und dem Osten schon damals immer viel näher als die meisten im Westen, hatten das eingefädelt. Am Tag der Messe-Eröffnung besuchte der Generalsekretär der SED mit der gesamten Führungsspitze der DDR, insbesondere Ministerpräsident Willi Stoph und dem für Wirtschaftsfragen zuständigen ZK-Mitglied Günter Mittag, den Gemeinschaftsstand des Saarlandes. Dort warteten Ministerpräsident Werner Zeyer, sein Wirtschaftsminister Rehberger und zahlreiche Repräsentanten der saarländischen Wirtschaft. Rund eine halbe Stunde unterhielt man sich über eine Verbesserung der Wirtschafts- und Handelsbeziehungen zwischen Deutschland West und Deutschland Ost. Als man sich verabschiedete, bemerkte Rehberger zu Honecker, dass er jetzt noch mit dem PKW zurück ins Saarland müsse. Dann solle er seinen Fahrer kräftig aufs Gas treten lassen, meinte Honecker. Trotz der vielen Geschwindigkeitsbegrenzungen auf der Autobahn, fragte Rehberger leicht verunsichert. „Trotzdem", war die Antwort. Der Chauffeur ließ sich dies nicht zweimal sagen. Und wurde prompt in Höhe Naumburg auf der Autobahn von der Volkspolizei gestoppt. Dass sich die Insassen des PKW auf eine Sondergenehmigung des SED-Generalsekretärs Honecker beriefen, war den Polizisten wohl noch nie widerfahren. Eine Rückfrage in Honeckers Büro sollte Klarheit bringen. Nach zehn Minuten kamen die Ordnungshüter zurück. Äußerst freundlich. Das Auto durfte weiterfahren.

Ein zweites Mal traf Rehberger im September 1987 im saarländischen Dillingen auf Honecker. Der SED-Generalsekretär war zu seinem ersten Staatsbesuch in die Bundesrepublik gekommen. Nach Bonn stand das Saarland auf dem Programm. Im Gästehaus der Dillinger Hütte gab Ministerpräsident Lafontaine für seinen Gast einen Empfang. Auch Rehberger nahm daran teil. Böse Zungen behaupteten, das Gästehaus in Dillingen sei gewählt worden, weil das Areal mit einer hohen Mauer umgeben sei. Der Gast aus Ostberlin fühle sich dort besonders wohl.

Ein drittes Mal begegnete Rehberger dem SED-Generalsekretär im Juni 1988 in Ostberlin. Die DDR hatte zu einer großen Konferenz gegen Atombewaffnung eingeladen. Auch die politischen Parteien der Bundesrepublik erhielten eine Einladung. SPD und FDP sagten zu. Die Liberalen wurden durch den stellvertretenden Bundesvorsitzenden Uwe Ronneburger, den (West-)Berliner FDP-Landesvorsitzenden Walter Rasch und den saarländischen Landesvorsitzenden Horst Rehberger repräsentiert. Nach der Konferenz im Palast der Republik lud Honecker zu einem Empfang in das frisch renovierte Konzerthaus am Gendarmen-Markt ein. Beim Small-Talk mit Rehberger interessierte Honecker vor allem eines: wie es dem Saarland gehe. Politisch hatte man sich so gut wie nichts zu sagen. Und niemand ahnte, dass die SED-Diktatur schon im folgenden Jahr zusammenbrechen würde. Erst recht konnte Rehberger nicht ahnen, dass er stark zwei Jahre später in einem wiedervereinigten Deutschland Wirtschaftsminister von Sachsen-Anhalt werden würde.

Ringelblumen aus Quedlinburg

Nach dem privaten Besuch seiner Familie 1976 in Wittenberg reiste Rehberger noch einmal ganz offiziell in jenes Land, das ihm nach der Wende zur zweiten Heimat werden sollte. Oder zumindest in den östlichen Zipfel des späteren Sachsen-Anhalt. Nach Jessen. Honecker und Lafontaine, seit 1985 saarländischer Ministerpräsident, hatten 1987 abgesprochen, ein Zeichen innerdeutscher Entspannungspolitik zu setzen. Der Landtag des Saarlandes und der Rat des Bezirkes Cottbus sollten Delegationen austauschen und auf diese Weise miteinander auf regionaler Ebene ins Gespräch kommen. Anfang Oktober 1987 reiste Landtagspräsident Albrecht Herold (SPD) mit den Vorsitzenden der drei Fraktionen des saarländischen Landtags, Reinhard Klimmt (SPD), Günter Schwarz (CDU und Horst Rehberger (FDP) zu einem mehrtägigen Besuch in den Bezirk Cottbus. Auf dem Programm stand auch eine Landwirtschaftliche Produktionsgenossenschaft im Kreis Jessen, dessen Bürger sich wenige Jahre später, anlässlich der Bildung der neuen Bundesländer, in einer Volksabstimmung für einen Anschluss an das Land Sachsen-Anhalt entscheiden sollten. Als Gastgeschenk erhielten die Saarländer eine Sammlung von Blumensamen. Aus Quedlinburg. Seit den Zeiten Kaiser Wilhelms die Hochburg der deutschen Pflanzenzucht. Dem Hobby-Gärtner Rehberger gefiel das Geschenk sehr. Im Sommer 1988 blühten in seinem Saarbrücker Hausgarten Kapuzinerkresse, Sommerastern und Ringelblumen. Aus Quedlinburg.

Sachsen-Anhalt, ein Kernland Deutschlands

Nur drei Flächenländer des wiedervereinigten Deutschlands liegen „mitten in Deutschland", haben keine Außengrenzen: Hessen, Thüringen und Sachsen-Anhalt. Das „Bindestrich-Land" Sachsen-Anhalt ist landschaftlich reich gegliedert. Die Altmark im Norden ist Teil der norddeutschen Tiefebene. Der mittlere Teil des Landes wird durch die fruchtbare Magdeburger Börde und den östlichen Harz geprägt. Der Süden ist Teil des Harzvorlandes und der Leipziger Tieflandbucht. Elbe, Saale und Unstrut durchqueren das Land. Sachsen-

Anhalt ist aber auch ein Kernland deutscher Geschichte. Unter den Ottonen war es Zentrum des Heiligen Römischen Reiches Deutscher Nation. Stolz nennt sich heute die 1200 Jahre alte Landeshauptstadt Magdeburg „Die Stadt Ottos des Großen". Sachsen-Anhalt ist aber auch das Land Martin Luthers, das Land der Reformation. Nach dem 30-jährigen Krieg, der zur völligen Zerstörung Magdeburgs geführt hatte, erlebte die Stadt unter ihrem Bürgermeister Otto von Guericke, einem genialen Naturwissenschaftler, eine neue Blüte. Zwei Söhne des Landes haben sich im 19. und 20. Jahrhundert große Verdienste um die deutsche Einheit erworben: Otto von Bismarck, ohne den es 1871 nicht die Gründung des Deutschen Reiches gegeben hätte. Und Hans Dietrich Genscher, einer der Architekten der deutschen Wiedervereinigung im Jahre 1990. Halle an der Saale, die größte Stadt des Landes, ist Sitz einer der ältesten Universitäten Deutschlands, der Martin-Luther-Universität Halle-Wittenberg, und der Deutschen Akademie der Naturforscher „Leopoldina", heute die nationale Akademie der Wissenschaften der Bundesrepublik Deutschland. Musiker wie Georg Friedrich Händel, Georg Philipp Telemann und Heinrich Schütz waren Söhne des Landes. Johann Sebastian Bach komponierte seine Brandenburgischen Konzerte am Köthener Hof. In Dessau errichtete Walter Gropius mit Gleichgesinnten das weltberühmte Bauhaus. Der Bergbau – Kupferschiefer, Kali, Salz, Braunkohle – hat die Wirtschaftsgeschichte dieses mitteldeutschen Raumes geprägt. Die darauf aufbauende chemische Industrie, der Schwermaschinen- und Anlagenbau, vor allem aber auch die Lebensmittelindustrie waren und sind die wichtigsten Säulen des verarbeitenden Gewerbes des Landes. Stärker als die anderen neuen Bundesländer war Sachsen-Anhalt deshalb in den Zeiten der DDR – damals in Gestalt der Bezirke Magdeburg und Halle – durch riesige Kombinate geprägt. Eine schwere Hypothek für den wirtschaftlichen Neuanfang!

Land ohne „Wir-Gefühl"

Eine weitere Hypothek erschwerte den Neuanfang. Im Gegensatz zu den anderen ostdeutschen Ländern hatte Sachsen-Anhalt als Bundesland keine lange Tradition. Nach dem Zweiten Weltkrieg und dem Untergang Preußens war es aus der früheren Provinz Sachsen, der eigentlich zu Brandenburg gehörenden Altmark und dem ehemaligen Freistaat Anhalt zusammengefügt worden. Kaum fünf Jahre danach hatte es die SED dann aber schon wieder in die Bezirke Halle und Magdeburg aufgeteilt. Ein Landesbewusstsein seiner Bürgerinnen und Bürger, ein „Wir-Gefühl", gab es deshalb nicht. Nach den Erfahrungen mit anderen Neuschöpfungen von Bundesländern nach dem Zweiten Weltkrieg würden Jahrzehnte vergehen, bis sich ein richtiges Landesbewusstsein entwickelt haben würde. Freilich war auch in diesem Falle Voraussetzung, dass sich das neue Bundesland im Kreise der anderen Bundesländer als Erfolgsmodell vorzeigen lassen würde. Der Erfolgsdruck für das Land und seine neue Regierung war also besonders groß. Nicht zuletzt für den Wirtschaftsminister.

Ein Ministerium entsteht

Nach seiner Ernennung zum Wirtschaftsminister bezog Rehberger wie andere Minister ein Zimmer im Gebäude der ehemaligen Bezirksverwaltung Magdeburg. Er hatte Zimmer 245. Wegen des lang anhaltenden Streits zwischen Halle und Magdeburg um die Hauptstadtfrage gab es für die Regierung zunächst nur ungenügend Büroraum. Allerdings hielt sich der Bedarf zunächst in engen Grenzen. Am Anfang war der Minister auch das Ministerium. Eine Sekretärin gab es zwar. Aber nur ausgeliehen. Das war schon alles. Eine erste Verstärkung kam mit der Berufung der Staatssekretäre. Rehberger hatte für diese Aufgabe Rudolf Bohn gewonnen. Bohn war damals als Geschäftsführer und Mitgesellschafter des Glaskontors Saar mittelständischer Unternehmer in Saarbrücken. Durch seine Tätigkeit als Präsident des Bundesverbandes Flachglas und als Schatzmeister der FDP im Saarland brachte er umfangreiche berufs- und parteipolitische Erfahrungen mit. Ein idealer Mitstreiter für Rehberger, der sich einen Unternehmer und Praktiker an seiner Seite gewünscht hatte. Wie sein Minister ging auch Bohn mit Feuereifer ans Werk. Improvisation war in dieser Stunde null groß geschrieben. Als im Spätjahr 1990 die Wirtschaftsförderungsgesellschaft gegründet werden musste, die notwendige Hälfte des Stammkapitals von 25.000 DM aber noch nicht zur Verfügung stand, stellte Bohn diesen Betrag vorübergehend aus eigener Tasche bereit. Die damals akute Gefahr, dass von privater Seite der Name „Wirtschaftsförderungsgesellschaft Sachsen-Anhalt" (WISA) belegt werden würde, war gebannt.

Angesichts der Größe und des politischen Gewichts des Ministeriums für Wirtschaft, Technologie und Verkehr hatte sich die CDU ausbedungen, ebenfalls einen Staatssekretär zu stellen. Dr. Konrad Schwaiger, ein Europapolitiker der CDU aus Nordbaden, vervollständigte deshalb die Führungsspitze.

Wie die Organisationsstruktur des Ministeriums in etwa auszusehen hatte, wusste Rehberger aus seiner Tätigkeit als saarländischer Wirtschaftsminister. Außerdem gab es auch in den anderen westdeutschen Bundesländern genügend praktische Beispiele für eine effiziente Struktur des Ministeriums und der ihm zugeordneten Ämter. Das Konzept war deshalb rasch erstellt. Die entscheidende Frage jedoch war, woher die Mitarbeiterinnen und Mitarbeiter des neuen Ministeriums kommen sollten. In den Bezirksverwaltungen der ehemaligen DDR in Magdeburg und Halle gab es mehr als genug Beschäftigte, die an einer Stelle im Ministerium interessiert waren. Mit der Marktwirtschaft und der dem Osten übergestülpten Rechtsordnung der Bundesrepublik hatten sie aber in der kurzen Zeit seit der Wende kaum Erfahrungen machen können. Trotz mehr als 6.000 Bewerbungen, in der großen Mehrheit aus Ostdeutschland, war man vor allem bei den Abteilungs- und Referatsleitern deshalb zwangsläufig auf Fachkräfte aus dem Westen angewiesen. Das „Buschgeld" – kräftige Zuschläge zum Gehalt der aus dem Westen zugewanderten Mitarbeiter – erleichterte die Akquisition.

Die „Graue Effizienz" und weitere Mitstreiter

Die Besetzung der sechs Abteilungsleiterstellen hatte für Rehberger höchste Priorität. Ohne ein handlungsfähiges Ministerium ging nichts. Für die Abteilungsleiterstellen wurden vor allem Verwaltungsjuristen und Volkswirte gesucht. Und gefunden. Binnen weniger Wochen hatte Rehberger seine Abteilungsleiter-Runde zusammen: drei kamen aus Baden, zwei aus dem Saarland, einer – dies freute den Minister ganz besonders – aus Sachsen-Anhalt.

Bereits in den ersten Dezember-Tagen 1990 kam Manfred Maas. Der Jurist mit volkswirtschaftlichem Sachverstand und liberalem Parteibuch war Dozent an der Fachhochschule für Verwaltungsrecht des Saarlandes. Ein vorzüglicher Fachmann für die Personalwirtschaft, den Haushalt und juristische Fragen. Seine Kompetenz wurde sehr bald Partei übergreifend anerkannt. Maas über einen erfolgreichen Spitzenbeamten: Neben Sachverstand brauche der eine gehörige Portion Instinkt und Mut zu Fehlern. Respektvoll nannten ihn viele die „Graue Effizienz". Einer der sozialdemokratischen Amtsnachfolger Rehbergers machte ihn etwa zehn Jahre später sogar zum Staatssekretär.

Ebenfalls aus dem Saarland kam Axel Künkeler. Im Saarbrücker Wirtschaftsministerium war er in der Zeit des Ministers Rehberger Pressesprecher gewesen. Als die FDP Saar 1985 dann in die Opposition musste, übernahm Künkeler auf Bitte des FDP-Landesvorsitzenden Rehberger die Aufgabe des FDP-Landesgeschäftsführers. Im Magdeburger Wirtschaftsministerium übernahm er die Abteilung „Mittelstand, Tourismus, Handel". In einem Land, in dem sich das Rückgrat jeder leistungsfähigen Volkswirtschaft, der Mittelstand, vom Freiberufler mit Sekretärin bis zum produzierenden Betrieb mit mehreren hundert Beschäftigten erst entwickeln musste, eine reizvolle Aufgabe! Ebenso wie Maas schlug Künkeler auch familiär im neuen Bundesland Wurzeln.

Der einzige „waschechte" Sachsen-Anhalter in der Abteilungsleiter-Runde war in dieser Startphase Dr. Theo Lühr. Der liberal denkende Hallenser kam aus der Wirtschaftswissenschaftlichen Fakultät der Martin-Luther-Universität Halle-Wittenberg. Er hatte nach der Wende den Marxismus-Leninismus endgültig zu den Akten gelegt. Marktwirtschaftliche Grundsätze, Strukturpolitik und in diesem Zusammenhang die Privatisierung der DDR-Kombinate durch die Berliner Treuhandanstalt und die damit Hand in Hand erfolgende Ansiedlung neuer Betriebe waren Gegenstand seiner Abteilung „Wirtschaftspolitik".

Ein Jurist aus Weinheim an der Bergstraße leitete die Abteilung „Wirtschaftsordnung": Dr. Hans Freudenberg entstammte einer bekannten, nordbadischen Unternehmerfamilie. Die große Aufgabe in Ostdeutschland faszinierte ihn so sehr, dass er seine Tätigkeit als

Rechtsanwalt aufgab und sich im neuen Magdeburger Wirtschaftsministerium um das Wirtschafts- und Gewerberecht, die Kammern,
das Kartellwesen, die Energiepreisaufsicht und viele weitere Aufgaben kümmerte. Nachdem die PDS-abhängige Minderheitsregierung
Höppner ins Amt gekommen war, zog es ihn zurück nach Baden-
Württemberg. Dort zog er als FDP-Abgeordneter in den Landtag
ein. Später übernahm er die Leitung der Vertretung des Landes Baden-Württemberg in Berlin.

Nicht weit von Weinheim entfernt, in Heidelberg, war Dr. Wolf-
ram Hahn zu Hause. Auch er stellte sich der Herausforderung, die
gerade in der Startphase der neuen Bundesländer riesengroß war.
Der Christdemokrat kümmerte sich mit Engagement um die Tech-
nologiepolitik, um Forschung und Entwicklung, aber auch um den in
Sachsen-Anhalt besonders wichtigen Bergbau sowie alle Fragen der
Energiepolitik. Nach dem Regierungswechsel in Magdeburg zu Rot-
Rot-Grün ging er als Professor an die private, staatlich anerkannte
SRH Hochschule Heidelberg. Und wurde deren Rektor.

Aus der ehemaligen badischen Landeshauptstadt Karlsruhe kam
Dr. Rolf Heydlauf nach Magdeburg. Im Regierungspräsidium Nordbaden hatte er sich um das Verkehrs- und Straßenwesen gekümmert.
Genau diese Aufgabe, allerdings in einer ganz anderen Dimension,
wartete auf ihn in Sachsen-Anhalt. Nach 40 Jahren DDR befand sich
die Verkehrsinfrastruktur in einem katastrophalen Zustand. Dem
sprunghaft wachsenden Kraftfahrzeugverkehr waren die noch aus
den dreißiger Jahren stammenden Autobahnen genauso wenig gewachsen wie die holprigen, meistens völlig verschlissenen Bundes-,
Landes-, Kreis- und Ortsstraßen. Zusammen mit dem Landesstra-
ßenbauamt, dessen Bauingenieure begeistert waren, endlich Straßen
bauen zu können, bekam er die Aufgabe seines Lebens. Sie hat ihn
bis zu seiner Pensionierung nicht mehr losgelassen.

Umzug in die alte Stasi-Zentrale

Wer heute durch ostdeutsche Städte fährt, stellt fest: Moderne
Büroräume gibt es in Hülle und Fülle. Nicht wenige stehen leer. Ganz
anders in den ersten Jahren nach der Wende. Büroräume waren Man-

gelware. Gerade auch in der Landeshauptstadt Magdeburg. Da traf es sich gut, dass mit der Wende eine bis dahin sehr große Behörde überflüssig geworden war: Der Staatssicherheitsdienst, kurz „Stasi" genannt. Am Stadtrand von Magdeburg lag ein dreiteiliger Bürokomplex, die alte Stasi-Zentrale. Die Straße, die das Areal erschloss, war namenlos. Eines der drei Gebäude reichte, um bis auf weiteres das Wirtschaftsministerium sowie das Arbeits- und Sozialministerium aufzunehmen. Das Notwendigste wurde repariert und den neuen Bedürfnissen angepasst: Technisch hoch moderne Arbeitsplätze entstanden in dem billigen Plattenbau. Der düstere Eingangsbereich, in dem die mit kleinen Sehschlitzen versehenen Holztüren dem Besucher signalisierten, dass er ab jetzt nur noch Objekt staatlicher Willkür war, wurde mit Glas hell und einladend gestaltet. In den für Verhöre ausgebauten Kellerräumen war jetzt nur noch Platz für Akten.

Ganze 30 Mitarbeiterinnen und Mitarbeiter waren es, die Anfang 1991 in das Wirtschaftsministerium einzogen, das jetzt am Wilhelm-Höpfner-Ring lag. Nach zwei weiteren Jahren arbeiteten im Ministerium rund 230 Beschäftigte. Etwa Zweidrittel davon kamen aus Ostdeutschland. Den allermeisten seiner damaligen Mitarbeiterinnen und Mitarbeiter stellt Rehberger im Rückblick gute und sehr gute Zeugnisse aus. „Die Leute waren durchweg motiviert und lernten rasch dazu."

Reibungslos verlief der Aufbauprozess freilich nicht. Nicht nur mental gab es zwischen den „Ossis" und den „Wessis" Unterschiede. Gravierend waren die unterschiedlichen Gehälter. Während die aus den alten Bundesländern kommenden Beamten und Angestellten zu ihren „Westgehältern" noch eine saftige „Buschzulage" erhielten, gab es für die Mitarbeiter aus den neuen Bundesländern gerade einmal 70% der „Westgehälter". Es sollte über zwei Jahrzehnte dauern, bis die Ostgehälter die Höhe der Westgehälter erreichen würden. Nachwirkungen von 40 Jahren deutscher Teilung!

Nachwirkungen hatte auch die Stasi. Im Millionenheer der „Informellen Mitarbeiter", kurz „IM" genannt, war der öffentliche Dienst stark vertreten gewesen. Zwar hatten die in den Ministerien eingestellten Beschäftigten bei ihrer Anstellung eine Erklärung unterschrieben, dass sie mit der Stasi nichts zu tun gehabt hatten. Nicht wenige vertrauten aber darauf, dass ihre Tätigkeit als „IM" nicht herauskommen würde. Doch dann kam die Gauck-Behörde. So mancher, der erst seit wenigen Monaten im Ministerium gearbeitet hatte, wurde „enttarnt". Die Entlassung folgte auf dem Fuß. Für beide Seiten eine höchst unangenehme Sache!

Stasi und Landesregierung

Nicht nur „kleine Leute" wurden als „IM" enttarnt. In Sachsen-Anhalts erster Landesregierung waren es gleich drei Minister, die früher zeitweise als „IM" für die Stasi gearbeitet hatten. Bevor dies an den Tag kam, stürzte aber Sachsen-Anhalts erster Ministerpräsident Gerd Gies über eine Affäre, in der die Stasi ebenfalls eine zentrale Rolle spielte. Aus seiner eigenen Partei, der CDU, wurde ihm vorgeworfen, er habe sich sein Landtagsmandat dadurch verschafft, dass er gewählte CDU-Landtagsabgeordnete mit Stasi-Vorwürfen zum Verzicht auf ihr Landtagsmandat gezwungen („erpresst") und dadurch sein Nachrücken über die Landesliste der CDU herbeigeführt habe. Am 4. Juli 1991 trat er zurück. Nachfolger wurde Prof. Dr. Werner Münch, Politikwissenschaftler aus Niedersachsen. Er hatte dem Kabinett Gies als Finanzminister angehört. Münchs Nachfolger im Finanzministerium war Prof. Dr. Wolfgang Böhmer. Im Jahr 2002, nach dem Wahlsieg von CDU und FDP, sollte er fünfter Ministerpräsident von Sachsen-Anhalt werden.

Mit dem neuen Regierungschef Münch waren die Stasi bedingten Turbulenzen in der Regierung von Sachsen-Anhalt aber keineswegs beendet. Zwar war bei der Neubildung der Landesregierung auch der bisherige Innenminister Wolfgang Braun (CDU) aus dem Kabinett ausgeschieden, dem bald danach Verbindungen zur Stasi vorgeworfen wurden. Zwei Minister, die in der Regierung verblieben waren, wurden aber wenige Wochen nach der Neubildung des Kabinetts als frühere „IM" enttarnt: Der stellvertretende Ministerpräsident und Minister für Bundes- und Europa-Angelegenheiten, Prof. Dr. Gerd Brunner (FDP) und der Landwirtschaftsminister Otto Mintus (CDU). Bei Brunner lagen die Kontakte zur Stasi in seiner Studentenzeit, also mehrere Jahrzehnte zurück. Außerdem war niemand zu Schaden gekommen. Dennoch gab es für beide Minister nur den Rücktritt.

Brunner war bis zum 20. April 1991 auch Landesvorsitzender der FDP in Sachsen-Anhalt gewesen. Da er wie die anderen maßgeblichen Köpfe des Landesverbandes durch seine Aufgaben in der Landeshauptstadt sehr in Anspruch genommen war, verzichtete er auf eine erneute Kandidatur. So wurde der Querfurter Bürgermeister Peter Kunert zum neuen FDP-Landesvorsitzenden gekürt. Ihn als Minister in die Regierungsverantwortung zu nehmen, war zu diesem Zeitpunkt noch nicht möglich. Nach dem Rücktritt Brunners vom Ministeramt am 9. August 1991 bestand jedoch die einmalige Chance, Kunert in die Regierungsarbeit einzubinden. Doch Brunners agiler Staatssekretär Hans-Jürgen Kaesler nutzte geschickt die innerparteiliche Konfusion nach Brunners Rücktritt für sich aus. In einer Ende August 1991 urlaubsbedingt nur von einem Teil der Mitglieder besuchten Sitzung der Landtagsfraktion ließ er sich zum Nachfolger des Ministers Brunner vorschlagen. Der Strippenzieher, der schon vor der Gründung Sachsen-Anhalts aus dem Bonner Kanzleramt nach Magdeburg entsandt worden war, um beim Aufbau des neuen Bundeslandes zu helfen, krönte damit seine Karriere. Und stürzte, wie sich später zeigen sollte, den FDP-Landesverband in eine katastrophale Krise. Die Führung der liberalen Partei fand immer weniger zusammen. Auf der einen Seite stand der Landesvorstand mit Peter Kunert an der Spitze. Der nahm zwar als Gast an den Sitzungen der FDP-Landtagsfraktion teil, zu melden hatte er aber wenig. Auf der anderen Seite stand die selbstbewusste FDP-Landtagsfraktion mit ihrem eigenwilligen Vorsitzenden Prof. Dr. Hans-Herbert Haase. Das Desaster bei der Landtagswahl des Jahres 1994 war vorgezeichnet.

Die Hinterlassenschaft der DDR

Rehberger hatte bei diesen dramatischen Vorgängen in der Landesregierung und der FDP von Sachsen-Anhalt eher die Rolle eines besorgten Beobachters. Denn sein ganzer Ehrgeiz galt der raschen und erfolgreichen Bewältigung seiner Aufgaben als Wirtschaftsminister. Probleme gab es ja in Hülle und Fülle. Die wirtschaftliche Ausgangslage in den ostdeutschen Bundesländern, insbesondere aber in dem von Großkombinaten geprägten Sachsen-Anhalt, war verheerend.

Der Zustand der Wirtschaft war weit schlimmer, als nach den vorherigen Darstellungen der DDR-Führung zu erwarten gewesen war. Eine Studie von Wissenschaftlern der Martin-Luther-Universität Halle-Wittenberg aus dem Jahre 1990 zeigte exemplarisch an Hand von Zahlen des Vorwende-Jahres 1988 das ganze Ausmaß des Verschleißes der Infrastruktur und der Industrie im Süden des neuen Bundeslandes auf. Spitzenreiter beim Verschleiß waren das Post- und Fernmeldewesen mit 61% und das Verkehrswesen mit 59%. Nimmt man nur die Ausrüstungen, war die Lage noch katastrophaler: 71% Verschleiß im Verkehrssektor,. 70% beim Post- und Fernmeldewesen.

Nicht viel besser waren die Verschleißgrade in den Industriebetrieben. Die chemische Industrie, immerhin der größte Industriekomplex der DDR, wies im Bereich der Grundmittel einen Verschleißgrad von 50%, bei den Ausrüstungen sogar einen von 58% auf. Kein Wunder war es da, dass nach einer anderen Untersuchung (Siebke1990) mehr als 17% aller Industriebeschäftigten der DDR ausschließlich mit der Instandhaltung überalterter Ausrüstungen beschäftigt waren. Nahezu 300.000 Arbeitskräfte, deren Zahl rasant weiter anstieg!

Als „völlig unterentwickelt", sowohl im internationalen Vergleich als auch im Hinblick auf den Beitrag zur regionalen Wirtschaftsleistung, bewerteten die Wissenschaftler aus Halle den Dienstleistungssektor. Zugleich stellten sie gravierende Mängel bei der touristischen Infrastruktur fest. Hygienische Bedingungen, Versorgung, Transport und Dienstleistung seien äußerst mangelhaft. Was Rehberger imponierte: Die betreffenden Wissenschaftler redeten nicht nur über den notwendigen Strukturwandel. Sie handelten, gründeten 1991 in Halle das Institut für Strukturpolitik und Wirtschaftsförderung (isw). Mit einer zweijährigen Anschubfinanzierung durch das Wirtschaftsministerium gelang der Start. Inzwischen beschäftigt das Institut rund 70 Mitarbeiter – mit Aufträgen aus dem In- und Ausland.

Ein persönlicher Erfolg Rehbergers: das Institut für Wirtschaftsforschung Halle (IWH). Schlagzeilen machte die Ansiedlung eines anderen wirtschaftswissenschaftlichen Instituts in Halle. Im Herbst 1990 hatte die Bundesregierung die Schaffung eines hochkarätigen Instituts für empirische Wirtschaftsforschung in den neuen Bundesländern beschlossen. Es sollte als sechstes wirtschaftswissenschaftliches Institut von überregionaler Bedeutung und gesamtstaatlichem Interesse (Institut der so genannten „Blauen Liste") neben die fünf wirtschaftswissenschaftlichen Institute in den alten Bundesländern treten.

Hinter den Kulissen setzte ein heftiges Tauziehen ein. Neben Sachsen-Anhalt bemühten sich auch Sachsen und Thüringen um dieses attraktive Institut. Zunächst hatte Sachsen die Nase vorn. In Leipzig oder Dresden sollte das Institut entstehen. Doch Rehberger ließ sich nicht entmutigen. In Bonn, aber auch in den anderen Bundesländern warb er unermüdlich für den Standort Halle. Schließlich gelang es ihm, Bundeswirtschaftsminister Jürgen Möllemann für diese Lösung zu gewinnen. Ein positives Votum der Bund-Länder-Kommission im Spätjahr 1991 für Sachsen-Anhalts Kulturmetropole war damit gesichert. Höchstpersönlich begleitete Rehberger dann den Vorsitzenden des Gründungsausschusses Dr. Manfred Wegner, um ihm in Halle geeignete Räumlichkeiten zu präsentieren. Das Institut für Wirtschaftsforschung Halle (IWH) war eben Chefsache! Wegner wurde erster Präsident des IWH. Später bekennt er einmal: „Nachdem ich Rehberger kennen gelernt hatte, war mir eines ganz klar: An Halle führte kein Weg vorbei."

Ein Ministerium geht an die Arbeit

Keine Frage: Der Umstellungsprozess von der Staats- in die Marktwirtschaft war fundamental. In den ersten Monaten kamen vor allem aus den zur Privatisierung anstehenden Kombinaten führende Mitarbeiter ins Ministerium. „Können Sie uns helfen?" war eine immer wieder gestellte Frage. Auch an die Staatssekretäre. Für eine kaputte Lok sollte eine andere her. Braunkohlebriketts mussten rechtzeitig ihr Ziel erreichen. Einem Großbetrieb aus dem Mansfelder Land fehlte das Geld aus der Treuhandanstalt, um die Stromrechnung bezahlen zu können. Manchmal ging es wie in einem Taubenschlag zu, erinnert sich Staatssekretär Bohn. Die Vorstellung, dass die oberste staatliche Behörde für alles zuständig sei, steckte in so manchem Kopf, der früher einem Kombinatsleiter und jetzt einem Manager gehörte.

Der Minister war gerade in dieser Aufbauzeit sehr viel unterwegs. Inzwischen nicht mehr mit dem Mercedes aus dem Saarland, den die dortige FDP-Landtagsfraktion ihrem bisherigen Vorsitzenden vorübergehend mit nach Magdeburg gegeben hatte, damit der frisch gebackene Minister wenigstens über einen fahrbaren Untersatz verfügte, sondern in einem funkelnagelneuen BMW des Landes Sachsen-Anhalt. Das Kabinett, Plenum und Ausschüsse des Landtags, Fraktionssitzungen der FDP, der Verwaltungsrat der Treuhandanstalt in Berlin, der Verwaltungsrat der Reichsbahn, Krisensitzungen mit Treuhand-Betrieben, Verhandlungen mit Ministerien in Bonn über dringliche Projekte, aber auch Vorträge bei Kammern und Verbänden, Arbeitsbesuche in Städten und Landkreisen, erste Spatenstiche für neue Gewerbe- und Industriegebiete, Autobahnen und Landstraßen nahmen viel Zeit in Anspruch. So wurde der Dienst-PKW zum zweiten Büro des Ministers. Auf dem Rücksitz stapelten sich Akten. Während der Fahrt studierte er sie.

Obwohl die Fahrten nicht unbedingt in die Ferne führten, kosteten sie häufig sehr viel Zeit. Auch das Auto des Ministers blieb immer wieder im Stau hängen. Ortsumgehungen waren damals eben die seltene Ausnahme. Und die immer zahlreicher werdenden Baustellen waren zwar ein ermutigendes Zeichen für den in Gang gekommenen Aufbau Ost. Zur Beschleunigung einer Fahrt konnten sie aber gewiss nicht beitragen. Gefürchtet war bei dem einen oder anderen Mitarbeiter die Rückkehr des Ministers von Fahrten, die ihn durch Sachsen-Anhalts Städte und Kreise geführt hatten. Die Wunschlisten, die er von dort mitbrachte, waren lang. Natürlich sollten sie umgehend aufgegriffen und, soweit sinnvoll und irgend möglich, rasch erfüllt werden. Notiert hatte er sich auch die Standorte, an denen am Straßenrand abgewrackte DDR-Autos die Landschaft verschandelten. Vergammelte und von den Besitzern entsorgte Trabis. „Wie Kamelgerippe in der Wüste", stellte Rehberger fest. Solche Schrottkarren seien keine akzeptablen Visitenkarten eines im Aufbruch befindlichen Landes. Kurz entschlossen wies er die ihm unterstellten Straßenbauämter an, die Autowracks umgehend zu entfernen. Die waren zwar dafür nicht zuständig. Aber erst einmal den jeweils Entsorgungspflichtigen feststellen und über Wochen oder Monate die Wracks am Straßenrand liegen zu lassen, schien dem Minister nicht vertretbar. So kam es, dass Sachsen-Anhalt früher als die anderen neuen Bundesländer an seinen Straßenrändern keine fahrbaren Relikte der Vergangenheit mehr aufwies.

Die Arbeitsschwerpunkte des Ministeriums

Die schlimmen Hinterlassenschaften 40-jähriger Misswirtschaft des Sozialismus so rasch wie möglich zu überwinden, war eine beispiellose Aufgabe. Sie erforderte einen grundlegenden Strukturwandel der Wirtschaft und zeitgleich eine völlig neue, hoch moderne Infrastruktur. Die Sanierung und Privatisierung lebensfähiger, also in der Marktwirtschaft wettbewerbsfähiger Unternehmenskerne, die Entwicklung eines breiten, erfolgreichen Mittelstandes, vor allem auch in dem in DDR-Zeiten sträflich vernachlässigten Dienstleistungsbereich, hatten höchste Priorität. Zwangsläufig gingen im Osten und gerade auch in Sachsen-Anhalt dadurch zahllose Arbeitsplätze verloren. Ein Teil der Verluste wurde durch den expandierenden Mittelstand kompensiert. Dennoch stieg die Arbeitslosenquote dramatisch. Ohne ein kurzfristig wirkendes und breites Instrumentarium der Arbeitsmarktpolitik wie Arbeitsbeschaffungsmaßnahmen und Qualifizierungsangebote war der beispiellose Umbruch sozialpolitisch nicht zu bewerkstelligen. Dies musste auch der liberale Politiker Rehberger akzeptieren. Obwohl er die Entwicklung eines so genannten „zweiten Arbeitsmarktes" ordnungspolitisch mit erheblicher Skepsis verfolgte. Rasch konnte der vor allem aus öffentlichen Mitteln gespeiste zweite Arbeitsmarkt dem gerade erst aufblühenden Mittelstand Aufträge und Arbeitsplätze wegnehmen. Insofern traf es sich gut, dass der ebenfalls aus dem Saarland kommende Arbeits- und Sozialminister Werner Schreiber (CDU) unter dem gleichen Dach residierte wie der Wirtschaftsminister. Ein Haus der kurzen Wege.

Auf Initiative Rehbergers erarbeitete eine hochkarätig besetzte Kommission aus Vertretern aller Landesministerien in den ersten Monaten des Jahres 1991 ein gemeinsames Arbeitsprogramm: „Wir bauen das moderne Sachsen-Anhalt". Im Mai 1991 wurde das Konzept vom Kabinett beschlossen. In zehn Kapiteln waren die wichtigsten Aufgaben umrissen worden, deren Lösung sich die Landesregierung vorgenommen hatte: in Sachen Wirtschaft, Technologie, Verkehr und Tourismus, Wohnungswesen und Städtebau, Bildung, Wissenschaft und Kultur, auf den Gebieten Arbeit und Soziales, Ernährung, Landwirtschaft und Forsten sowie Umwelt und Naturschutz. Sonderprogramme für das traditionsreiche „Chemie-Dreieck" (Halle – Bitterfeld – Merseburg) und das ebenfalls besonders stark vom Strukturwandel gebeutelte Mansfelder Land waren in das Regierungskonzept integriert.

Es geht voran: Erste Erfolge

Eine moderne Infrastruktur entsteht

So vielfältig und höchst dringlich die vielen Aufgaben auch sein mochten, die der radikale Strukturwandel von einer zentralistischen Kommando-Wirtschaft in die soziale Marktwirtschaft mit sich brachte, so klar war doch auch, dass nichts ohne eine rasche und umfassende Modernisierung der Infrastruktur zu erreichen sein würde. Die Erneuerung und der Ausbau des Straßennetzes, des Schienennetzes und der Wasserstraßen hatten höchste Priorität. Gleiches galt für das Telefonnetz. Im Jahr 1990 hatte es in ganz Sachsen-Anhalt rund 280.000 Telefonanschlüsse gegeben. Ein Versorgungsgrad von weniger als zehn Anschlüssen auf 100 Einwohner! Schließlich mussten aber auch die Energie- und Wasserversorgung sowie die Abwasser- und Abfallentsorgung umfassend modernisiert werden.

Milliarden für ein neues Telefonnetz

Am wenigsten musste sich das Wirtschaftsministerium in Magdeburg um die Erneuerung und den Ausbau des Telefonnetzes kümmern. Das besorgte hoch professionell die Telekom. Mit Hilfe vieler mittelständischer Firmen aus dem Lande. Freilich gab es gerade in den Anfangsjahren auch den einen oder anderen Hilferuf aus der gewerblichen Wirtschaft an das Ministerium oder den Minister ganz persönlich. Dem einen oder anderen dauerte es verständlicherweise immer noch viel zu lange, bis er für seinen Betrieb einen ordnungsgemäßen Telefonanschluss hatte. In aller Regel konnte geholfen werden. Am 8. Dezember 1993 übergab die Telekom in Anwesenheit des Ministers in Halle an einen mittelständischen Betrieb in Halle den 600.000sten Telefon-Anschluss in Sachsen-Anhalt. Binnen zwei Jahren hatte die Telekom das Netz für 4 Milliarden DM ausgebaut. Das Ziel, das dann auch erreicht wurde, waren 1.2 Millionen Anschlüsse bis 1996. Eine gigantische Leistung, die die Telekom zu einem der größten Investoren dieser ersten Aufbaujahre machte.

Bundesverkehrswegeplanungsbeschleunigungsgesetz

Zugegeben: Der Name ist ein Wortungetüm. Das Gesetz aber war ein Segen! Im Herbst 1991 beschlossen, verkürzte es die bei großen Verkehrsprojekten in der alten Bundesrepublik inzwischen übliche Planungs- und Planfeststellungsphase von manchmal bis zu zehn und mehr Jahren drastisch. Viele der 17 Verkehrsprojekte Deutsche Einheit konnten auf diese Weise sehr rasch in die Realisierungsphase gehen. Für das zentral gelegene Sachsen-Anhalt war dies besonders wichtig. Zehn der siebzehn Großprojekte sollten auf dem Gebiet Sachsen-Anhalts verwirklicht werden oder berührten das Land wenigstens teilweise: vier Autobahnen und fünf Eisenbahnstrecken sowie der Ausbau des Mittelland-/Elbe-Havel-Kanals. Um die Eisenbahnstrecken kümmerten sich Reichs- und Bundesbahn selber. Der Straßenbau hingegen war Sache des Landes und seiner Kommunen. Ein Schwerpunkt also im Wirtschafts- und Verkehrsministerium des Landes. Unter den Autobahnprojekten, zu denen der Ausbau der Autobahnen A 2 (Hannover – Magdeburg – Berlin) und A 9 (München – Halle/Leipzig – Berlin) und der Neubau der Südharzautobahn A 38 (Halle – Göttingen) gehörten, zählte auch der für Sachsen-Anhalt besonders dringliche, 92 km lange Neubau der Autobahn A 14 zwischen Magdeburg und Halle. Bereits Anfang 1994 konnte mit dem Bau der Teilstrecke zwischen Löbejün und Könnern begonnen werden. Die erste völlig neue Autobahn Ostdeutschlands entstand.

Aber auch die Bundes-, Landes- und Gemeindestraßen erlebten eine stürmische Aus- und Neubau-Zeit. Allein für das Jahr 1991 standen für die Bundes-, Landes- und Gemeindestraßen in Sachsen-Anhalt 627 Millionen DM Landes- und Bundesmittel zur Verfügung. Die Zahl der Baustellen ging in die Hunderte. Doch damit nicht genug. Im Oktober 1991 schrieb Rehberger an Bundesverkehrsminister

Krause einen dringlichen Brief und bat um weitere 80 Millionen DM für den kommunalen Straßenbau. "Sie können wirtschaftlich eingesetzt werden und spürbare Fortschritte für die Menschen in Stadt und Land bewirken", hieß es in dem Ministerbrief. Und tatsächlich, auch diese Mittel kamen. In anderen Regionen der Bundesrepublik war man bei der Umsetzung des Gemeindeverkehrsfinanzierungsgesetzes etwas in Verzug geraten. Also konnte das Geld nach Sachsen-Anhalt fließen.

Europas längste Kanalbrücke

Spektakulär unter den 17 Verkehrsprojekten Deutsche Einheit war gewiss auch der Ausbau des Wasserstraßenkreuzes Magdeburg. Kernstück dieses einzigen Wasserstraßen-Projekts unter den wichtigsten Verkehrsprojekten des Bundes war die mit 918 Meter längste Trogbrücke Europas, die den Mittellandkanal über die Elbe führt. Ein Schleusen-System eröffnet den Binnenschiffen den Wechsel von der Elbe zum Mittellandkanal und von diesem in die Elbe. Damit wurde eine wirtschaftliche und umweltschonende Alternative zum Straßentransport von Massengütern, Schwerlasten und Containern zwischen den Nordseehäfen, insbesondere Hamburg, und den Regionen Magdeburg und Berlin sowie den westdeutschen Industriezentren an Rhein und Ruhr geschaffen. Der Zufall wollte es, dass das Wasserstraßenkreuz am 10. Oktober 2003, an Rehbergers 65. Geburtstag, feierlich eingeweiht wurde. Der war zwar nicht mehr Verkehrsminister. Gefreut hat es ihn trotzdem.

Spitzenreiter bei der Wirtschaftsförderung

Für die Wirtschaftspolitik besonders bedeutsam war das „Gemeinschaftswerk Aufschwung Ost", das die Bundesregierung mit den neuen Ländern abgesprochen hatte. Danach flossen allein in den Jahren 1991 und 1992 jeweils mehr als zwei Milliarden DM in investive Projekte der gewerblichen Wirtschaft und der kommunalen Gebietskörperschaften Sachsen-Anhalts. Die Mittel wurden auch dringend gebraucht. Die Zahl der Investoren, die Treuhandbetriebe ganz oder teilweise erwerben und umfassend modernisieren wollten, stieg kontinuierlich an. Außerdem kamen immer mehr Unternehmen aus den alten Bundesländern und dem Ausland, die auf den eben erst quer durch das Land entstehenden neuen Gewerbe- und Industrieflächen große Investitionen im produzierenden Gewerbe, aber auch im Dienstleistungssektor planten.

Dass in Sachsen-Anhalt der Start glückte, zeigte eine vom Bundeswirtschaftsministerium zum 31. Juli 1991 erstellte Zwischenbilanz der Wirtschaftsförderung in den neuen Bundesländern. Mit 23.000 neuen und über 10.000 erhaltenen Arbeitsplätzen war Sachsen-Anhalt Spitzenreiter vor Sachsen und den anderen ostdeutschen Ländern. Auch bei der Zahl der Förderbescheide für Investitionsvorhaben der gewerblichen Wirtschaft und der wirtschaftsnahen Infrastruktur lag Sachsen-Anhalt auf dem ersten Platz. 621 Bewilligungsbescheide hatte das Rehberger-Ministerium erlassen. Dank eines enormen Einsatzes des Staatssekretärs Rudolf Bohn und seines Teams. Das daraus resultierende Investitionsvolumen belief sich auf stolze 6.1 Milliarden DM. Auf Platz 2 folgte der Freistaat Sachsen mit 425 Förderbescheiden.

Hinter diesen ersten Zahlen standen nicht zuletzt Investitionsvorhaben renommierter, international tätiger Unternehmen. So errichtete die Cerestar Deutschland GmbH, ein Tochterunternehmen der italienischen Feruzzi-Gruppe in Barby/Elbe für 320 Millionen DM eine Weizenstärkefabrik. Die Firma Henkel aus Düsseldorf investierte in ihre alte Betriebsstätte in Genthin rund 80 Millionen DM zur Produktion von Waschmitteln. Die Du Mont Verlagsbeteiligung GmbH Schauberg aus Köln baute in Halle für mehr als 210 Millionen DM ein neues Druckhaus. Die drei großen Zuckerproduzenten der Bundesrepublik, die Südzucker AG Mannheim, die Nordzucker AG Schladen sowie die Firma Pfeiffer & Langen aus Köln investierten in Zeitz, Klein Wanzleben und Könnern jeweils rund 400 Millionen DM in neue Zuckerfabriken. Der Otto-Versand Hamburg schuf für 300 Millionen DM in Haldensleben ein neues Auslieferungslager. Die Bayer AG errichtete in Bitterfeld für 500 Millionen DM drei neue Betriebsstätten. Wer heute in Deutschland oder anderen Teilen Europas eine Aspirin-Tablette schluckt, nimmt ein Produkt aus Sachsen-Anhalt ein.

Kampf um die „industriellen Kerne"

Die Bayer AG war der einzige unter den Chemie-Giganten der Bundesrepublik, der sich für eine größere Investition im mitteldeutschen „Chemie-Dreieck" entschied. Die anderen Unternehmen der westdeutschen Großchemie zeigten kein Interesse. Auch nicht die BASF in Ludwigshafen. Sie hatte 1915 im Auftrag der Obersten Heeresleitung des Deutschen Reiches mit dem Bau eines Ammoniak-Zweigwerkes in Leuna bei Merseburg den Grundstein für den Chemie-Riesen Leuna-Werke gelegt. Nach 40 Jahren DDR hatte der Standort aber völlig abgewirtschaftet. Ausländische Investoren hielten sich ebenfalls zurück. „Wer soll denn diesen Schrott kaufen?" fragte 1991 selbst Jürgen Dassler, von der Treuhandanstalt neu berufener Vorstandsvorsitzender der Leuna AG.

Die Leuna-Werke waren kein Einzelfall. Die großen, traditionsreichen Industriebetriebe in Ostdeutschland, von der Werftindustrie an der Ostsee über den Schwermaschinenbau in Magdeburg und die metallurgische Industrie im Mansfelder Land bis zur chemischen Industrie im Süden Sachsen-Anhalts und Norden Sachsens befanden sich in einem katastrophalen Zustand. Die Produkte dieser Industrie waren kaum noch absetzbar. Bessere und/oder preiswertere Produkte gab es auf dem deutschen, europäischen und weltweiten Markt in großer Zahl. So gingen der ostdeutschen Industrie nicht nur der innerdeutsche Markt, sondern gleichermaßen auch die traditionellen Märkte in Osteuropa verloren. Kein Wunder, dass die Industrieproduktion der neuen Bundesländer binnen der beiden ersten Jahre nach der Wiedervereinigung Deutschlands um 70% zurückging. Die Zahl der in der Industrie beschäftigten Personen halbierte sich in diesem kurzen Zeitraum. Die Gefahr einer weitgehenden Entindustrialisierung Ostdeutschlands zog herauf. Klaus von Dohnanyi, Ex-Bundesminister, Manager und Berater der Treuhandanstalt brachte es auf den Punkt: „Die Marktwirtschaftler", warnte er schon 1990, unterschätzten erstaunlicherweise die Kräfte des Marktes. Und in dieser Unterschätzung lag ein entscheidender Fehler der Aufbaustrategie Ost. Marktkräfte bauen nämlich nicht nur auf – sie können unterlegene Wirtschaftssysteme im offenen Wettbewerb auch einreißen.

Hätte die Treuhandanstalt unter diesen Umständen an ihrer ursprünglichen Linie „Ansanieren, Privatisieren oder Liquidieren" festgehalten, wären die traditionellen Industrien aus Ostdeutschland wohl weitgehend verschwunden. Eine heftige Debatte über den drohenden industriellen Kahlschlag im Osten begann. Vor allem die neuen Bundesländer forderten eine Kurskorrektur. Unabhängig von der parteipolitischen Zusammensetzung ihrer Regierungen. Massiv unterstützt von den Gewerkschaften. Unisono verlangten sie, dass die Treuhandanstalt die industriellen Kerne sanieren müsse, um sie für Investoren attraktiv zu machen. Treuhand-Chefin Birgit Breuel, durch und durch Marktwirtschaftlerin, wollte von einer neuen Privatisierungs-Strategie zunächst nichts wissen. Wenn es weh tut, sagte sie, „kommt das Heftpflaster einer undefinierten Industriepolitik." Auch die Wirtschaftsforscher des IWH meinten, man dürfte „ordnungspolitisch nicht abrutschen", selbst wenn der Markt in näherer Zukunft die Bewältigung der ostdeutschen Krise kaum schaffen werde. Sie befürchteten den „undifferenzierten Eingriff des Staates", den ordnungspolitischen Sündenfall.

Rehberger contra Lambsdorff

Trotz dieser gewichtigen ordnungspolitischen Bedenken, aber auch in der Gewissheit, dass ohne staatliche Intervention der definitive Zusammenbruch der heimischen Industrie nicht aufzuhalten sein würde, entschlossen sich die Treuhandanstalt und die Landesregierung von Sachsen-Anhalt im Frühjahr 1991 zum Handeln: „Nach gründlicher Prüfung der derzeitigen wirtschaftlichen Lage und der Zukunftsaussichten von Unternehmen wie BUNA und LEUNA" hatte man sich, wie es in einer Presse-Erklärung hieß, „dazu entschlossen, erste Investitionen in Höhe von über 550 Millionen DM einzuleiten, um die Wettbewerbsfähigkeit dieser Unternehmen möglichst rasch herzustellen." Auch im Falle der Chemie AG Bitterfeld/Wolfen gebe es aus guten Gründen inzwischen grünes Licht für dringliche, ökonomisch wie ökologisch notwendige Investitionen.

Zu den prominentesten Kritikern dieser neuen Industriepolitik gehörte Ex-Bundeswirtschaftsminister und FDP-Bundesvorsitzender Otto Graf Lambsdorff. Es sei höchst problematisch, so der „Markt-

Graf", wenn der Staat in Unternehmen investiere, für die sich – wie im Falle der chemischen Industrie Mitteldeutschlands – keine privaten Investoren fänden. Heftig die Reaktion Rehbergers, der sich sonst immer als „Lambsdorff-Fan" verstand. „Es ist bedauerlich", so lässt er in einer Presse-Mitteilung verlauten, „wenn sich Graf Lambsdorff – gewiss unabsichtlich – in die Kampagne derjenigen einreiht, denen ein Wiederaufstieg der Chemieregion in Sachsen-Anhalt ein Dorn im Auge ist." Wer mitten hinein in Erfolg versprechende Verhandlungen über Teilprivatisierungen in der chemischen Industrie von Sachsen-Anhalt den Fortbestand der Unternehmen in Zweifel ziehe, schade dem Wiederaufstieg dieses Wirtschaftsraums, so der Wirtschaftsminister von Sachsen-Anhalt.

Kohls Garantie für das Chemie-Dreieck

Ein ganz klares Bekenntnis zum Chemie-Standort Mitteldeutschland kam im Mai 1991 von Bundeskanzler Helmut Kohl. Anlässlich einer Chemie-Konferenz bei der BUNA AG in Schkopau erklärte er unmissverständlich, dass die Bundesregierung ihr Mögliches unternehmen würde, um der chemischen Industrie im mitteldeutschen Raum einen zügigen Wiederaufstieg zu ermöglichen. Bei der Treuhandanstalt wurde ein Lenkungsausschuss geschaffen, dem die zuständigen Bundesministerien und Ministerien der Länder Sachsen-Anhalt und Sachsen sowie Vertreter der Chemie-Unternehmen und der Industriegewerkschaft Bergbau, Chemie und Energie (IGBCE) angehörten. In diesem Gremium war man sich schnell einig, dass die Überlebensfähigkeit des Standorts vor allem auch von der Wettbewerbsfähigkeit der Leuna-Raffinerie als Basis der Petrochemie abhänge. Die Raffinerie war das „Filet-Stück" der Leuna-Werke. Der technische Zustand der Erdöl verarbeitenden Anlagen und ihre Verfügbarkeit waren weit besser als bei vielen anderen Chemie-Anlagen. Obwohl auch die Raffinerie im Jahre 1991 einen Verlust von 365 Millionen DM erwirtschaftet hatte. Eine Million DM pro Tag! So hatte es jedenfalls der Vorstand in der eigenen Werkszeitung verkündet. Die Treuhandanstalt, die den Verlust auszugleichen hatte, war in einer eigenen Analyse zu einem anderen Betrag gekommen. Pro Tag war danach „nur" ein Verlust in Höhe von rund 0,5 Millionen DM zu berappen. Auch diese Zahl nicht gerade attraktiv, wenn man einen Käufer finden musste! Die Wirtschaftlichkeit der Raffinerie war nur mit einer Milliarden-Investition zu erreichen. Das war unstreitig. Doch wer würde in der ersten Hälfte der neunziger Jahre einen Milliarden-Betrag in eine Raffinerie in Mitteldeutschland stecken? In Europa, insbesondere auch in der Bundesrepublik, gab es bei den Raffinerien Überkapazitäten. Wenn man aber dennoch in eine Raffinerie investierte, war dann nicht ein Standort an der Nordsee, wo das Rohöl per Schiff ankam, viel sinnvoller als einer im Binnenland?

Der Schinken und die Wurst

Da hatte Dr. Klaus Schucht, für die chemische Industrie zuständiges Vorstandsmitglied der Treuhandanstalt, eine gute Idee. Denn außer der Leuna-Raffinerie, die keiner wollte, stand das profitable Minol-Tankstellen-Netz in Ostdeutschland mit 930 Stationen zum Verkauf an. Und dafür interessierten sich mehr als 30 Unternehmen aus ganz Europa. So warf man, wie Schucht es formulierte, mit dem Schinken nach der Wurst. Die Treuhandanstalt schrieb ein Paket aus: Wer die Tankstellen wollte, musste auch die Leuna-Raffinerie übernehmen und entsprechende Investitionen garantieren. Schnell lichtete sich das Bewerberfeld. Zwei Anbieter-Konsortien blieben übrig: eine von BP angeführte Bietergemeinschaft und ein Dreierkonsortium, das von dem französischen Staatskonzern Elf Aquitaine angeführt und von der Thyssen Handelsunion sowie der Deutschen SB Kauf mitgetragen wurde. Obwohl sich das BP-Konsortium wohl in der Hoffnung auf den Zuschlag durch den Bau einer modernen Tankbefüllungsstation vor Ort bereits erheblich engagiert hatte, war es lediglich zu einer Sanierung der bestehenden Raffinerie, nicht jedoch zu einem völligen Neubau bereit. Genau das aber bot das Elf Aquitaine-Konsortium an. Rund 3,3 Milliarden DM wollte man in eine neue, auf der „grünen Wiese" im benachbarten Spergau zu errichtende Raffinerie mit einer Jahreskapazität von 10 – 12,5 Millionen Jahrestonnen stecken. Die modernste und zugleich eine der größten Raffinerien Europas sollte im Chemie-Dreieck errichtet werden. Die Frage, ob

173

sich der Konzern, der damals nur einen Mini-Anteil am deutschen Tankstellen-Markt hatte, ganz aus Deutschland verabschieden oder dort richtig einsteigen solle, war entschieden. Ganz freiwillig war die Führung der Elf Aquitaine zu diesem Angebot allerdings nicht gekommen. Eine Intervention von Kanzler Helmut Kohl bei seinem Freund Francois Mitterrand, dem französischen Staatspräsidenten, war notwendig gewesen, um ein solches Angebot des Staatskonzerns an die Treuhandanstalt zustande zu bringen. Frankreich, das der Wiederherstellung der deutschen Einheit zunächst mit gemischten Gefühlen gegenüber gestanden hatte, sollte und wollte mit der neuen Raffinerie einen spektakulären Beitrag zum Aufbau Ost leisten.

Widerstände und Hürden

Mit der im Januar 1992 getroffenen Grundsatzentscheidung der Treuhandanstalt zur Privatisierung der Minol AG, der Erdölraffinerie der Leuna AG und des Hydrierwerkes Zeitz an das französisch-deutsche Konsortium unter Führung der Elf Aquitaine waren die Probleme freilich nicht gelöst. Heftiger Widerstand kam aus der Mineralölindustrie. Unter Führung von Shell und Esso betrieben die wesentlichen Mineralölkonzerne den Bau einer Fertigprodukten-Pipeline mit 8,5 Millionen Tonnen Jahreskapazität von Wilhelmshaven nach Leuna und Dresden. Keine Frage, dass mit einer solchen Pipeline der Raffinerie-Neubau in Spergau unwirtschaftlich und damit überflüssig geworden wäre. Vor der Landespressekonferenz in Magdeburg erklärte Rehberger schon Anfang Februar 1992 kategorisch, dass es keine Zustimmung der Landesregierung von Sachsen-Anhalt zu dem Projekt geben werde. Es widerspreche der erklärten Politik der Landesregierung, dass Sachsen-Anhalt „nur ein Markt für westdeutsche Produkte sein" oder „nur das produzieren solle, was nicht aus westdeutschen Ländern geliefert werden könne", bemerkte der Wirtschaftsminister selbstbewusst. Das Pipeline-Projekt war damit zum Scheitern verurteilt. Obwohl die europäische Mineralölindustrie weiterhin alle Register zu ziehen versuchte, die zur Verfügung standen, um die Pipeline doch noch durchzusetzen. In Brüssel, in Bonn, in Hannover und in Magdeburg. In Magdeburg machte sich selbst der Vorsitzende der SPD-Landtagsfraktion, Reinhard Höppner, für die Pipeline stark. Sein Antrag, das Projekt doch zu genehmigen, fiel allerdings Anfang 1993 im Landtag glatt durch. Neben den Regierungsfraktionen von CDU und FDP lehnten auch die PDS und Abgeordnete aus Höppners SPD-Fraktion den Antrag ab.

Aber nicht nur massive externe Widerstände waren zu überwinden. Kaum hatte die Treuhandanstalt ihre Grundsatzentscheidung zugunsten des französisch-deutschen Konsortiums getroffen, setzte zwischen den Investoren und den deutschen Stellen ein heftiges Feilschen um die Einzelheiten der Privatisierung ein. Dies galt insbesondere auch für die Investitionsförderung durch Bund und Land. Nach den Regelungen der Gemeinschaftsaufgabe zur Förderung der regionalen Wirtschaftsstruktur (GA) reichte die Zahl der 2.550 Arbeitsplätze, die mit der neuen Raffinerie verbunden waren, nicht aus, um die grundsätzlich mögliche Höchstförderung von 22,16% erreichen zu können. Genau darauf bestand aber der Vorstand der Elf Aquitaine. Zumal das geplante Investitionsvolumen inzwischen auf rund 5 Milliarden DM gestiegen war. Gespräche in der Berliner Treuhandanstalt, im Bonner Kanzleramt und im Wirtschaftsministerium in Magdeburg brachten schließlich die Lösung: Sachsen-Anhalt stellte aus eigenen, im Landeshaushaltsplan gesondert ausgewiesenen Mitteln 450 Millionen DM für das Investitionsvorhaben zusätzlich zur Verfügung. Der Förderbescheid, den Rehberger daraufhin im Juli 1993 unterzeichnete, belief sich einschließlich der Bundes- und EG-Mittel auf rund eine Milliarde DM. Für das Land „ein harter Brocken", wie Rehberger es formulierte. Aber die Landesregierung war davon überzeugt, dass der Neubau der Raffinerie der Startschuss für den Wiederaufstieg des Chemie-Standortes im Süden des Landes (und benachbarten Norden von Sachsen) sein würde.

Renaissance des Chemie-Dreiecks

Die Landesregierung behielt Recht: Allein die Ankündigung des Raffinerie-Neubaus mit Chemie-Verbund löste eine Vielzahl von großen Investitionen aus, die sich binnen der folgenden Jahre auf 5 Milliarden Euro summierten. Der belgische Teppichspezialist Domo,

175

die französische Rhone-Poulenc-Gruppe, der deutsche Gase-Hersteller Linde, die Elf-Chemietochter Atochem sowie der belgische Konzern Union Cabide Belgium machten den Anfang. Die Standort-Entwicklung wurde einer Infrastruktur-Gesellschaft, der INFRA-LEUNA GmbH übertragen, die erst in der Regie der Treuhandanstalt, später als private Gesellschaft den Standort entwickelte und für die Ver- und Entsorgung des Chemieparks sorgte. Anderthalb Jahrzehnte später hatten sich am Standort Leuna über 40 Firmen – Großkonzerne wie mittelständische Betriebe – mit mehr als 9.000 Beschäftigten niedergelassen. Nicht alle waren und sind Chemieunternehmen. Doch fast immer sind sie der chemischen Produktion verbunden. Von der Massen- bis zur Spezialchemie. Die Leuna-Raffinerie aber wurde nicht nur zur größten industriellen Einzelinvestition Ostdeutschlands nach der Wende. Sie wurde zum umsatzstärksten Unternehmen Sachsen-Anhalts und in ganz Ostdeutschland umsatzmäßig zu einem der Spitzenreiter im verarbeitenden Gewerbe.

Parallel zur Entwicklung des Chemieparks Leuna verlief auch die Entwicklung der anderen traditionsreichen Chemie-Hochburgen in Sachsen-Anhalt. In Merseburg (Buna AG), Bitterfeld (Chemie AG), Wittenberg (SKW Piesteritz) und Zeitz (Hydrierwerk Zeitz) entstanden ebenfalls zunächst als Treuhandeinrichtungen Chemiepark-Gesellschaften, die für die Standort-Entwicklung einschließlich der Ver- und Entsorgung verantwortlich waren. Nach 15 Jahren lässt sich im Rückblick feststellen: Die Zusage von Kanzler Kohl ging in Erfüllung. Das Chemie-Dreieck erlebte eine Renaissance.

Nachspiel in Paris, Berlin und anderswo

Durch den Bau der Leuna-Raffinerie war der Traum der europäischen Mineralölindustrie von einem zusätzlichen Markt mit 16 Millionen Verbrauchern ohne eine neue Großraffinerie wie eine Seifenblase zerplatzt. Mit Argusaugen verfolgte sie, und nicht nur sie, deshalb das Projekt im südlichen Sachsen-Anhalt. Der Verdacht, es seien zu hohe Förderungen erfolgt, machte die Runde. Der Rechnungshof von Sachsen-Anhalt, der Bundesrechnungshof und der Europäische Rechnungshof wurden eingeschaltet, um die

Förderung zu überprüfen. Fehler bei der Förderung wurden nicht festgestellt. Durch einen in Frankreich bei der Elf Aquitaine aufgedeckten Finanzskandal bekamen die Gerüchte neue Nahrung. Über 300 Millionen DM waren nach den Feststellungen der französischen Strafverfolgungsbehörden im Elf-Konzern veruntreut und als Schmiergeld an insgesamt 44 in- und ausländische Politiker und Geschäftsleute gezahlt worden. Im Mittelpunkt stand der Verkauf französischer Kriegsschiffe an Taiwan. Aber auch der Verkauf des Minol-Tankstellennetzes einschließlich der Leuna-Raffinerie wurde als „Nebenschauplatz" hinterfragt.

In den Medien wurde dabei immer wieder eine ominöse 30-Millionen-Wahlkampf-Spende an die CDU erwähnt. Außerdem waren aus dem Bundeskanzleramt Teile der Leuna-Akten verschwunden. Ende 1999 setzte der Deutsche Bundestag einen Untersuchungsausschuss ein, der u. a. Licht in die Vorgänge beim Verkauf der Minol-Tankstellen und Leuna-Raffinerie bringen sollte. Zu den Zeugen, die der Ausschuss vernahm, gehörten auch Ex-Ministerpräsident Münch und Ex-Wirtschaftsminister Rehberger. Sie konnten den Parlamentariern plausibel nachweisen, dass in Sachsen-Anhalt bei der Förderung des Großprojektes alles mit rechten Dingen zugegangen war. Zumal für die tatsächliche Höhe der Förderung nicht Rehbergers Bescheid aus dem Jahre 1993, sondern die nach Rechnungslegung des Investors erfolgte Auszahlung der Fördermittel unter der Höppner-Regierung ausschlaggebend gewesen war. Diese Zahlungen waren, wie auch die verschiedenen Rechnungshöfe festgestellt hatten, völlig korrekt gewesen. „Abschließend möchte ich sagen", so Rehberger bei seiner detaillierten Darstellung der Geschichte des Neubaus der Leuna-Raffinerie vor dem Untersuchungsausschuss am 08.11.2002 in Berlin, „dass ich bis zum heutigen Tage stolz auf diese Leuna-Raffinerie sowie darauf bin, dass wir sie nach Sachsen-Anhalt gebracht haben."

Neue Perspektiven für die Braunkohle

Zu den Meilensteinen des Neubeginns in Sachsen-Anhalt gehörte auch ein neues Braunkohle-Kraftwerk der VEBA Kraftwerke Ruhr

AG (VKR) in Schkopau. Die Buna AG, die Jahre später vom ameri-
kanischen Dow Chemical-Konzern übernommen wurde, benötigte
dringend für den ökonomischen Neuanfang ein ökologisch der neuen
Zeit entsprechendes Großkraftwerk. VKR war bereit, für 2,4 Milliarden DM ein derartiges Kraftwerk zu errichten. Aus Kostengründen
allerdings auf der Basis von Importsteinkohle. Mitten im Braunkohlerevier Sachsen-Anhalts. Für die Braunkohle in Mitteldeutschland,
bis zur Wende neben dem Braunkohlerevier an der Oder die aus-
schlaggebende Energiequelle Ostdeutschlands, hätte dies das definitive Aus bedeutet. Gegen eine solche Entwicklung lief nicht nur die
Mitteldeutsche Braunkohle AG (MIBRAG) Sturm. Die Folgen für
die Zuliefer-Industrie und den Arbeitsmarkt wären dramatisch gewesen. Zumal die MIBRAG ohnehin schon binnen weniger Jahre mehrere
zehntausend Arbeitsplätze abbauen musste. Hinzu kam: War es energie-
politisch überhaupt vertretbar, die Abhängigkeit vom Ausland weiter zu
erhöhen? Rehberger sagte Nein. Und entschloss sich zu einem höchst
ungewöhnlichen Schritt: Nachdem er sich die Rückendeckung des Kabinetts und des Landtags verschafft hatte, bot er VKR an, die aus ökologischen Gründen notwendigen Mehrkosten eines Braunkohlekraftwerks
gegenüber einem Steinkohlekraftwerk durch einen Investitionszuschuss
des Landes in Höhe von 300 Millionen DM zu finanzieren.

Außerhalb von Sachsen-Anhalt fand dieser Schritt nicht nur Beifall.
Dies galt vor allem für die EG-Kommission. Der Vizepräsident der
Kommission, der Brite Sir Leon Brittan, schlug als zuständiger Kom-
missar vor, das Kraftwerk mit australischer Steinkohle zu betreiben. Für
Sachsen-Anhalt ein inakzeptabler Vorschlag. Im Mai 1992 suchte Rehberger zusammen mit dem VKR -Vorstandsvorsitzenden Hans-Dieter
Harig Sir Leon Brittan in Brüssel auf, um ihm die Entschlossenheit der
Landesregierung und des Unternehmens zum Bau dieses Braunkohlekraftwerks als „unverzichtbaren Beitrag zur ökonomischen, ökologischen und technologischen Erneuerung der Energieversorgung in
Sachsen-Anhalt" deutlich zu machen. Bei diesem Gespräch wurde
deutlich, dass der EG-Kommissar an ein Kompensationsgeschäft mit
der Bundesregierung dachte. Wenn die Bundesrepublik die Pläne der
EG-Kommission für einen erleichterten Zugang Dritter zum Strom-
und Gasnetz in Deutschland akzeptiere, könne die Beihilfe für das
neue Kraftwerk in Schkopau durchaus notifiziert werden. Der Ball

lag damit in Bonn, bei der Bundesregierung. Mitte Juni 1992 einigten sich EG-Vizepräsident Sir Leon Brittan und Bundeswirtschaftsminister Jürgen Möllemann über die EG-Genehmigung der Landeszuschüsse für das Braunkohlekraftwerk in Schkopau. Der Kommentar Rehbergers lässt große Erleichterung erkennen: „Jetzt können die Bergleute der MIBRAG und alle, deren Arbeitsplätze mittelbar vom mitteldeutschen Bergbau abhängig sind, aufatmen."

Filmriss

Nicht alle industriellen Kerne in Sachsen-Anhalt erlebten überhaupt oder in so relativ kurzer Zeit eine Wiedergeburt im Zeichen der Marktwirtschaft. So waren zum Beispiel die Bemühungen um die Filmfabrik in Wolfen mit dem Markennamen „Orwo" seitens der Treuhandanstalt und des Magdeburger Wirtschaftsministeriums beträchtlich. Schwarz-Weiß-Filme für Dokumentationen waren auch weiterhin gefragt. Die einstige Entwicklungswiege des Farbfilms hatte aber in 40 Jahren DDR den technischen Fortschritt in einem solchen Maße verpasst, dass sich ein zunächst gebildetes Investoren-Konsortium letztlich außerstande sah, den Betrieb zu übernehmen. Der sich rapide vollziehende, grundlegende Wandel in der Fotografie – man denke etwa an die Digitalkameras – ließ das geplante Engagement trotz der von Berlin und Magdeburg angebotenen erheblichen Mittel für Investitionen aussichtslos erscheinen. Mit dem Rückfluss des eingesetzten Kapitals sei in absehbarer Zeit nicht zu rechnen, konstatierte der Chef des internationalen Konsortiums, der Schweizer Mario Hauri. So schickte die Treuhandanstalt die Fabrik 1994 in die Abwicklung. Nur Teilprivatisierungen waren gelungen.

Diese schmerzliche Entwicklung der traditionsreichen Filmfabrik war keinesfalls den Mitarbeitern des Unternehmens anzulasten. Die Filmforscher in Wolfen hatten in DDR-Zeiten gut gearbeitet. Nur waren die Ergebnisse dieser Entwicklungsarbeit auf Weisung der zentralen Investitionslenkung in der Schublade verschwunden. Einige besonders kreative Mitarbeiter holten die Ergebnisse ihrer Arbeit wieder hervor. Und gründeten in Wolfen auf dieser Basis eigene, innovative, mittelständische Unternehmen. Mit Erfolg.

Auch andere industrielle Kerne, große Kombinate aus DDR-Zeiten mussten in den Jahren nach der Wende tiefe Einschnitte hinnehmen, bis sich aus den wenigen verbliebenen Restbetrieben neue, wettbewerbsfähige Unternehmen entwickeln konnten. Dies galt zum Beispiel für das Schwermaschinen-Kombinat Ernst Thälmann (SKET) und das Schiffsmotoren-Kombinat Karl Liebknecht (SKL) in Magdeburg. Nachdem die bisherigen Märkte in Mittel- und Osteuropa schlagartig weggefallen waren, ließen sich nur noch einige Teilbereiche Erfolg versprechend privatisieren. Die zunächst sehr kleinen mittelständischen Firmen stiegen allerdings in den folgenden anderthalb Jahrzehnten zu teilweise imposanten produzierenden Unternehmen mit sehr vielen Arbeitsplätzen auf. Paradebeispiel ist die Firma Enercon in Magdeburg, die heute als Großproduzent von Windkraftanlagen mehr als 4.000 Menschen beschäftigt. Aber auch die SKET Maschinen- und Anlagenbau GmbH, die nach einem Scheitern der SKET-Privatisierung mit ganzen 180 Mitarbeitern übrig geblieben war, verzeichnete – wie aus Presseberichten hervorgeht – im Jahre 2008 wieder volle Auftragsbücher und beschäftigte immerhin 400 Personen. Manche kleineren Industriebetriebe schafften im Übrigen dank eines tüchtigen Managements, das in einigen Fällen aus dem betreffenden Unternehmen selber kam, den Durchbruch im In- und Ausland weitgehend aus eigener Kraft. Beispielhaft sei die Förderanlagen Magdeburg GmbH (FAM) genannt, die sich mit ihren technischen Spitzenprodukten auf dem Weltmarkt durchsetzen konnte und heute zu den großen Industrieunternehmen Magdeburgs zählt.

Viele Wege führen in die Marktwirtschaft

Äußerst beschwerlich war für die ostdeutschen Industriebetriebe der Weg aus der zentralistischen Kommando-Wirtschaft in die soziale Marktwirtschaft so gut wie immer. Wobei es die in Sachsen-Anhalt besonders leistungsfähigen Betriebe der Lebensmittelbranche gewiss leichter hatten als die Unternehmen anderer Traditionsbranchen. Zwar mussten auch sie zunächst durch ein tiefes „Tal der Tränen". Die Produktionsanlagen waren veraltet, der Personalbestand zu hoch, der Markt angesichts der für die Verbraucher in DDR-Zeiten nicht zugänglichen und deshalb besonders attraktiven „Westprodukte" vorübergehend weg gebrochen. Aber Qualität setzt sich durch. Mit neuen oder jedenfalls neu verpackten und beworbenen anspruchsvollen Produkten eroberte sich die Branche rasch wieder große Marktanteile im Osten. Nicht wenige schafften es auch schrittweise in die Regale der westdeutschen Supermärkte und die Einkaufstaschen der westdeutschen Verbraucher. Einigen wie der berühmten Rotkäppchen-Sektkellerei in Freyburg/Unstrut gelang es sogar, durch Zukauf einschlägiger Unternehmen in Westdeutschland zum Marktführer Gesamtdeutschlands aufzusteigen.

Noch schneller und dynamischer entwickelte sich in den ersten Jahren gerade in Sachsen-Anhalt die Baustoffindustrie. Der Bau-Boom ließ grüßen. Viele Arbeitsplätze konnten in dieser Branche erhalten oder zusätzliche geschaffen werden. Allerdings ließ die Dynamik schon in der zweiten Hälfte der neunziger Jahre deutlich nach und mündete anschließend für die große Mehrzahl der Betriebe in einem unvermeidlichen Schrumpfungsprozess.

Albrecht rettet die Eisen- und Hüttenwerke Thale

Höchst Ungewöhnliches tat sich am Ostrand der Harzes. Mit den Eisen- und Hüttenwerken in Thale hatte die Treuhandanstalt nur wenig Geduld gezeigt. Da Investoren nicht in Sicht waren, schickte sie die Hüttenwerke, deren Ursprung auf die 1686 gegründete Thalenser Blechhütte zurückging, 1992 in die Abwicklung. Das Unternehmen war allerdings schon in eine Aktiengesellschaft umgewandelt worden. Damit hatte es auch einen Aufsichtsrat. Dessen Vorsitzender war Ernst Albrecht, bis 1990 Ministerpräsident von Niedersachsen. Albrecht legte sich quer. Und entwickelte ein Konzept zur Rettung des Unternehmens, das ohne Beispiel war: Für eine symbolische D-Mark kaufte er zum 1.1.1993 das Werk. Er wollte die EHW Thale AG in eigener Verantwortung und auf eigenes Risiko als Ganzes fortführen. Deshalb übernahm er 95% des Aktienkapitals, der Rest von 5% ging an den Bremer Kaufmann Hans Henry Lamotte. Beide verpflichteten sich, weder aus dem

Erwerb noch aus einer späteren Veräußerung einen finanziellen Gewinn zu ziehen.

Massive Unterstützung bekam Albrecht von Wirtschaftsminister Rehberger. Im Verwaltungsrat der Treuhandanstalt, in dem der Vertrag mit einigem Nase-Rümpfen und großer Skepsis abgehandelt wurde, setzte sich der sachsen-anhaltische Wirtschaftsminister durch: Der Vertrag wurde genehmigt. Im Kabinett und im Finanzausschuss des Landtags focht Rehberger dann erfolgreich für eine 80%ige Bürgschaft des Landes. Obwohl es auch im Wirtschaftsministerium Skeptiker gab. Aber nur so konnten die hohen Millionenkredite, die das Unternehmen für den Neuanfang von den Banken brauchte, aufgenommen werden. Ernst Albrecht im Rückblick: „Ohne Rehberger hätte die Thale-Gruppe nicht überlebt."

Vier Jahre später, nach einer umfassenden Sanierung, war die Existenz der Unternehmensgruppe gesichert. Albrecht konnte neue Eigentümer suchen. Im April 1997 war es soweit: Für eine symbolische D-Mark gingen die Eisenhüttenwerke an die Schunk-Gruppe, die mit 60 Gesellschaften in 26 Ländern der Erde agierte. Hauptsitz der Unternehmensgruppe war damals das hessische Heuchelheim. Schunk erhöhte kräftig das Grundkapital und investierte binnen des folgenden Jahrzehntes 58 Millionen Euro in den Standort Thale. Und tat etwas, was nach der Wiedervereinigung Deutschlands noch Seltenheitswert hatte: Der Sitz der Schunk GmbH wurde von Heuchelheim nach Thale verlegt.

Das Mansfelder Modell

Eine gewaltige Herausforderung für das junge Land Sachsen-Anhalt war auch der Umstrukturierungsprozess im Mansfelder Land. Dort war zu DDR-Zeiten das Mansfeld-Kombinat mit rund 21.000 Beschäftigten der weitaus größte Arbeitgeber. Die Umstrukturierung des Unternehmens, das als Treuhand-Betrieb in die Mansfeld AG umgewandelt worden war, erforderte eine Konzentration auf die erhaltenwerten Kerne Kupfer, Aluminium und Umwelt. Alles, was nicht zu diesen Geschäftsfeldern gehörte, musste so rasch wie möglich „abgestoßen" werden. Bei genauerer Betrachtung des

Mammut-Unternehmens stellte sich heraus, dass fast 100 so genannte Regie- und Nebenbetriebe geeignet waren, ausgegliedert und als selbstständige mittelständische Unternehmen weitergeführt zu werden. Rund 2.700 Arbeitsplätze, so die Berechnungen einer vom Wirtschaftsministerium eingeschalteten Unternehmensberatung, konnten auf diese Weise erhalten werden. Aus der Not wurde eine Tugend gemacht: Das vom Ministerium beauftragte und finanzierte Beratungsunternehmen nahm im Laufe des Jahres 1992 die potenziellen Ausgründer in enger Zusammenarbeit mit der Mittelstandsabteilung des Ministeriums „an die Hand". Und führte sie über alle Klippen in die Selbstständigkeit. Das Experiment glückte. 96 Firmen mit zunächst rund 2.700 Beschäftigten, deren Zahl sich per Saldo in den folgenden Jahren deutlich erhöhte, wurden gegründet. Vornehmlich in den Bereichen Dienstleistungen und Handwerk.

Der Mittelstand blüht auf

Das Beispiel der Ausgründungen aus der Mansfeld AG macht deutlich, wohin die Reise strukturpolitisch gehen musste, wenn Sachsen-Anhalt in der Marktwirtschaft wirklich ankommen wollte: Der Mittelstand musste systematisch entwickelt und vorangebracht werden. Gerade der Mittelstand war ja Opfer des kommunistischen Systems geworden. Von den ursprünglich 2,6 Millionen kleinen und mittleren Unternehmen, die es zu Beginn der DDR in Ostdeutschland gegeben hatte, waren zuletzt ganze 182.000 selbstständige Existenzen übrig geblieben. Davon entfielen rund 28.000 auf Sachsen-Anhalt. Vielfältige Förderprogramme wurden deshalb angeboten, um Existenzgründern den Weg in die Selbstständigkeit zu erleichtern. Wobei Rehberger insbesondere auch innovative Unternehmensgründungen im Auge hatte. Zahlreiche Innovations- und Gründerzentren wurden dank einer wirkungsvollen Förderung in einer ganzen Reihe von Städten, vor allem auch im Umfeld der Hochschulen, ins Leben gerufen. In einer Zwischenbilanz konnte der Wirtschaftsminister im November 1992 ermutigende Zahlen präsentieren: Durch einheimische Unternehmensgründer und Ansiedlungen war die Zahl der mittelständischen

Unternehmen von 1990 bis September 1992 auf mehr als 86.400 gestiegen. Neben dem gewerblichen und industriellen Mittelstand spielten auch die Freien Berufe eine zunehmend wichtige Rolle. Im September 1992 gab es in Sachsen-Anhalt schon wieder rund 10.000 Freiberufler. Sie beschäftigten rund 25.000 Personen. Auch Rehbergers Prognose sollte sich bestätigen: In den folgenden drei Jahren stieg die Zahl der Selbstständigen auf rund 20.000 an. Die Zahl der Beschäftigten wuchs auf etwa 50.000.

Sachsen-Anhalt entdeckt den Tourismus

Eigentlich hätte Sachsen-Anhalt eine gefragte Adresse sein müssen, seitdem sich der Tourismus in Europa und der Welt zu einem entscheidenden Wirtschaftsfaktor gemausert hatte. Mit den attraktivsten Teilen der Harzregion, insbesondere mit dem höchsten Berg dieses nördlichsten Mittelgebirges Deutschlands, dem sagenumwobenen Brocken, mit seinen geschichtsträchtigen, zum großen Teil von den Bomben des 2. Weltkriegs verschonten Städten wie Quedlinburg, Wernigerode, Stolberg, Naumburg, Tangermünde sowie den Lutherstädten Wittenberg und Eisleben, seinen lieblichen Weinlandschaften an Saale und Unstrut, mit der Altmark und der Dübener Heide, dem Wörlitzer Gartenreich, den meisten Schlössern und Burgen Ostdeutschlands, der Händelstadt Halle, der Bauhaus-Stadt Dessau, nicht zuletzt seiner rund 1.200 Jahre alten Landeshauptstadt Magdeburg mit großartigen Baudenkmälern, die den 30-jährigen Krieg ebenso überstanden haben wie die Bombenteppiche im 2. Weltkrieg hat dieses Land ein enormes touristisches Potenzial. Das war jedenfalls die Überzeugung Rehbergers, als er im November 1990 sein Amt als Wirtschaftsminister in Magdeburg antrat. Allerdings: In Magdeburg, Dessau und Halberstadt hatten die Bomben des 2. Weltkriegs große Lücken gerissen, die immer noch nicht hatten geschlossen werden können. Und 40 Jahre SED-Sozialismus hatten viele historisch bedeutsame Bauten verfallen und die touristischen Dienstleistungen ganz und gar verkümmern lassen. Eine riesige Aufgabe von A bis Z, von Arendsee bis Zeitz war anzupacken. Sie wurde angepackt. Bei den Verantwortlichen für Burgen und Schlösser, Kirchen und Klöster, Gärten und Parks, Gastronomie und

Hotellerie fand Rehberger begeisterte Verbündete. Auf dem 2. Tourismustag Sachsen-Anhalts am 22. Oktober 1992 in Arendsee konnte er voller Genugtuung verkünden: „Von Januar 1991 bis Oktober 1992 sind insgesamt 480 Anträge zu Vorhaben der touristischen Infrastruktur und in der Hotellerie des Landes genehmigt worden. Sie lösten Investitionen von über einer Milliarde D-Mark aus. 86% davon entfielen auf Projekte der touristischen Infrastruktur." Unter den fünf neuen Bundesländern, so der Minister weiter, habe Sachsen-Anhalt damit 1991 in den Tourismus mehr investiert, als alle anderen neuen Länder zusammengenommen.

Grünes Licht für die Brockenbahn

Mit der Wende waren die Sperrgebiete an der ehemaligen Westgrenze der DDR verschwunden. Auch der Brocken, höchster Berg des Harzes, war wieder frei zugänglich. Obwohl zunächst die hohen Mauern, die von der Roten Armee um die Bergkuppe herum errichtet worden waren, zunächst nur einige wenige Lücken aufwiesen, bevor sie dann komplett wieder abgetragen werden konnten. Die 1898 gegründete Brockenbahn war mit dem Mauerbau und der Grenzschließung im August 1961 für den Personenverkehr, 1987 auch für den Güterverkehr der Sowjet-Armee und der DDR-Grenztruppen gesperrt worden. Die Gleisanlagen waren völlig verschlissen.

Verantwortlich für die Brockenbahn war Anfang 1991 noch die Reichsbahn. Angesichts der gigantischen Investitionsvorhaben bei der Sanierung des Streckennetzes für den Fern- und den Regionalverkehr sah man sich in Berlin aber außerstande, für örtliche Trassen wie das Schienennetz der Brockenbahn Mittel bereit zu stellen. Auf Rehbergers Vorschlag hin wurde daraufhin von den kommunalen Gebietskörperschaften der Harzregion die Harzer Schmalspurbahnen GmbH (HSB) gegründet. Diese übernahm in einem im Oktober 1992 unterzeichneten Vertrag von der Reichsbahn das insgesamt 130 km lange Streckennetz der Schmalspurbahn, das rollende Material und die dazu gehörenden Liegenschaften. Zur Deckung der Personalkosten und als Ausgleich für in der Vergangenheit unterlassene Investitionen leistete die Reichsbahn einen Zuschuss von mehr als 20

Millionen DM. Das Wirtschafts- und Verkehrsministerium in Magdeburg seinerseits verlieh der Gesellschaft zum 1. Januar 1993 die Bau- und Betriebsrechte für die Harzquer-, Brocken- und Selketalbahn. Es war die bisher in kürzester Frist bewerkstelligte Regionalisierung eines Streckennetzes in ganz Deutschland. Und die HSB war stolze Besitzerin des größten Bestandes an Dampflokomotiven in Deutschland: 25 an der Zahl, die älteste davon aus dem Jahr 1897. Schon anderthalb Jahre vorher (Tempo war angesagt!), am symbolträchtigen 17. Juni 1991, hatte Rehberger mit einem ersten Spatenstich am Bahnhof Schierke grünes Licht für die Instandsetzung der etwa 10 km langen Bahnstrecke auf den Brocken gegeben. Vom Wirtschaftsministerium wurden dafür einschließlich der Wiederherstellung der technischen Infrastruktur und der Bahnhofsanlagen 19 Millionen DM bereitgestellt. Im Jahr 1991 der höchste Betrag, der für ein touristisches Infrastrukturvorhaben verausgabt wurde. Das Geld war gut angelegt. Schon ein Vierteljahr später, am 15. September 1991, gab Ministerpräsident Münch die Strecke frei. Auf der dann auch die Mauerreste vom Brockengipfel, untrügliche Zeichen des inzwischen überwundenen „Kalten Krieges" in Europa, zu Tal gefahren wurden. Über 1,1 Millionen Fahrgäste pro Jahr registriert die HSB seitdem. Weit mehr als die Hälfte fährt hinauf zum Brocken. Dieser Teil des Streckennetzes schreibt schwarze Zahlen!

Die Acht der Romanik

Wer 1990 an Kulturtourismus in Sachsen-Anhalt dachte, dem fielen die Lutherstädte Wittenberg und Eisleben, die Fachwerkstadt Quedlinburg oder das Händelhaus in Halle ein. Aber wer dachte schon an die vielen großartigen Baudenkmäler des Mittelalters, an denen Sachsen-Anhalt so reich ist? Dome wie in Naumburg und Havelberg, Klöster wie in Jericho und Magdeburg, ottonische Kaiserpfalzen wie in Arendsee und Memleben, Burgen wie Schloss Neuenburg in Freyburg und die Rudelsburg bei Bad Kösen? Da erreichte den Wirtschaftsminister ein Brief aus dem Magdeburger Rathaus. Wie wäre es denn, so gab man zu bedenken, wenn die zahlreichen und bedeutenden Bauten aus romanischer Zeit in ganz Sachsen-Anhalt durch eine Straße miteinander verbunden würden? Eine „Straße der Romanik" als neue Touristen-Attraktion? Rehberger war sofort „Feuer und Flamme". Eine Kommission von Fachleuten wurde eingesetzt, um Vorschläge für die in eine solche Tourismus-Straße aufzunehmenden Bauwerke und damit deren Routenführung zu machen. Ihr Vorschlag: eine in Form einer Acht durch ganz Sachsen-Anhalt verlaufende, rund 1.000 km lange Straße mit 72 Bauwerken aus den Jahren 950 bis 1250 in 60 Ortschaften. Der Vorschlag wurde akzeptiert. Längst überfällige Restaurierungen bedeutender romanischer Burgen, Kirchen und Klöster wurden aus Mitteln des Wirtschaftsministeriums finanziert, da der Denkmalschutz dazu beim besten Willen nicht in der Lage gewesen wäre. Graphiker lud man zu einem Wettbewerb für das Logo ein, an dem die Gäste aus nah und fern leicht erkennen konnten, dass sie auf der „Straße der Romanik" unterwegs waren.

Im Mai 1993 war es dann soweit: In Anwesenheit des Bundespräsidenten Richard von Weizsäcker wurde die „Straße der Romanik" in einem Festakt im Kloster Unser Lieben Frauen zu Magdeburg aus der Taufe gehoben. Sie erwies sich als ungemein attraktiv. Rasch rückte sie mit weit über 1,2 Millionen Besuchern pro Jahr unter den mehr als 150 deutschen Tourismus-Straßen in den Kreis der „Top ten" vor. Und wurde zu einem nicht unbedeutenden Wirtschaftsfaktor in Sachsen-Anhalt. Mit einer Identität stiftenden Wirkung für das Bindestrich-Land Sachsen-Anhalt. Auf die „Straße der Romanik" war und ist man stolz. Von Arendsee bis Zeitz.

Eine Zwischenbilanz: „Die Richtung stimmt"

Im November 1993 gab Rehberger dem Magdeburger Wirtschaftsspiegel ein Interview. Ohne zu ahnen, dass seine Tage als erster Wirtschafts- und Verkehrsminister Sachsen-Anhalts gezählt waren. Die Wirtschaft in den neuen Bundesländern und damit auch in Sachsen-Anhalt befinde sich, so der Minister, immer noch in einem tief greifenden Strukturwandel. „Obwohl unübersehbare Signale Zuversicht rechtfertigen, ist nicht zu verkennen, dass noch viele Probleme gelöst, große Anstrengungen vollbracht und schwere Belastungen überstanden werden müssen, ehe wir über dem Berg sein werden. Aber die Richtung stimmt, es geht voran", so Rehberger optimistisch. In den zurückliegenden Jahren des Neubeginns hatte es Sachsen-Anhalt – im Gegensatz zu anderen neuen Bundesländern – geschafft, die Fördermittel im Rahmen der Gemeinschaftsaufgabe von Bund und Ländern (GA) vollständig, also zu 100 %, auch in Investitionsvorhaben abfließen zu lassen. Dadurch waren 2.700, zu 87% mittelständische Investitionsvorhaben mit einem Gesamtvolumen von über 32 Milliarden DM in der produzierenden Wirtschaft Sachsen-Anhalts auf den Weg gebracht worden. Mit erheblichen Auswirkungen auch auf den Arbeitsmarkt. Rund 136.000 industrielle Arbeitsplätze wurden dadurch geschaffen oder gesichert. Weitere 1.600 Förderanträge für neue Investitionsvorhaben im Umfang von mehr als 7 Milliarden DM lagen zu diesem Zeitpunkt der Förderbehörde vor. Es ging voran! Dies ließ sich auch an einer anderen Zahl ablesen. 1992 war das Bruttoinlandsprodukt in Sachsen-Anhalt um 8.5% gewachsen. Auch wenn, wie Rehberger betonte, dieses Wachstum von einem sehr niedrigen Sockel aus eingetreten und nur durch den massiven Geldtransfer des Bundes in die ostdeutschen Bundesländer ermöglicht worden war, machte die Zahl eines deutlich: Man war auf einem Erfolg versprechenden Weg. Unter allen 16 Bundesländern des wiedervereinigten Deutschland sowie allen Ländern der Europäischen Gemeinschaft lag Sachsen-Anhalt mit seiner Wachstumsrate auf dem ersten Platz.

Von Magdeburg nach Zeitz
Gehälter-Affäre – Der tiefe Fall

Die Aufbauarbeit der Regierung Münch fand im November 1993 ein abruptes Ende. Auslöser war ausgerechnet ein CDU-Mann, welchen Münch, noch als Finanzminister von Sachsen-Anhalt, auf dessen Bitten hin ins Land geholt hatte: der Präsident des Landesrechnungshofes Horst Schröder. Eine verhängnisvolle Entscheidung, wie sich später herausstellen sollte. Schröder hatte einen Hang zur Selbstdarstellung und Eitelkeit. Darauf in einem Interview der „Magdeburger Volksstimme" angesprochen, bemerkte er selbstgefällig: „Da ich das schon häufiger gehört habe, muss wohl etwas dran sein". Untersuchungsergebnisse seiner Behörde gab Schröder gelegentlich den Medien bekannt, bevor überhaupt die Betroffenen dazu hatten Stellung nehmen können. Als er dann noch von Münch verlangte, an den Kabinettssitzungen teilnehmen zu dürfen, um dort bei allen finanzwirksamen Entscheidungen die Meinung des Landesrechnungshofes einzubringen und in seinem Sinne zu beeinflussen, war das Tischtuch zwischen den beiden Parteifreunden endgültig zerschnitten. Der Kontrolleur als Mitentscheider? So etwas Absurdes gab es nirgends. Münch lehnte ab.

Das harte NEIN Münchs traf Schröder zutiefst. So sann er – wie später viele vermutet haben – auf Rache. Und wurde fündig. Ausgerechnet Münch hatte ihm dazu als Finanzminister das Material geliefert. Natürlich völlig arglos. Die Gehälter der „West-Minister". Als am 2. November 1990 die erste Landesregierung gebildet wurde, gab es in dem gerade erst neu entstandenen Land Sachsen-Anhalt noch keine gesetzliche Regelung der Amtsbezüge von Ministern. Ministerpräsident Gies hatte deshalb nach Rücksprache mit Kanzleramtsminister Seiters – wie es alle ostdeutschen Ministerpräsidenten in ihren Regierungen ebenfalls getan hatten – den aus der alten Bundesrepublik kommenden Ministern ein Gehalt wie westdeutsche Landesminister fest versprochen. So stand es dann auch im Ministergesetz vom 21. März 1991. Für eine Übergangszeit blieben allerdings dem jährlichen Haushaltsgesetz Sonderregelungen vorbehalten. Und anders als in den anderen ostdeutschen Bundesländern, in denen die Höhe der Ministergehälter klar und einheitlich für alle „West-Minister" geregelt war, machte das Münch-Ministerium im Haushaltsgesetz die Höhe der Gehälter von der „bisherigen Bruttovergütung" abhängig. Zwar hatte sich Rehberger im Kabinett wiederholt gegen eine derart „schwammige" Regelung ausgesprochen und eine Korrektur verlangt. Bei der Beratung des Haushaltsgesetzes 1993 im Kabinett war auf Rehbergers Drängen hin der Finanzminister sogar beauftragt worden, eine neue und bessere Formulierung zu finden. Als von dort nichts kam, besprach Rehberger bei den Landtagsberatungen für den Haushalt 1993 mit den finanzpolitischen Sprechern der Regierungsfraktionen von CDU und FDP, Scharf und Lukowitz, eine neue, eindeutige Regelung für die Ministergehälter. Und als das Haushaltsgesetz im Finanzausschuss des Landtags beraten wurde, schickte er seinen Abteilungsleiter Maas in die Sitzung, um für eine Neuregelung zu werben. Doch Maas musste unverrichteter Dinge ins Ministerium zurückkehren. Staatssekretär Schmiege vom Finanzministerium hatte darauf bestanden, dass ausschließlich das Finanzministerium die Landesregierung bei den Ausschussberatungen über das Haushaltsgesetz vertrete. Scharf informierte anschließend Rehberger über eine Rückfrage beim Ministerpräsidenten Münch. Diese habe ergeben, dass dieser eine Korrektur des Haushaltsgesetzentwurfs strikt ablehne. Er könne jetzt keine Debatte um die Gehälter von Ministerpräsident und Ministern gebrauchen, sagte er. Basta! Und so blieb es für 1993 bei der „schwammigen" Regelung der Vorjahre.

Die Affäre nimmt ihren Lauf

Eine verhängnisvolle Fehlentscheidung Münchs! Und ein „gefundenes Fressen" für den verärgerten Rechnungshofpräsidenten Schröder. Im November 1993 legte er dem Finanzministerium den Entwurf eines Prüfberichtes vor, wonach nur ein Teil der Einkünfte, die die „Westminister" für die Zeit vor ihrem Wechsel nach Sachsen-Anhalt belegt hatten, als „bisherige Bruttovergütung" anerkannt werden könne. Bevor die betroffenen Minister, vor allem aber der federführende Finanzminister, dazu überhaupt Stellung nehmen konnten, veröffentlichte das Nachrichtenmagazin DER SPIEGEL unter der Überschrift „Die Raffkes von Magdeburg" alle wesentlichen Einzelheiten des Prüfbericht-Entwurfs. Über die Frage, ob Schröder höchst persönlich die Initiative ergriffen und die Unterlagen dem SPIEGEL zugespielt hat oder aber der Fraktionsvorsitzende von Bündnis 90/ Die Grünen, Hans-Jochen Tschiche dem Nachrichtenmagazin einen Tipp gegeben hatte und erst dann eine Rückfrage bei Schröder erfolgt war, gab und gibt es unterschiedliche Versionen. Im Grunde ist diese Frage aber nicht relevant. Denn so oder so, die Affäre nahm dank der großzügigen Informationspolitik Schröders ihren Lauf. In den Medien bekam die Öffentlichkeit Tag für Tag den „Politik-Sumpf von Sachsen-Anhalt" in aller Ausführlichkeit vermittelt. Münch und die Westminister standen als „Absahner" und „Raffkes" am Pranger. Gegen Münch und Sozialminister Schreiber wurden sogar Betrugsvorwürfe laut. Angeblich hatten sie über ihre früheren Einkünfte falsche Angaben gemacht. Bei der Staatsanwaltschaft in Magdeburg gingen Strafanzeigen ein, darunter eine vom Fraktionsvorsitzenden von Bündnis 90/Die Grünen, Tschiche. Die Opposition im Landtag forderte den sofortigen Rücktritt der Regierung. Ebenso eine Reihe von Kommentatoren in den Medien.

Der Wortbruch von Querfurt

In dieser aufgeheizten Atmosphäre trat am 27. November 1993 das Präsidium der FDP von Sachsen-Anhalt auf Burg Querfurt zusammen. Die große Mehrheit der Präsidiumsmitglieder äußerte dabei die Überzeugung, dass „gewisse personelle Konsequenzen" unvermeidbar seien. Ministerpräsident Münch müsse gehen. Als ehemaliger Finanzminister und jetziger Ministerpräsident sei er für den „Gehälter-Schlamassel" verantwortlich. Dies sehe auch die CDU-Spitze in Bonn so. Vor allem der Landesvorsitzende der FDP, Peter Kunert, plädierte für eine rasche Bereinigung der Affäre. Diese Bereinigung solle Rehberger durch einen Rücktritt „noch heute" ermöglichen. Wenn Rehberger zurücktrete, bleibe Münch nichts anderes übrig, als ebenfalls zurückzutreten. Auf Rehbergers Frage, wie man sich eine Landesregierung unter einem Münch-Nachfolger vorstelle, antwortete Kunert wörtlich: „Auch in einer neuen Landesregierung wird der Wirtschaftsminister Horst Rehberger heißen. Dies verspreche ich hiermit ausdrücklich." Rehberger hatte seine Zweifel. Da aber so gut wie alle Mitglieder des Parteipräsidiums, darunter auch Rehbergers persönliche Freunde, angesichts der Zusicherungen Kunerts einen sofortigen Rücktritt Rehbergers für geboten hielten, beugte er sich dem massiven Druck der Führungsriege seiner Partei. „Das werde ich Dir nicht vergessen", bedankte sich Kunert bei Rehberger am Ende der Sitzung. Noch in Querfurt gab Rehberger seinen Rücktritt bekannt. Am nächsten Morgen, es war ein Sonntag, trat daraufhin die gesamte Landesregierung zurück. Münch hatte in Magdeburg und in Bonn jede Unterstützung verloren.

Am Nachmittag erklärte der designierte Nachfolger Münchs, der CDU-Fraktionsvorsitzende Christoph Bergner, dass er die „West-minister" in seine Regierung übernehmen wolle. Denn die Verant-wortung für das Gehälter-Problem habe der frühere Finanzminister und Ministerpräsident Münch zu Recht übernommen. Doch noch am gleichen Nachmittag gab FDP-Landesvorsitzender Kunert eine Reihe von Fernseh- und Presse-Interviews. Seine klare Botschaft: Aus Gründen der „politischen Kultur" könnten die belasteten Mi-nister Rehberger, Perschau und Schreiber nicht mehr in einer neuen Landesregierung vertreten sein. Presseberichten zufolge hatte Ku-nert den Rat führender FDP-Politiker in Bonn eingeholt. Trotzdem: Es war ein glatter Bruch des Versprechens, das Kunert erst einen Tag zuvor gegeben hatte. Rehbergers bitterer Kommentar: „Man hat mich verraten und verkauft!"

Trotz allem wollte er allerdings die Flinte noch nicht ins Korn wer-fen. Mit seinem Wortbruch und seiner Forderung nach sofortigen Neuwahlen hatte sich Kunert auch im eigenen Landesverband vie-le Gegner geschaffen. Rehberger plante deswegen zunächst, beim bevorstehenden FDP-Landesparteitag gegen Kunert um das Amt des Landesvorsitzenden anzutreten. Da mit Wolfgang Rauls ein pro-minentes und durch die Gehälter-Affäre nicht belastetes Kabinetts-mitglied der FDP bereit war, gegen Kunert anzutreten, verzichtete Rehberger dann allerdings auf eine eigene Kandidatur. Doch auch Rauls blieb erfolglos. Auf dem Parteitag in Halle unterlag er Anfang 1994 Kunert klar.

Ein Kampf um die Ehre

Dass man in der Politik eine „Kündigungsfrist von 24 Stunden" hat, wusste Rehberger. Dennoch schmerzte ihn der Verlust des Mi-nisteramtes sehr. „Mit Leib und Seele" habe er den wirtschaftlichen Neubeginn in Sachsen-Anhalt mitgestaltet, schrieb er am 14. De-zember1993 den vielen aus nah und fern, die ihm ihre Solidarität und Sympathie bekundet hatten. Was ihn allerdings zutiefst getroffen hatte, war nicht der Amtsverlust als solcher. Die Umstände, die Ehrenrührigkeit der Vorwürfe waren es, die ihm schwer zu schaffen machten. Umso dankbarer war er, dass auf seine Bitte hin fünf unabhängige Persönlichkeiten nach Prüfung der Unterlagen und Anhörung des Finanzministers eine öffentliche Ehrenerklärung für ihn abgaben: Rehberger habe sich in Gehaltsfragen „persönlich korrekt" verhalten, erklärten Professor Dr. Ulrich Battis von der Humboldt-Universität Berlin, der Dessauer Kirchenpräsident Dr. Eberhardt Natho, der Magdeburger IHK-Präsident Eberhardt Pohl, der DGB-Vorsitzende von Sachsen-Anhalt, Dr. Jürgen Weißbach, und der Magdeburger Oberbürgermeister Dr. Willi Polte – die beiden letzteren prominente Mitglieder der SPD. Eine Ehrenerklärung für die beiden aus dem Saarland stammenden Minister des Kabinetts Münch, Rehberger und Schreiber, gaben spontan auch die Fraktionsvorsitzenden im saarländischen Landtag, Klimmt (SPD), Schwarz (CDU) und Müller (FDP) ab. In den „Badischen Neuesten Nachrichten" aus Karlsruhe erschien sogar eine große Zeitungsanzeige, in der sich Günter Calmbach, ein langjähriger liberaler Mitstreiter, für Rehberger ins Zeug legte. Solidarität und Zuspruch erfuhr Rehberger auch in zahllosen Briefen und Anrufen. Im Landtag dankte ihm am 2. Dezember 1993, der letzten Sitzung des Landtags, in der Rehberger – inzwischen nur noch geschäftsführend im Amt – auf der Regierungsbank saß, sogar SPD-Fraktionsvorsitzender Reinhard Höppner für die geleistete Arbeit. Zuvor hatte Rehberger noch einmal das Wort ergriffen. Was er jetzt habe erleben müssen, habe ihn menschlich tief verletzt. Er habe auf glasklare Absprachen vertraut, die nicht eingehalten worden seien. Nicht zur persönlichen Bereicherung sei er nach Sachsen-Anhalt gekommen, sondern in der Absicht, am Aufbauwerk Ost als einer einmaligen geschichtlichen Herausforderung mitzuwirken. Zugleich appellierte er an das Parlament, so rasch wie möglich für eine handlungsfähige Regierung zu sorgen. Ein Unternehmer habe ihn gefragt, was Vereinbarungen mit dem Land wert seien, wenn selbst der Wirtschaftsminister um die versprochene Besoldung „beschissen" werde. Für die mit der Treuhandanstalt zu treffenden Entscheidungen zum Beispiel in Sachen Leuna, aber auch für weitere Ansiedlungen sei eine handlungsfähige Regierung dringend notwendig. Rehberger widersprach deshalb in diesem Zusammenhang auch der Forderung der Opposition nach sofortigen Neuwahlen. Die Regierung müsse schleunigst wieder flott gemacht werden.

Die letzte Amtshandlung: Ein Förderbescheid für die Johanniskirche zu Magdeburg

Magdeburg hat im Laufe seiner über 1.200-jährigen Geschichte zwei katastrophale Zerstörungen erlebt: Am 20. Mai 1631, mitten im 30-jährigen Krieg, wurde die Stadt als Hochburg des Protestantismus von den kaiserlichen Truppen unter Generalleutnant Graf von Tilly erobert, geplündert und niedergebrannt. Zehntausende Bürger kamen in diesem Inferno um. „Magdeburgisieren" nannte man seitdem die völlige Zerstörung einer Stadt, bei der die Bevölkerung umgebracht oder vertrieben wurde. Eine zweite verheerende Zerstörung erlebte die vornehmlich in barockem Stil neu aufgebaute Stadt dann am 16. Januar 1945, wenige Monate vor dem Ende des 2. Weltkriegs. Ähnlich wie kurz danach Dresden wurde die Stadt von alliierten Bomberverbänden in Schutt und Asche gelegt. Tausende kamen zu Tode. Auch diesmal brannte Magdeburg drei Tage und drei Nächte. Zu den Kirchen, die wenigstens mit ihren Umfassungsmauern beide Zerstörungen überlebt hatten, gehörte die gotische Johanniskirche. Sie war, im Gegensatz zum bischöflichen Dom, die „Bürgerkirche". In unmittelbarer Nachbarschaft zum Rathaus. Luther hatte in dieser Kirche gepredigt und Magdeburg für die Reformation gewonnen. Mit Ausnahme der Turmfassade und des Nordturms, die in den fünfziger Jahren wiederhergestellt worden waren, war die Ruine über 40 Jahre lang als Mahnmal stehen geblieben.

Schon bald nach der Wende hatten beherzte Magdeburger ein Kuratorium für den Wiederaufbau der Johanniskirche gegründet. Gemeinsam mit Oberbürgermeister Willi Polte waren sie beim Wirtschaftsminister vorstellig geworden. Woher sonst sollten die mehr als 30 Millionen DM kommen, die für den Wiederaufbau benötigt wurden? Zwar wurden fleißig Spenden gesammelt. Auch die Stadt Magdeburg war bereit, ihr Scherflein zur Finanzierung beizutragen. Der „große Brocken" musste aber zwangsläufig aus der Staatskasse kommen. Rehberger war beeindruckt. Er empfahl die Erarbeitung eines Konzeptes, wonach der Kirchenbau multifunktional genutzt werden konnte: als Veranstaltungs- und Kongress-Zentrum, für Konzerte und Feste. Das Konzept kam. Mit ihm kam auch der Förderantrag über eine 90%ige Finanzierung durch das Land. Anfang Dezember 1993 war der Förderbescheid fertig, aber Rehberger nur noch geschäftsführend im Amt. Sollte er die Entscheidung über die Förderung seinem Nachfolger überlassen? Wie würde dieser entscheiden? Kurz entschlossen griff Rehberger zum Telefon, rief den Oberbürgermeister der Landeshauptstadt an. „Wenn Sie die Förderung wollen, kommen Sie umgehend bei mir vorbei. Einen Wirtschaftsminister, der ein solches Projekt fördert, wird es wohl so schnell kein zweites Mal geben", sagte er zu Willi Polte. Der kam. Und nahm einen Fördermittelbescheid in Höhe von 24,6 Millionen DM mit ins Rathaus. Als sich die Realisierung des Projekts in den folgenden Jahren hinauszog, wollte Rehbergers Nachfolger Klaus Schucht (SPD) die Gelegenheit nutzen und den Bescheid kassieren. Ein massiver Protest Poltes bei Ministerpräsident Reinhard Höppner verhinderte das Schlimmste. Rehbergers Bescheid blieb in Kraft. Und die Johanniskirche wurde nach ihrer Einweihung am 2. Oktober 1999 zur vielfältig genutzten „guten Stube" Magdeburgs.

Rechtsstaat und Wahltaktik

Nach einigem Hin und Her, bei dem insbesondere die Frage vorgezogener Neuwahlen eine erhebliche Rolle gespielt hatte, waren sich CDU und FDP einig geworden, für das letzte Halbjahr vor der Landtagswahl eine neue Landesregierung – die dritte seit 1990! – zu bilden. Zum Regierungschef wählte die Koalition Christoph Bergner, den bisherigen Fraktionsvorsitzenden der CDU. Wirtschaftsminister wurde Reinhard Lukowitz (FDP). Formal war damit die Gehälteraffäre zunächst einmal abgeschlossen. Formal! Denn die Frage, was mit den nach Auffassung des Rechnungshofs zu hohen Gehaltszahlungen an Münch und seine „Westminister" zu geschehen habe, blieb im Raum. Anfang 1994 erhielt Rehberger einen Anruf. Der neue Ministerpräsident wollte ihn sprechen. Bergner teilte dem Ex-Minister mit, dass nach gründlicher juristischer Prüfung an Rehberger keine rechtlich zu beanstandenden Gehaltszahlungen geleistet worden seien. Rehberger war erfreut. Das deckte sich nahtlos mit seiner eigenen Überzeugung. Die Freude dauerte allerdings nur kurz. Denn Bergner fügte hinzu, dass das Finanzministerium dennoch einen Rückzahlungsbescheid gegen Rehberger erlassen werde. Wie denn das, wollte dieser entgeistert wissen. Es tue ihm leid, antwortete Bergner. Aber sein Versuch, den Oppositionsführer Höppner dazu zu bringen, die Gehälteraffäre aus dem gerade beginnenden Landtagswahlkampf herauszuhalten, sei gescheitert. So müsse man die Klärung eben den Gerichten überlassen. Rehberger konterte mit dem Hinweis, dass Bergner doch erst vor wenigen Wochen vor dem Landtag seinen Amtseid abgelegt und geschworen habe, Recht und Gesetz gegenüber jedermann zu wahren. Auch ein Ex-Minister habe einen Anspruch auf eine rechtlich einwandfreie Vorgehensweise der Regierung. Na ja, meinte Bergner leicht genervt, so sei halt Politik.

Ende Mai 1994 kam der Rückforderungsbescheid des Finanzministers. In den drei zurückliegenden Jahren sei an Rehberger ein Betrag von insgesamt 185.629,02 DM zu Unrecht gezahlt worden. Diesen müsse er nebst 4% Zinsen ab Zustellung des Bescheids zurückzahlen. Das Ministergehalt wurde damit rückwirkend auf einen Betrag reduziert, der es unter das Gehalt der aus den alten Bundesländern stammenden Abteilungsleiter und Staatssekretäre in den Landesministerien sinken ließ. Natürlich bekamen auch Münch sowie die Ex-Minister Perschau und Schreiber ähnliche Bescheide. Gegen Münch und Schreiber wurde darüber hinaus ein Strafverfahren wegen Untreue und Betrug eingeleitet. Tiefer konnte man kaum fallen.

Ein Jahre langer Rechtsstreit folgte. Am 3. Dezember 1997, vier Jahre nach dem Rücktritt der Regierung Münch, verkündete das Oberverwaltungsgericht des Landes Sachsen-Anhalt in Magdeburg seine das Verfahren abschließenden Urteile: Alle Rückforderungsbescheide der Regierung Bergner wurden aufgehoben. Sie waren von A – Z rechtswidrig. Keiner der vier Kläger musste auch nur eine Mark zurückzahlen. Zahlen musste vielmehr das Land Sachsen-Anhalt: Die Prozesskosten beider Instanzen beliefen sich auf 148.000 DM! Bereits im Jahr 1996 waren Münch und Schreiber im Strafverfahren vom Vorwurf der Untreue und des Betrugs freigesprochen worden. Selbst die Staatsanwaltschaft hatte auf Freispruch plädiert. Ein Freispruch erster Klasse!

Auf dem Weg zur „roten Laterne"

Die Mühlen der Justiz mahlen langsam. Viel schneller als die die Gehälteraffäre abschließenden Gerichtsurteile kam die politische Quittung für die CDU/FDP-Regierung. Denn auch Christoph Bergner schaffte es in den wenigen Monaten bis zur Landtagswahl im Juni 1994 nicht, Ruhe und eine klare Linie in die Politik der Landesregierung zu bringen. Dem stand nicht zuletzt der FDP-Landesvorsitzende Peter Kunert im Wege. Kunert hatte nach dem Rücktritt der Regierung Münch – auch Bonner Einflüsterungen aus der Führungsriege der FDP folgend – für sofortige Neuwahlen plädiert. Die FDP-Landtagsfraktion hatte dies aber in aller Entschiedenheit abgelehnt. Damit war der Weg für die Regierung Bergner frei gemacht worden. Doch die für jedermann wahrnehmbaren Gegensätze in der Koalition, aber auch innerhalb der FDP, blieben. Seinen Höhepunkt fand der interne Richtungsstreit der Liberalen mitten im Landtagswahlkampf. FDP-Landesvorsitzender Kunert hatte schon im Januar 1995 auf einem Sonderparteitag der FDP in Halle angedeutet, dass er viel Sympathie für eine Koalition mit der SPD habe. Konsequent verhinderte er deshalb, unterstützt durch den Bundesvorsitzenden Klaus Kinkel, dass der Parteitag eine Koalitionsaussage zugunsten einer Fortführung der CDU/FDP-Koalition machte. Nur Rehberger hatte ihm in dieser Frage offen widersprochen. Aber viele in der FDP teilten Rehbergers Position. Nun verkündete Kunert eine Woche vor der Landtagswahl, dass er auch eine Koalition von SPD, FDP und Grünen attraktiv finde. Die Quittung der Wähler war knallhart: Die FDP stürzte von komfortablen 13,5% bei der Landtagswahl 1990 auf ganze 3,6% ab. Und flog damit aus dem Landtag. Auch die CDU musste eine schwere Schlappe hinnehmen und erreichte statt der 39% des Jahres1990 nur noch 34,4 %. SPD und Bündnis 90/Die Grünen verfügten mit 34% bzw. 5,1 % ebenfalls über keine Mehrheit. Die PDS nahm mit den von ihr erreichten19,9% (1990: 12 %) eine Schlüsselposition ein. Eine Koalition mit der PDS hatte SPD-Spitzenmann Höppner aber kategorisch ausgeschlossen.

Blieb also nur noch die Bildung einer großen Koalition aus CDU und SPD? Dies hoffte die CDU. Doch Höppner war nicht bereit, das Ministerpräsidentenamt einem Christdemokraten zu überlassen. Die bisherige Koalition sei abgewählt worden, verkündete er selbstbewusst. Die Mehrheit der Wähler habe für eine Veränderung gestimmt. Zielstrebig peilte er deshalb eine von der PDS tolerierte Minderheits-Regierung aus SPD und Bündnis 90/Die Grünen an. Und setzte sich damit letztlich durch. Sachsen-Anhalt begab sich auf den Weg zur „roten Laterne". In den acht Jahren, in denen Höppner mehr schlecht als recht seine Minderheitsregierung führte, gelang es dem Land Sachsen-Anhalt kein einziges Mal, die höchste Arbeitslosenquote aller 16 Bundesländer loszuwerden. Dies sollte erst nach dem Regierungswechsel des Jahres 2002 gelingen, als CDU und FDP bei der Landtagswahl eine komfortable Mehrheit im Landtag erkämpft hatten. Der Minister für Wirtschaft und Arbeit in der CDU/FDP-Regierung des Ministerpräsidenten Professor Dr. Wolfgang Böhmer (CDU) hieß Horst Rehberger.

Macher Bohn geht

Dass er von Wirtschaftspolitik wenig verstand, hat Reinhard Höppner, acht Jahre lang Ministerpräsident einer linken Minderheitsregierung, nicht bestritten. Im Landtagswahlkampf des Jahres 1994 hatte er deshalb einen Fachmann präsentiert, der Partei übergreifend und insbesondere in der Wirtschaft des Landes durchaus Ansehen genoss: Dr. Volkhard Uhlig, Hauptgeschäftsführer des Chemie-Verbandes. Als Höppner allerdings seine von der PDS abhängige Minderheitsregierung bilden wollte, sagte der Ministerkandidat spektakulär ab. Eine solche Regierung, so Uhlig, könne nicht die Wirtschaftspolitik betreiben, die das Land brauche. So präsentierte Höppner nach längerer Suche den früheren Vorsitzenden des Kommunalverbandes Ruhrgebiet, Jürgen Gramke (SPD), als seinen neuen „Wunschkandidaten". Im September 1994 wurde Gramke als neuer Wirtschaftsminister vereidigt. Und warf schon nach 75 Tagen das Handtuch: Die Abhängigkeit von der PDS lasse es leider nicht zu, eine vernünftige Wirtschaftspolitik zu gestalten, ließ er verlauten. Und ging als Minister mit der kürzesten Amtszeit in die Geschichte Sachsen-Anhalts ein. Höppner suchte binnen eines halben Jahres zum dritten Mal einen „Wunschkandidaten". Er fand ihn in Dr. Klaus Schucht, noch Vorstandsmitglied der Berliner Treuhandanstalt und davor Vorstandssprecher der Bergbau Westfalen AG in Dortmund. Wobei Höppner in doppelter Hinsicht über seinen eigenen Schatten springen musste. Schließlich hatte er im Landtagswahlkampf immer wieder betont, dass er im Kabinett ohne „Westimporte" auskommen werde. Außerdem hatte er in der ersten Wahlperiode des Landtags gemeinsam mit PDS und Bündnis 90/Die Grünen die Privatisierungspolitik des für die chemische Industrie und den Bergbau zuständigen Vorstandsmitglieds der Treuhandanstalt Schucht mehrfach heftig attackiert, so dass Wirtschaftsminister Rehberger dessen Privatisierungspolitik hatte verteidigen müssen. Auf diese Widersprüche angesprochen, erklärte der Fraktionsvorsitzende von Bündnis 90/Die Grünen Tschiche leicht verlegen zur Person Schuchts, man wolle ihn mit dem Amt in Magdeburg eben „domestizieren".

Seit Rehbergers Ausscheiden aus dem Ministeramt hatte sein Staatssekretär Rudolf Bohn faktisch die Führung des Hauses übernommen. Rehbergers unmittelbarer Amtsnachfolger Lukowitz (FDP) war mit dem Ministeramt überfordert und verließ sich deshalb auf den erfahrenen und tatkräftigen Staatssekretär aus dem liberalen Lager. Beim Regierungswechsel im Spätsommer 1994 hatte dann Höppner Bohn als einzigen unter den Staatssekretären der abgewählten CDU/FDP-Landesregierung gebeten, im Amt zu bleiben. Die erfolgreiche Arbeit des Wirtschaftsministeriums in den ersten Jahren nach dem Neubeginn hatte Höppner beeindruckt. Bohn blieb. Aber der Verdruss über den neuen Kurs der linken Minderheitsregierung wuchs schnell. Als das Kabinett entgegen allen Warnungen Bohns die Energiepolitik aus dem Wirtschaftsministerium in das von der Grünen-Politikerin Heidrun Heidecke geführte Umweltressort verlagerte, stand für ihn fest, dass er die erste Gelegenheit ergreifen werde, um das Wirtschaftsministerium in Magdeburg zu verlassen. Die Gelegenheit kam schnell. Für die Nachfolgeeinrichtung der Treuhandanstalt, die Bundesanstalt für vereinigungsbedingte Sonderaufgaben (BvS) in Berlin, wurde der operative Vorstand für das Privatisierungs- und Vertragsmanagement gesucht. Einmütig trugen die Ministerpräsidenten der ostdeutschen Bundesländer daraufhin Bohn dieses Amt an. Seine Arbeit in Magdeburg hatte ihm in ganz Ostdeutschland Respekt und Anerkennung verschafft. Er sagte zu.

„Da bin ich stur"

„Nie wieder" wollte Ex-Ministerpräsident Münch nach der Gehälteraffäre das Land Sachsen-Anhalt betreten. So hatte er sich in der Öffentlichkeit geäußert. Zutiefst enttäuscht und verletzt. Obwohl die Gehälteraffäre auch Rehberger tief getroffen hatte, dachte er nicht daran, dem Land den Rücken zu kehren. Er habe sich „keinerlei Schuld oder Fehlverhalten" vorzuwerfen, betonte er immer wieder. Um am Aufbau Ost mitzuwirken, müsse er im Übrigen nicht unbedingt Regierungsmitglied sein, sagte er: „Da bin ich stur". Angebote aus Westdeutschland lehnte er deshalb ab. Und griff zu, als ihm der Geschäftsführer der Hydrierwerk Zeitz GmbH (Hyzet), Dr. Peter Schwarz, im Sommer 1994 die Geschäftsführung der „ Zeitzer Industriepark-Gesellschaft 2000" (ZIP 2000) antrug.

Der Zeitzer Industriepark entsteht

Die Industriepark-Gesellschaft war vom Burgenlandkreis, der Stadt Zeitz, den drei kleinen Standortgemeinden sowie neun mittelständischen Unternehmen gegründet worden, um die Umwandlung dieses großen Chemiestandorts im Süden Sachsen-Anhalts mit dem weitgehend verschlissenen Hydrierwerk Zeitz in einen großen und modernen Industrie- und Gewerbepark zu bewerkstelligen. Die Aufgabe reizte den Ex-Wirtschaftsminister. Es galt, nach der schrittweisen Demontage der Altanlagen und der ökologischen Sanierung des riesigen Areals auf der Basis eines von den drei Standortgemeinden aufzustellenden gemeinsamen Bebauungsplanes eine völlig neue Infrastruktur zu schaffen. Und dann möglichst viele leistungsfähige Unternehmen, vor allem aus dem verarbeitenden Gewerbe anzusiedeln. Das konnte nur klappen, wenn auch die bis dahin fehlende direkte Anbindung an das Bundesstraßennetz erfolgte. Vor allem aber brauchte man eines: Geld! Die Kosten für die neue Infrastruktur beliefen sich nämlich auf rund 38 Millionen DM. Und die Gesellschafter hatten viel guten Willen und viele gute Ideen, aber leider kein Geld.

Am 15. September 1994 trat Rehberger sein neues Amt als Industriepark-Manager an. Zuallererst rief er im Magdeburger Wirtschaftsministerium an. Sein Gesprächspartner: Staatssekretär Rudolf Bohn. Der beantragte Fördermittelbescheid, mit dem 80% der Infrastrukturkosten von 38 Millionen DM abgedeckt werden sollten, war zwingende Voraussetzung für alles Weitere. Intensive Verhandlungen mit dem Magdeburger Wirtschaftsministerium folgten. Dann kam der Bescheid. Ein Versprechen, das Wirtschaftsminister Rehberger den Zeitzern gegeben hatte, war erfüllt. Aber woher sollten die 20% für die Kofinanzierung kommen, ohne die der Bescheid gar nicht umgesetzt werden konnte? Auch darüber war schon zu Rehbergers Ministerzeiten gesprochen worden. Mit der Treuhandanstalt in Berlin. Denn ihr gehörte nach wie vor das alte Hydrierwerk. 1995 sollte es seine bis dahin noch fortgeführten Produktionen endgültig einstellen. Mit allen Konsequenzen für die dort Beschäftigten. Nichts war deshalb dringlicher, als rasch für neue Arbeitsplätze zu sorgen.

Glück für Zeitz:
Die Rochade zwischen Berlin und Magdeburg

Ursprünglich hatte die Treuhandanstalt die Übernahme der Kofinanzierung in Aussicht gestellt. Doch als sich der frisch gebackene Zeitzer Geschäftsführer Rehberger Anfang Oktober 1994 in Berlin meldete, klang es ganz anders. Im Rahmen des Übergangs der verbliebenen Treuhand-Aufgaben auf deren Nachfolgegesellschaft, die Bundesanstalt für vereinigungsbedingte Sonderaufgaben (BvS), stünden für derartige Zwecke keine Mittel mehr zur Verfügung. Diese müssten von den kommunalen Gebietskörperschaften am Standort aufgebracht werden. Auch ein Gespräch mit dem scheidenden, für die Chemie zuständigen Vorstandsmitglied der Treuhandanstalt, Klaus Schucht, und dem neu ins Amt des Wirtschaftsministers von Sachsen-Anhalt berufenen Jürgen Gramke in Berlin brachte keine Annäherung. Dafür, so bekräftigte Schucht, sei kein Geld mehr da. Doch Rehberger und mit ihm die Zeitzer hatten Glück. Denn wenige Wochen später kam die Rochade zwischen Berlin und Magdeburg. Bohn wurde Vorstand der BvS, Schucht

Wirtschaftsminister von Sachsen-Anhalt. Im Februar 1995 wurde Schucht im Landtag als neuer Wirtschaftsminister vereidigt. Schuchts Schreibtisch und Sekretärin in Berlin übernahm Bohn. Kurz darauf war alles klar: Die BvS sagte die Mitfinanzierung des Industrie- und Gewerbeparks Zeitz in Höhe von 20% zu. Und der soeben berufene Wirtschaftsminister in Magdeburg war zufrieden, dass der Chemie-Standort Zeitz neue Perspektiven bekam. Jetzt konnte die Arbeit für den Industrie- und Gewerbepark so richtig beginnen. Mit einem kleinen, aber kompetenten Team, das Rehberger inzwischen um sich versammelt hatte. Und das die bewährte Mannschaft um Hyzet-Chef Schwarz hervorragend ergänzte.

Wer A sagt, muss auch B sagen

Auch als Wirtschaftsminister musste Schucht noch einmal tief in die Tasche greifen. Im Sommer 1995 waren die Planungen für die Verbindungsstraße zwischen dem Industrie- und Gewerbepark Zeitz und der Bundesstraße 2 so weit gediehen, dass die Finanzierungsfrage geklärt werden konnte. Da die Verbindungsstraße mit einem großen Brückenbauwerk über die Weiße Elster verbunden war, keine einfache Sache. Schucht hatte Bedenken. Er wolle nicht im SPIEGEL mit dem Vorwurf stehen, einen Millionenbetrag zum Fenster hinausgeworfen zu haben, erklärte er seinen Besuchern, dem Landrat und ZIP- Aufsichtsratsvorsitzenden Martin Groß, dem ZIP-Geschäftsführer Horst Rehberger und dem Geschäftsführer des Hydrierwerks Zeitz, Peter Schwarz. Letztlich ließ er sich aber doch überzeugen: Wer A sage (und auf dem alten Hydrierwerk-Gelände von 220 Hektar einen modernen Industriepark errichte), müsse auch B sagen (und für einen Verkehrsanschluss sorgen, der den Park direkt mit einer leistungsfähigen Bundesstraße verbinde).

Eine Erfolgsgeschichte beginnt

Die Bedenken Schuchts waren unbegründet. Unter Federführung der ZIP 2000 wurde der gemeinsame Bebauungsplan der drei Standortgemeinden zügig unter Dach und Fach gebracht. Und umgesetzt.

Parallel zu den Demontage- und Sanierungsarbeiten der alten Raffinerie, für die immer noch das Hydrierwerk selber verantwortlich war, wurden erste Ansiedlungen realisiert. Mitte 1996 gelang es der BvS, mit der Dortmunder Harpen AG ein Unternehmen zu gewinnen, das die Weiterentwicklung des Standortes privat fortführte. Chef dieser privaten Standort-Entwicklungsgesellschaft wurde Dr. Peter Schwarz, der bisherige Geschäftsführer der Hydrierwerk Zeitz GmbH. Im Mai 1996 konnte Schwarz in einem Gespräch mit der „Mitteldeutschen Zeitung" eine erste eindrucksvolle Bilanz vorlegen: Fast 50 Firmen mit insgesamt 650 Mitarbeitern und einem breit gefächerten Branchen-Mix hatten sich am Standort niedergelassen. Größter Investor am Platz war die italienische Radici-Gruppe, die im Industrie- und Gewerbepark mit einem Aufwand von 330 Millionen DM eine chemische Produktionsstätte (Herstellung von Grundstoffen für textile Garne) errichtete. Weitere wichtige Ansiedlungen sollten folgen. Seit 1996 waren es mehr als 20 weitere Unternehmen, die sich für den Industrie- und Gewerbepark Zeitz entschieden. Darunter die Firma Puralube, Philadelpia, die eine Raffinerie zum Recycling von Altöl errichtete, und die Firma Food Retail and Production CS GmbH, die Anfang Februar 2008 den ersten Spatenstich für eine Weizenstärkefabrik vollzog.

Unternehmensberater in Bernburg

Von Zeitz nach Bernburg

Von Anfang an hatte für alle Beteiligten festgestanden, dass Rehbergers Engagement in Zeitz für ihn beruflich nur eine Zwischenstation sein konnte. Seine Leidenschaft war und blieb die Politik. Und Zeitz war logistisch für einen Politiker alles andere als optimal. Da die neue Autobahn zwischen Halle und Magdeburg zwar im Bau, aber noch längst nicht fertig gestellt war, bedeutete ein einziger Termin in der Landeshauptstadt von Zeitz aus, dass fast ein ganzer Tag dafür geopfert werden musste. Nachdem die eigentliche Mission Rehbergers in Zeitz erfüllt war, nachdem er nicht nur für das „Startkapital" von 38 Millionen DM und die Finanzierung der Zufahrtsstraße gesorgt, sondern auch den Bebauungsplan mit den Standortgemeinden unter Dach und Fach sowie erste Baumaßnahmen auf den Weg gebracht hatte, war die Privatisierung des Standorts an die Harpen AG im Sommer 1996 der richtige Zeitpunkt, an anderer Stelle in Sachsen-Anhalt neue Aufgaben zu übernehmen. Längst hatte ein anderes bedeutendes Unternehmen Sachsen-Anhalts, die Romonta GmbH Amsdorf, bei Rehberger vorgefühlt, ob er bereit sei, das Unternehmen bei der Standort-Entwicklung zu beraten. Beträchtliche Flächen des Bergbau-Unternehmens im Mansfelder Land standen für eine neue gewerbliche Nutzung zur Verfügung. Allerdings musste dies durch die Regionalplanung und die Bauleitplanung der betroffenen Gemeinden erst noch ermöglicht werden. Mit den Erfahrungen Rehbergers als Karlsruher Bürgermeister und als Geschäftsführer in Zeitz, aber auch seinen Verbindungen in die Landesverwaltung und nach Berlin brachte er wesentliche Voraussetzungen für diese Aufgabe mit. Von anderen Unternehmen war ebenfalls großes Interesse an einer Beratung durch Rehberger signalisiert worden. So entschloss er sich, ab Oktober 1996 als selbstständiger Unternehmensberater tätig zu werden. Mit Sitz in Bernburg. Das muntere Städtchen an der Saale lag mitten in Sachsen-Anhalt, in etwa gleich weit entfernt von Magdeburg und Halle, Dessau und Wernigerode. Für einen, der nicht nur an seine Klienten, sondern auch an seine politische Aufgaben dachte, ein nachgerade idealer Standort. Inzwischen hatte Rehberger nämlich auch in der FDP ein Comeback erlebt.

Die FDP Sachsen-Anhalts im „Tal der Tränen"

Mit dem Absturz der FDP in Sachsen-Anhalt von 13,5% auf 3,6% hatte Landesvorsitzender Peter Kunert in der Geschichte der Liberalen einen Negativ-Rekord aufgestellt. Noch nie hatte die Partei auf Bundes- oder Länderebene einen derart katastrophalen Niedergang hinnehmen müssen. Obwohl er nicht alleine für das beispiellose Desaster verantwortlich gemacht werden konnte – auch der umtriebige Europa-Minister Kaesler und der eigenwillige Fraktionsvorsitzende im Landtag, Haase, sowie prominente „Berater" aus der Bonner Parteispitze hatten ihren Anteil am fatalen Gang der Dinge –, trug Kunert als Landesvorsitzender und FDP-

Spitzenkandidat bei der Landtagswahl vom 26. Juni 1994 doch die Hauptverantwortung für die vernichtende Niederlage. Vier Tage nach der Wahl erklärte er per Fax an die FDP-Landesgeschäftsstelle seinen Rücktritt vom Parteivorsitz. Der Landesvorstand beauftragte daraufhin einen der drei stellvertretenden Landesvorsitzenden, den Dessauer Mediziner Dr. Rudolf Menzel, die Geschäfte der Partei bis zur Wahl eines neuen Landesvorstands zu führen. Menzel war gewiss ein redlicher Mann. Aber Tatkraft und Optimismus auszustrahlen, war seine Sache nicht. Ein Landesparteitag, den er für den 3. Dezember 1994 nach Wittenberg einberufen hatte und der eine Satzungsänderung über die Reduzierung der Delegiertenzahl von 300 auf 200 beschließen sollte, war beschlussunfähig. Zu tief saß bei vielen Liberalen der Frust über das verheerende Versagen der Parteiführung im Landtagswahlkampf. Was sollten sie jetzt auf einem Landesparteitag noch machen, fragten sich viele Delegierte. Eine Neuwahl des Landesvorstands war ohnehin nicht vorgesehen. So blieben sie lieber zu Hause.

Ein Delegierter machte denen, die gekommen waren, allerdings Mut. Horst Rehberger. Unter der Schlagzeile „Pleite bei den Liberalen – außer Spesen nichts gewesen" berichtet Hans-Jürgen Greye in der „Mitteldeutschen Zeitung" vom 5. Dezember 1994 über den nach nicht einmal zwei Stunden geplatzten Parteitag u.a.: „Wäre der einst im Zuge der so genannten Gehälteraffäre ins Gerede gekommene liberale Minister Horst Rehberger, heute Geschäftsführer des Zeitzer Industrieparkes, nicht gewesen, die interessantesten Reden hätte es in den Gängen gegeben. Rehberger freilich legte sich nach Menzels blutleerer Ansprache mächtig ins Zeug. „Mich juckt´s", bekannte der Saarländer freimütig, um dann aus liberaler Deckung heraus kräftig auf Magdeburger Rot-Grün zu schießen. Nach dreimaliger Beteuerung, wie sehr er persönlich den designierten Wirtschaftsminister und Noch-Treuhandmann Klaus Schucht schätze, bescheinigte er jenen, die den einst Kritisierten jetzt in ihre Regierung holen, um ihn zu domestizieren, nicht alle Tassen im Schrank zu haben. Wörtlich: „Herr Tschiche hat von der Wirtschaftspolitik so viel Ahnung wie eine Kuh in der Altmark vom Zitherspiel." – Johlen, Klatschen, Lachen – das einzige Mal in den etwa 100 faden Parteitagsminuten."

Das „PR-Team" übernimmt die Führung der FDP

Der überfällige Neuanfang der Liberalen in Sachsen-Anhalt begann erst mit dem Landesparteitag vom 25. März 1995 in Bad Friedrichsbrunn. „Frühling für die FDP in Sachsen-Anhalt" versprachen blaue Lettern auf gelbem Grund den Delegierten. Um das Vorsitzenden-Amt bewarb sich die 36 Jahre junge Hallenserin Cornelia Pieper, im ersten Landtag von Sachsen-Anhalt dessen Vizepräsidentin. Bei den internen Kämpfen des vergangenen Jahres, auch bei der Auseinandersetzung zwischen Kunert und Rehberger, hatte sie sich dezent zurückgehalten. So galt sie vielen als Integrationsfigur und Hoffnungsträgerin des gebeutelten Landesverbandes. Ohne Gegenkandidaten trat sie an. Mit 178 der rund 260 abgegebenen Stimmen wurde sie zur neuen Landesvorsitzenden gewählt.

Spannend wurde es, als Piepers Stellvertreter zur Wahl anstand. Um diesen Posten bewarben sich der bisher amtierende Landesvorsitzende Bruno Menzel und Horst Rehberger. In einer kurzen, aber leidenschaftlichen Rede warb Rehberger für einen echten Neuanfang. Als wichtige Lehre aus der jüngsten Vergangenheit gelte es, sich nicht mit sich selbst, sondern mit dem politischen Gegner zu beschäftigen. Für Letzteres gebe es Grund genug: Die von der PDS abhängige rot-grüne Minderheitsregierung in Magdeburg regiere nicht, sondern amtiere allenfalls. Zum schweren Schaden des Landes. Die FDP müsse wieder zu einer wichtigen politischen Kraft in Sachsen-Anhalt werden. Mit einem PR-Team an der Spitze: Pieper und Rehberger. Das Wahlergebnis war eindeutig: Mit 214 Stimmen gegen 45 Stimmen für Menzel setzte sich Rehberger durch. „Wie Phönix aus der Asche" sei, so berichtet am folgenden Montag die „Magdeburger Volksstimme", der ehemalige Wirtschaftsminister aufgestiegen und zum eigentlichen „Star des Parteitags" geworden.

Stabilität statt Streit

Sieben lange Jahre sollte es dauern, bis das PR-Team die FDP von Sachsen-Anhalt am 21. April 2002 zurück in den Landtag und die Landesregierung geführt hat. Mit einem Traumergebnis für die Liberalen von 13,3 %. Zu den wichtigen Voraussetzungen dieses Erfolgs gehörten gegenseitiges Vertrauen und eine unbedingte gegenseitige Solidarität. Selbst wenn Pieper und Rehberger einmal unterschiedlicher Meinung waren, was selten genug vorkam, ließen sie diesen Dissens nach außen nicht erkennen. Die junge Dolmetscherin aus Halle und der 56-jährige Jurist aus Karlsruhe, Halles Partnerstadt, ergänzten sich hervorragend. Piepers bevorzugtes Thema war die Bildungspolitik, Rehbergers Stärke die Wirtschaftspolitik. Was er an Jahrzehnte langer Erfahrung einbrachte, ersetzte sie durch ein hohes Maß an Intuition. Gemeinsam waren sie optimistisch eingestellt, innerhalb der Partei vor allem auf Ausgleich bedacht, dem politischen Gegner gegenüber jedoch angriffslustig. Mit dem Florett, nicht dem Säbel. Über zehn Jahre, bis zu Rehbergers Ausscheiden aus der aktiven Politik anlässlich der Landtagswahl des Jahres 2006, sorgten die beiden Spitzenpolitiker für ein alles in allem harmonisches Klima in der FDP Sachsen-Anhalts.

Neue Aufbruchstimmung

Mit neuer Zuversicht machte sich die neue Führungsspitze der FDP, zu der auch der frühere Generalsekretär der Bundespartei und Bundestagsabgeordnete Uwe Lühr aus Halle sowie der Vorsitzende des Kreisverbandes Weißenfels, Norbert Volk gehörten, an die Arbeit. In der außerparlamentarischen Opposition kein leichtes Unterfangen. Immerhin: der FDP-Landesverband Sachsen-Anhalt hatte eine solide kommunalpolitische Basis. In allen Kreistagen und allen Stadträten der größeren Städte gab es FDP-Fraktionen, der Oberbürgermeister von Dessau sowie über 160 haupt- oder ehrenamtliche Bürgermeister in den kleineren Städten und Gemeinden waren Mitglieder der FDP. Und mit den Kommunalwahlergebnissen lagen die Liberalen Sachsen-Anhalts bundesweit so gut wie immer an der Spitze aller 16 Landesverbände der FDP. Mit den zweimal jährlich durchgeführten Landesparteitagen, öffentlichen Sitzungen des Landeshauptausschusses, Foren zu wichtigen Fragen der Mittelstandspolitik, der Kommunalpolitik und der inneren Sicherheit sowie einer großen Zahl von Veranstaltungen vor Ort bemühte sich die neue

FDP-Führung, Alternativen zu der wenig erfolgreichen Politik der rot-grünen Minderheitsregierung aufzuzeigen. Auf Vorschlag Piepers stiftete der FDP-Landesverband einen „Preis der Toleranz", mit dem Persönlichkeiten ausgezeichnet wurden, die sich durch tolerantes Verhalten und Zivilcourage hervorgetan hatten. Auch Rehbergers Vorschlag, einen jährlich zu vergebenden Preis für besonders phantasievolle und erfolgreiche Werbeaktionen zugunsten der „Straße der Romanik" zu stiften, wurde aufgegriffen. Eine Tradition, die sich bis heute großer Beliebtheit in Sachsen-Anhalt erfreut, wurde so begründet.

Ein Rückschlag: die Landtagswahl 1998

Voller Zuversicht sah die FDP-Spitze der Landtagswahl vom 26. April 1998 entgegen. Die Ergebnisse der Politik der rot-grünen Minderheitsregierung waren überaus bescheiden, das von Höppner so genannte „Magdeburger Modell" alles andere als attraktiv. Das Führungs-Duo Pieper/Rehberger war auf dem Landesparteitag vom 12. und 13. April 1997 eindrucksvoll in seinen Ämtern bestätigt und im Oktober 1997 dann von der Landesvertreterversammlung auf die Plätze 1 und 2 der FDP-Landesliste zur Landtagswahl 1998 gesetzt worden. Als „Herzdame" und „Kreuzbube" wurden die beiden Spitzenleute der FDP unter dem Slogan „Und Sachsen-Anhalt gewinnt" ins Rennen um die Rückkehr in den Landtag geschickt. Auch der Ehrenvorsitzende des FDP-Landesverbandes, Hans Dietrich Genscher, legte sich für seine Partei schwer ins Zeug: Zwischen dem 1. Januar und dem 16. April absolvierte er 67 Veranstaltungen in Sachsen-Anhalt. Mit großem Zulauf. Nur die Spitzenkandidaten Pieper und Rehberger erreichten in diesem Zeitraum mit 137 bzw. 130 Veranstaltungen noch höhere Zahlen.

Gemeinsam war man davon überzeugt, dass die 5%-Klausel „zu knacken" sei. Doch es kam anders.

Eine Woche vor der Landtagswahl fand in Berlin ein Bundesparteitag der FDP statt. Eigentlich eine gute Gelegenheit, auch von der Bundesseite der Partei her für Rückenwind im Landtagswahlkampf zu sorgen. Doch genau das Gegenteil geschah: Nach heftiger kontroverser Debatte forderte die Parteitagsmehrheit gegen das Votum des Bundesvorsitzenden Gerhardt und vor allem auch der ostdeutschen Delegierten die Abschaffung des Solidaritäts-Zuschlags. Im Osten der Republik war damit keine Sympathie zu gewinnen. Im Gegenteil: Alle anderen Parteien, von der CDU bis zur PDS verkündeten lautstark, die FDP habe den Osten abgeschrieben. Auch innerhalb der FDP Sachsen-Anhalt war die Stimmung gedrückt. Der Wahlsonntag brachte die befürchtete Quittung: Zwar gewannen die FDP-Direktkandidaten 6% aller Erststimmen. Bei der entscheidenden Zweitstimme, der „Parteistimme", schaffte die FDP aber nur einen bescheidenen Zuwachs von 3,6% (1994) auf 4,2%. Statt der FDP und der Grünen, die mit einem Stimmenanteil von 3,2% aus dem Landtag flogen, zog die DVU in den Landtag ein. Mit 12,9%! Am meisten hatten die Rechtsradikalen von bisherigen Nicht- bzw. Erstwählern profitiert, aber vor allem auch der CDU viele Stimmen weggenommen. Diese sank von 34,3% auf ganze 22%, während die SPD leicht auf 35,9% zulegen und die PDS sich bei 19,6% halten konnte. Vier weitere Jahre unter der schwächlichen Höppner-Regierung waren die Folge.

„Jetzt erst recht!"

Anders als nach dem selbst verschuldeten Wahldebakel des Jahres 1994 gab es 1998 nach der Wahlschlappe der FDP keine Führungskrise. Der Landespartei war die bittere Niederlage diesmal nicht anzulasten. „Jetzt erst recht" lautete vielmehr die Devise der Liberalen. Cornelia Pieper löste ihren Hallenser Parteifreund Uwe Lühr auf dem Spitzenplatz der Landesliste für die Bundestagswahl ab. Und zog im Herbst 1998 in den Bonner Bundestag ein. Horst Rehberger übernahm von Gerry Kley den Vorsitz der Parlamentarischen Arbeitsgruppe, einer Art außerparlamentarischen Landtagsfraktion. Außerdem gründete er gemeinsam mit Mittelständlern aus der FDP und deren Umfeld die „Liberale Initiative Mittelstand" (LIM), um gerade im links regierten Sachsen-Anhalt die Belange der Wirtschaft noch wirkungsvoller vertreten zu können. Intensiv kümmerte sich das Führungs-Duo Pieper/Rehberger aber auch um die Werbung neuer Mitglieder. Gemeinsam gelang es ihnen, den Magdeburger Professor für Volkswirtschaftslehre, Dr. Karl-Heinz Paqué, für die liberale Partei zu gewinnen. Er sollte, wie sich später herausstellte, bei der Rückkehr der FDP in den Landtag und die Landesregierung von Sachsen-Anhalt eine wichtige Rolle spielen. Nach dem Tode des bisherigen Landesschatzmeisters Klaus Dieter Hoffmann entschloss sich Rehberger, angesichts der schwierigen Finanzlage und der großen Herausforderung, die der kommende Landtagswahlkampf mit sich bringen würde, das Amt des Landesschatzmeisters zu übernehmen. Auf dem Landesparteitag vom 10. April 1999 in Bad Suderode wurde er mit überwältigender Mehrheit gewählt. Wer wollte auch schon ein so schwieriges Amt übernehmen? Der stellvertretende Landesvorsitz wurde damit für Dr. Uwe Schrader frei, der allerdings zwei Jahre später zugunsten von Paqué auf eine erneute Kandidatur als stellvertretender Landesvorsitzender verzichtete. Einen Hoffnungsträger. Die personellen Weichen für die Landtagswahlen des Jahres 2002 waren damit gestellt.

Erneut im Kabinett:
Minister für Wirtschaft und Arbeit

„Der neue Start. Für Sachsen-Anhalt."

Auch auf Bundesebene hatte sich die FDP neu aufgestellt. Auf dem Düsseldorfer Bundesparteitag im Mai 2001 war Guido Westerwelle als Nachfolger von Wolfgang Gerhardt zum neuen Bundesvorsitzenden der FDP gewählt worden. Außerdem war – auf Westerwelles Vorschlag hin – Cornelia Pieper, die „Stimme des Ostens", vom Bundesparteitag zur neuen FDP-Generalsekretärin berufen worden. Dies stellte natürlich nicht zuletzt eine spektakuläre Stärkung der Spitzenkandidatin der FDP in Sachsen-Anhalt durch die Bundespartei dar! Unter Federführung von Horst Rehberger wurde anschließend das Landtags-Wahlprogramm der Liberalen erarbeitet: „Der neue Start. Für Sachsen-Anhalt." Ein ehrgeiziges Ziel für eine Partei, die noch nicht einmal im Landtag vertreten war. Anfang 2002 setzten die Liberalen noch einen drauf: Die Spitzenkandidatin wurde auch als Kandidatin für das Amt der Ministerpräsidentin präsentiert. Auf Vorschlag von Hans Dietrich Genscher. Die FDP trat mit SPD und CDU „auf gleicher Augenhöhe" an. Eine förmliche Koalitionsaussage war damit überflüssig. „Eine Generalin, die für die Liberalen die Kohlen aus dem Feuer holen will" präsentierte die „Magdeburger Volksstimme" wenige Tage vor der Landtagswahl die Spitzenkandidatin der FDP. „Während sie das Wirtschaftsfeld im Wahlkampf oft dem früheren FDP-Wirtschaftsminister Horst Rehberger überlässt", heißt es in diesem Bericht weiter, „kommt sie beim Thema Bildung richtig in Fahrt." Auch auf diesem Sektor hatte die Höppner-Regierung der Opposition Steilvorlagen gemacht. Zum Beispiel dadurch, dass sie das Abitur nach 12 Jahren durch das Abitur nach 13 Jahren ersetzt hatte. Als einzige ostdeutsche Landesregierung. Während westdeutsche Länder dabei waren, nach ostdeutschem Vorbild ein Abitur nach 12 Jahren einzuführen. Mit jeder Woche, mit der die Landtagswahl näher rückte, stiegen die Umfrage-Ergebnisse der FDP.

Die Landtagswahl vom 21. April 2002 brachte erdrutschartige Veränderungen: Die regierende SPD stürzte auf 20% ab und fiel damit sogar noch hinter die PDS zurück, die 20,4% erreicht hatte. Eindeutige Sieger waren die CDU mit ihrem Spitzenkandidaten Wolfgang Böhmer, die 37,3 % und damit ein Plus von 15,3%-Punkten erreicht hatte, und die FDP, die auf 13,3% gekommen war und damit 9,1%-Punkte hatte zulegen können. Der bundesweit größte Wahlerfolg der FDP seit der deutschen Wiedervereinigung, wie Pieper euphorisch konstatierte. Zwar hatte sich die CDU vorher schon insgeheim auf eine große Koalition mit der SPD eingestellt. Denn niemand hatte mit einem solch großen Erfolg der FDP gerechnet. Doch der Wählerauftrag war eindeutig: Sachsen-Anhalt bekam eine neue Regierung aus CDU und FDP. Der erhoffte Neustart wurde Wirklichkeit. Allerdings ohne Cornelia Pieper in der neuen Regierung. Angesichts ihres Amtes als Generalsekretärin des Bundesverbandes der FDP und der im Herbst 2002 bevorstehenden Bundestagswahl entschied sie sich für ihre Aufgaben in der Bundespartei. Trotz starker Kritik sowohl in der FDP Sachsen-Anhalts als auch in der Öffentlichkeit. In das neue Kabinett zogen deshalb für die FDP Horst Rehberger als Minister für Wirtschaft und Arbeit sowie Stellvertretender Ministerpräsident, Karl-Heinz Paqué als Finanzminister und Gerry Kley als Minister für Gesundheit und Soziales ein.

Neuer Ressortzuschnitt

Als die Regierung Böhmer/Rehberger im Mai 2002 an die Arbeit ging, stellte der neue Ministerpräsident als Ergebnis von acht Jahren PDS-abhängiger Minderheitsregierung Höppner einen „absoluten Tiefpunkt des Geschäftsklimas in allen Branchen" und „schlechteste Indexwerte seit 1991" fest. In der Tat war Sachsen-Anhalt seit 1994 im Vergleich zu den anderen ostdeutschen Bundesländern in vielen Bereichen, insbesondere bei den Arbeitsmarktzahlen, auf den letzten Platz zurückgefallen. Mittel für die Investitionsförderung der Wirtschaft waren in erheblichen Größenordnungen mangels geeigneter Projekte an den Bund zurückgeflossen oder in aufwändige touristische Großprojekte gesteckt worden, die rasch in einer Pleite geendet hatten. Um deutlich zu machen, dass „Wirtschaftspolitik zuallererst dem gesellschaftlichen Ziel dienen solle, möglichst allen einen Arbeitsplatz zu ermöglichen", so der Ministerpräsident in seiner ersten Regierungserklärung, habe man die Arbeitsmarktpolitik in das Wirtschaftsressort integriert. Auf diese Weise wollte die Koalition auch dazu beitragen, die Umsetzung der arbeitsmarktpolitischen Instrumente zu verbessern und die Maßnahmen des „zweiten Arbeitsmarktes" wirkungsvoller auf die Belange des „ersten Arbeitsmarktes" abzustimmen. Gerade dieser Aspekt war auch für Rehberger besonders wichtig. Denn eine Politik, die mit Arbeitsbeschaffungsmaßnahmen dem ersten Arbeitsmarkt Konkurrenz machte und in der gewerblichen Wirtschaft Arbeitsplätze vernichtete, wollte der neue Arbeitsminister Rehberger in keinem Falle verantworten.

Das größte Problem des Ostens: Der Arbeitsmarkt

Als Rehberger im Mai 2002 erneut das Wirtschaftsressort von Sachsen-Anhalt und erstmals auch die Aufgabe des Arbeitsministers übernahm, stand das größte soziale Problem Ostdeutschlands, die Arbeitslosigkeit, schon ein gutes Dutzend Jahre auf der Tagesordnung. Mit dem Zusammenbruch der sozialistischen Kommando-Wirtschaft und dem Zwang, sich im weltweiten Wettbewerb zu behaupten und nur noch diejenigen Arbeitskräfte zu beschäftigen, die man tatsächlich brauchte, verloren binnen weniger Jahre Millionen Menschen ihren bisherigen Arbeitsplatz. Bereits im Frühjahr 1990 hatte die Modrow-Regierung der damaligen DDR deshalb ein Gesetz zur Frühverrentung beschlossen. Arbeitnehmer, die über 55 Jahre alt waren, konnten vorzeitig in den Ruhestand geschickt werden. Rund eine Million Frauen und Männer aus ostdeutschen Betrieben waren von dieser Regelung betroffen. Die Aufbau-Generation der DDR wurde damit zwangsläufig zur Anpassungsressource für betriebliche Probleme und für die Entlastung des Arbeitsmarkts. In einem Land, in dem seit vier Jahrzehnten die Erwerbsquote weit über der westlicher Länder, auch der in der Bundesrepublik gelegen hatte, auch psychologisch ein problematischer Vorgang.

Bei den jüngeren Arbeitslosen, die es in noch wesentlich größerer Zahl gab, versuchte man, mit Hilfe der in der Bundesrepublik seit vielen Jahren eingeführten „arbeitsmarktpolitischen Instrumente" wie Arbeitsbeschaffungsmaßnahmen sowie Umschulungs- und Fortbildungsangeboten, den Übergang in das marktwirtschaftliche System zu erleichtern. Der Dienstleistungssektor, im Wesentlichen getragen von mittelständischen Betrieben und freiberuflichen Praxen, entwickelte sich ja gerade in den ersten Jahren nach der Wende sehr dynamisch. Ein voller oder auch nur weitgehender Ausgleich für die in Industrie und Landwirtschaft weggefallenen Arbeitsplätze konnte dadurch freilich nicht erreicht werden. Gerade in Sachsen-Anhalt blieb die Arbeitslosenquote mit teilweise über 20% extrem hoch. So blieb den Arbeitsämtern in vielen Fällen nichts anderes übrig, als Arbeitssuchende von einer Maßnahme in die andere zu schieben. Bei schon Älteren nicht selten in der Hoffnung, auf diese Weise das Renteneintrittsalter zu erreichen.

„Das Übel an der Wurzel packen"

Rehberger verkannte nicht, dass der immer noch im Gang befindliche Strukturwandel in Ostdeutschland durch sozialpolitische Maßnahmen flankiert werde müsse. Der eindeutige Schwerpunkt aller Bemühungen um eine positive Entwicklung auf dem Arbeitsmarkt musste seiner Meinung nach aber in Maßnahmen bestehen, durch die auf dem ersten Arbeitsmarkt neue Arbeitsplätze entstehen konnten. Man müsse, so betonte er immer wieder, „das Übel an der Wurzel packen." Daraus ergaben sich für ihn vier Aufgabenschwerpunkte:

Die Ansiedlung neuer Unternehmen des verarbeitenden Gewerbes sowie die Förderung von Erweiterungsinvestitionen bestehender Betriebe hatten – wie in den Jahren 1990 bis 1993 – wieder oberste Priorität. Eine „Ansiedlungs- und Investitionsoffensive" wurde eingeleitet.

Die Zahl und Wirtschaftskraft mittelständischer Unternehmen musste auch außerhalb des verarbeitenden Gewerbes systematisch gesteigert werden. Dazu entwickelte er ein völlig neues Konzept für die Existenzgründer-Offensive EGO, die von seinen beiden Vorgängern zwar eingeleitet, jedoch ohne Erfolg betrieben worden war. Ein besonderes Augenmerk galt aber, wie immer, auch der im Wesentlichen mittelständisch geprägten Wachstumsbranche Tourismus.

Einen weiteren Schwerpunkt bildete im Rahmen der Bemühungen um eine gute Entwicklung des Mittelstands die Forschungs- und Entwicklungsförderung. Die Biotechnologie-Offensive spielte für Rehberger in diesem Zusammenhang eine herausragende Rolle.

Die Instrumente der Arbeitsmarktpolitik mussten so weiterentwickelt werden, dass sie sich positiv auf dem ersten Arbeitsmarkt auswirkten. Die Überlegungen Rehbergers trafen sich dabei in mancherlei Hinsicht mit den Auffassungen des neuen Präsidenten der Bundesanstalt für Arbeit, Florian Gerster. Dieser wehrte sich insbesondere dagegen, dass Milliardenbeträge für Maßnahmen „verpulvert" wurden, ohne dass sich die Lage auf dem Arbeitsmarkt nennenswert verbesserte.

Last but not least galt es, die wirtschaftsnahe Infrastruktur weiter konsequent auszubauen. Für die Verkehrswege lag zwar die Verantwortung jetzt beim Bau- und Verkehrsministerium, zwischen den beiden Ministern Rehberger und Daehre gab es jedoch in der Sache selbst völlige Übereinstimmung. Bei vielen Infrastrukturmaßnahmen, zum Beispiel bei der Erschließung neuer Industrie- und Gewerbegebiete, bei der touristischen Infrastruktur, beim Ausbau des Magdeburger Hafens oder des Regionalflughafens Cochstedt lag die Federführung aber weiterhin beim Wirtschaftsminister.

Das neue Führungsteam

Anders als zwölf Jahre zuvor, als Rehberger das Ministerium erst einmal hatte Schritt für Schritt aufbauen müssen, fand der neue Minister im Jahre 2002 ein fest etabliertes Ministerium vor. Inzwischen war es aus der ehemaligen Stasi-Kaserne am Wilhelm-Höpfner-Ring in einen zentral beim Hauptbahnhof gelegenen Neubau des Magdeburger City-Carrées umgezogen und mit zeitgemäßer Technik ausgestattet.

Die mehrfachen Ministerwechsel der Höppner-Zeit hatten ihre Spuren hinterlassen. Auf Klaus Schucht, der nach vier Jahren, Anfang 1999, aus Altersgründen sein Amt niedergelegt hatte, war dessen Staatssekretär Matthias Gabriel (SPD) gefolgt, zuvor Oberbürgermeister von Halberstadt. Sehr zum Missfallen des Ministerpräsidenten und seiner eigenen Partei, erst recht aber der die Landesregierung stützenden PDS hatte sich Gabriel, wie sein Vorgänger Schucht, als ausgesprochen liberal denkender Politiker erwiesen. Dies hatte sich nicht nur bei der Berufung des 1990 von Rehberger aus dem Saarland nach Sachsen-Anhalt mitgebrachten Abteilungsleiters Manfred Maas (FDP) zum Staatssekretär des Wirtschaftsministeriums gezeigt. Vielmehr hatte Gabriel Anfang 2001 in einem Interview mit dem SPIEGEL erklärt, die Zeit der großen Beschäftigungsgesellschaften und ABM-Karrieren müsse vorbei sein. Jede Mark für solche Projekte fehle bei Investitionen für echte Arbeitsplätze. Im Übrigen verlangte er mehr Ehrlichkeit. Die Beschäftigungsquote in Sachsen-Anhalt sei höher als die in Rheinland-Pfalz. Es könne nicht sein, „dass Menschen sich damit begnügen, ihre Kissen auf die Fensterbank zu legen und zuzuschauen, wie andere ihre Autos einparken, oder dass sie im Turnhemd an der Tankstelle herumhängen."

Für die Genossen aller Schattierungen waren Gabriels Äußerungen ein unverzeihliches Sakrileg. Er musste gehen. Für das eine Jahr, das bis zur nächsten Landtagswahl blieb, hatte Höppner nach diesem Eklat die langjährige wirtschaftspolitische Sprecherin der SPD-Landtagsfraktion Kathrin Budde zur neuen Wirtschaftsministerin berufen. Erfahrungen mit der Führung von größeren Verwaltungseinheiten oder Betrieben hatte sie nicht. Umso mehr war sie auf den Staatssekretär mit dem liberalen Parteibuch angewiesen. Eine höchst problematische Konstellation. Ganz anders die Konstellation für den neuen FDP-Wirtschaftsminister Rehberger. Den einen Staatssekretär fand er mit Manfred Maas bereits vor. Den anderen berief er entsprechend dem Koalitionsvertrag von CDU und FDP auf Vorschlag der CDU: Dr. Reiner Haseloff, bisher Direktor des Arbeitsamts Wittenberg und Hoffnungsträger der CDU, zog als Zweiter, für die Bereiche Arbeit und Bergbau/Energie zuständiger Staatssekretär ins Wirtschaftsministerium ein. Um die Investitionsoffensive mit der gebotenen Dynamik umzusetzen, schuf Rehberger zugleich ein Novum in der Ministerialbürokratie: Er berief nämlich seinen vertrauten und erfolgreichen Mitstreiter aus den Gründerjahren, Rudolf Bohn, zum „Generalbevollmächtigten für Investitionen". Alle für die Unternehmens-Akquisition verantwortlichen Mitarbeiter des Ministeriums sowie die für die Wirtschaftsförderung zuständigen Landesgesellschaften unterstanden Bohn jetzt unmittelbar. Für die Investitionstätigkeit von Industrie und Gewerbe in Sachsen-Anhalt eine richtige Weichenstellung, wie sich bald herausstellen sollte. Bohn und sein Team gewährleisteten den Investoren Beratung und Projektbegleitung aus einer Hand. Die Bearbeitungszeiten in der Wirtschaftsförderung wurden kürzer, die Entscheidungen erheblich beschleunigt.

Die Investitionsoffensive greift

Parallel zu den organisatorischen und werblichen Maßnahmen, die der Umsetzung der Investitionsoffensive dienten, verabschiedete der Landtag auf Vorschlag der Landesregierung mehrere „Investitionserleichterungsgesetze". Vorschriften, die das Wirtschaftswachstum unnötig behinderten, wurden aufgehoben oder zumindest abgeschwächt. Ein Paradebeispiel war die Aufhebung des von der SPD vor den Landtagswahlen noch verabschiedeten Tariftreuegesetzes, das die Bauwirtschaft mit einem bürokratischen Netz gegängelt hatte. Gleiches geschah mit dem von der Vorgängerregierung verhängten Verbot, Müll über die Landesgrenzen ein- und auszuführen. Er wurde kurzerhand aufgehoben. Nur so konnte das hoch moderne, thermisch größte Müllheizkraftwerk Deutschlands in Magdeburg-Rothensee mit einem Investitionsvolumen von 250 Millionen Euro errichtet werden. Ein anderes Beispiel war die Aufhebung einer Regelung des Denkmalschutzgesetzes, wonach die Sicherung von Bodendenkmalen staatliche Pflichtaufgabe und damit äußerst kostenträchtig war. Nach der Novellierung ließen sich diese Arbeiten in gleicher Qualität mit ABM-Kräften wesentlich preiswerter durchführen.

Als Bundeswirtschaftsminister Wolfgang Clement den Vorschlag machte, den ostdeutschen Ländern für eine Reihe von Jahren die Möglichkeit einzuräumen, im Umwelt- und Arbeitsrecht von den restriktiven Bundesnormen abzuweichen, griff die Koalition von CDU und FDP auch diese Idee umgehend auf und bot Sachsen-Anhalt als Modellregion an. Zum Bedauern der Sachsen-Anhalter Landesregierung hatte Clement allerdings mit seiner Idee in der rot-grünen Bundesregierung keinen Erfolg. Im Bereich des Umweltrechts scheiterte er an seinem grünen Koalitionspartner, im Bereich des Arbeitsrechts an den Gewerkschaften.

Trotz allem aber griff die Ansiedlungs- und Investitionsoffensive der Magdeburger CDU/FDP-Koalition. In einer Regierungserklärung drei Jahre nach dem Amtsantritt des Böhmer-Kabinetts konnte Rehberger vor dem Landtag eine bemerkenswerte Bilanz ziehen: Für Investitionen im verarbeitenden Gewerbe, in der wirtschaftsnahen Infrastruktur sowie für logistisch und touristisch bedeutsame Projekte waren seit dem Regierungswechsel in Sachsen-Anhalt Vorhaben von über 7 Milliarden Euro in Angriff genommen und zu einem beachtlichen Teil schon umgesetzt worden. Darunter ein Service-Zentrum von DELL in Halle, eine Flachglasfabrik von Glas-Troesch in Osterweddingen bei Magdeburg und eine Papierfabrik des italienischen Unternehmens Deli-Papier in Arneburg. Tausende neuer Arbeitsplätze waren dadurch direkt und indirekt geschaffen worden. Und bei der Investitionsbank in Magdeburg lagen zu diesem Zeitpunkt weitere Förderanträge mit einem Investitionsvolumen von nahezu 3 Milliarden Euro vor. Der ganz überwiegende Teil davon förderfähig und förderwürdig, wie der Wirtschaftsminister betonte.

Dass sich die Investitionsoffensive volkswirtschaftlich auswirkte, zeigt auch die Entwicklung der Steuereinnahmen. Während das Aufkommen aus Bund-Länder-Gemeinschaftssteuern in den Jahren 2003 bis 2007 um knapp 24 % zulegte, wuchsen die Steuereinnahmen in Sachsen-Anhalt um 58% und damit stärker als in allen anderen Bundesländern.

Solar-Job-Motor

Dass sich die Ergebnisse der Ansiedlungs- und Investitionsoffensive sehen lassen konnten, zeigte auch ein Vergleich zwischen den Bundesländern. Unter den zehn ost- und westdeutschen Ländern, die über Bundes- und EU-Mittel zur Verbesserung der regionalen Wirtschaftsstruktur verfügten, hatten es seit 2002 nur zwei geschafft, alle Fördermittel durch entsprechende Projekte auch in Anspruch zu nehmen: Sachsen-Anhalt und Sachsen.

Nachdem sich die Landeshauptstadt Magdeburg zu einer Hochburg der Produktion von Windkraftanlagen entwickelte, schenkte das Rehberger-Ministerium auch den Innovationen in der Solarenergie größte Aufmerksamkeit. Denn die einschlägigen Technologien entwickelten sich in atemberaubendem Tempo als Job-Motor. Der Ortsteil Thalheim der Stadt Wolfen stieg binnen weniger Jahre zum „Solar Valley" auf.

Begonnen hatte alles ganz klein. Im Jahre 1999 war die Firma Q-Cells gegründet worden. Mit vier Beschäftigten. Zwei Jahre später, 2001, waren es 19. Umsatz: eine Million Euro. Doch dann entwickelte sich das Unternehmen, massiv gefördert durch das Wirtschaftsministerium in Magdeburg, beinahe explosionsartig. 2006 beschäftigte das Unternehmen schon 900 Mitarbeiter. Ein Jahr darauf waren es knapp 1500. Umsatz 2006: 540 Millionen Euro. Tendenz: weiter steigend. Das Unternehmen, das sich als größten unabhängigen Solarzellenhersteller der Welt bezeichnet, wurde mit dem Ehrenpreis der deutschen Wirtschaft ausgezeichnet. Kerngeschäft war und ist die Entwicklung, Herstellung und Vermarktung von Solarzellen. Aus mono- und multikritallinem Silizium. Ziel von Forschung und Entwicklung – an die 200 Wissenschaftler und Ingenieure arbeiten daran – ist vor allem die rasche Kostensenkung der Photovoltaik. Noch kann sich in Deutschland die Solarenergie nämlich nur dank massiver staatlicher Intervention in den Markt entwickeln.

In eine Erweiterung investierte die Q-Cells AG 2007 nochmals 400 Millionen Euro. Weitere 240 Arbeitsplätze wurden dadurch geschaffen. Im Chemiepark Bitterfeld-Wolfen stieg damit die Zahl der Beschäftigten auf etwa 11 000 an. 2006 arbeiteten im Chemiepark 360 Firmen. Darunter zahlreiche ausländische Firmen – aus den USA, Japan, Australien und Ländern der Europäischen Union. Insgesamt hatten diese Unternehmen rund 3,5 Milliarden Euro investiert. Vor allem in den Bereichen Chlor-, Farbstoff-, Pharma-, Phosphor-, Quarzglas- und Hightech-Chemie sowie Metallurgie.

In DDR-Zeiten und unmittelbar danach war der Name Bitterfeld zum Inbegriff einer von der chemischen Industrie weitgehend zerstörten Umwelt mit rostenden Industrieanlagen geworden. Anderthalb Jahrzehnte später hatte sich Bitterfeld zum Vorzeige-Standort gemausert. Unter den Besuchern waren und sind auch neugierige Standortentwickler aus vielen Teilen der Welt. Sie staunen nicht nur über die hoch modernen Produktionsanlagen und die solide gemeinsame Infrastruktur, sondern auch über das Umfeld. Aus der „Mond-Landschaft" Goitzsche zum Beispiel, einem stillgelegten Braunkohletagebau der DDR, ist eine riesige Seenlandschaft geworden. Mit attraktiven Freizeitangeboten.

Die Existenzgründeroffensive EGO startet neu

Ende der 90er-Jahre hatte die Höppner-Regierung eine gute Idee: Angesichts eines seit 1998 von Jahr zu Jahr schrumpfenden Mittelstands – die Zahl der Gewerbeabmeldungen lag regelmäßig über den Anmeldungen – wurde eine Existenzgründeroffensive gestartet: mit Großflächenplakaten, einem Info-Bus, der von Marktplatz zu Marktplatz durchs Land fuhr und einigen Mitarbeiterinnen im Wirtschaftsministerium, die für Existenzgründer als Anlaufstelle fungierten. Das war gut gemeint, aber ineffizient. Der Schrumpfungsprozess im Mittelstand ging weiter. Rehberger griff die Idee auf, stellte die Offensive aber auf ein breites Fundament: In jedem Stadt- und Landkreis, in allen Kammern und Verbänden, in allen Hochschulen und Gründerzentren wurden EGO-Beauftragte berufen. Als Anlauf- und Koordinationsstelle. Zugleich wurde ein jährlicher Wettbewerb unter den Stadt- und Landkreisen einerseits sowie den sieben Hochschulen des Landes andererseits durchgeführt: Die drei Kreise mit dem relativ höchsten Zuwachs von Gewerbeanmeldungen erhielten hohe Investitionsprämien. Gleiches galt für die Hochschule mit den relativ meisten Start ups. Die Rechnung ging auf. Schon 2003 änderte sich der Trend bei den Gewerbean- und abmeldungen. Jahr für Jahr gab es jetzt einen Positivsaldo. Ende 2004 konnte das Wirtschaftsministerium vermelden, dass auf zehn Gewerbeanmeldungen nur 7,1 Abmeldungen gekommen waren. Dies war das seit 1996 günstigste Verhältnis.

Natürlich war diese positive Entwicklung im Mittelstand, wie der Wirtschaftsminister immer wieder betonte, auf mehrere Faktoren zurückzuführen. Das wirtschaftsfreundliche Klima nach dem Regierungswechsel des Jahres 2002 hatte viele Ursachen. Dazu gehörte die von der Landesregierung vor allem auch auf Betreiben der FDP unter dem Dach der NordLB 1994 gegründete Investitionsbank Sachsen-Anhalt. Sie löste das Landesförderinstitut ab, um kleinen und mittleren Betrieben verbesserte Finanzierungsbedingungen „aus einer Hand" anbieten zu können. Die Aufgabe des Sprechers der Geschäftsführung hatte Manfred Maas übernommen, der bisherige Staatssekretär im Wirtschaftsministerium. So rückte der Investitionsbeauftragte Bohn auch in die Position eines Staatssekretärs im Rehberger-Ministerium auf.

Einen zusätzlichen Impuls hatte das Gründungsgeschehen durch die von der Bundesregierung ins Leben gerufene Rechtsfigur der Ich-AG erhalten. Rehberger beurteilte dieses neue Instrument der Arbeitsmarktpolitik des Bundes nüchtern. „Dass die große Zahl der Ich-AGen zum Beispiel auf die Struktur des Handwerks problematische Auswirkungen hatte und hat", so erklärte er im Landtag, „zumal zunächst von den Gründern noch nicht einmal ein Businessplan verlangt worden war, ist unbestritten. Zu Recht sind inzwischen die Anforderungen an die Inanspruchnahme der Fördermittel der Agentur für Arbeit deutlich verschärft worden. Nicht akzeptieren kann ich allerdings eine pauschale Verurteilung dieses Angebots. Wer versucht, sich als Selbstständiger zu betätigen, statt zu Hause hinterm Ofen zu hocken und das Schicksal der Arbeitslosigkeit zu bejammern, hat Anerkennung und nicht Schelte verdient!"

Die vielfältigen Bemühungen der Landesregierung um den Mittelstand zeitigten bald auch in der Statistik eine deutliche Wirkung. In den Jahren 2002 bis 2005 nahm die Zahl der Gewerbebetriebe per Saldo um 13.500 Firmen zu. Die Selbstständigenquote, die in Zeiten der Höppner-Regierung 6,6% betragen hatte, stieg binnen drei Jahren auf 8,4%. In den folgenden Jahren sollte dieser positive Trend weiter anhalten. Auch in diesem Bereich gab Sachsen-Anhalt die „rote Laterne" ab.

Neue touristische Markensäulen: Blaues Band und Gartenträume

Die 1993 eingeweihte Straße der Romanik hatte sich rasch zu einem touristischen Highlight entwickelt. Deutschlandweit. Doch damit waren die touristischen Potenziale von Sachsen-Anhalt noch lange nicht ausgeschöpft. Schon im Jahr 1995 griff man im Magdeburger Wirtschaftsministerium die Idee auf, ein wassertouristisches Projekt zu entwickeln. Die Flusslandschaften an Elbe, Saale und Unstrut, aber auch der Arendsee im Norden und die im Süden des Landes im Bereich der stillgelegten Braunkohlen-Tagebaue entstehende umfangreiche Seenlandschaft ließen sich zu einem attraktiven Freizeit- und Erholungsangebot nutzen. Studien wurden erarbeitet, 1999 gründeten 31 Kommunen ein Städtenetzwerk, im März 2002 wurde der Verein „Blaues Band" ins Leben gerufen. Das Blaue Band, so wollte es auch die Landesmarketing-Gesellschaft des Landes unter Führung von Dr. Heinzgeorg Oette, sollte neben der Straße der Romanik zu einer zweiten Markensäule in der Tourismuswerbung von Sachsen-Anhalt werden.

Als Rehberger im Mai 2002 in Magdeburg erneut das Amt des Wirtschaftsministers übernahm, lagen viele Pläne auf dem Tisch, wie das Blaue Band vor Ort in die Tat umgesetzt werden sollte. Zwar waren eine Reihe von Einzelprojekten bereits in Angriff genommen worden, für viele kleine Infrastrukturprojekte, Bootsanlegestellen, Toiletten, Radwege, Parkplätze und Beschilderungen, fehlte aber in den kommunalen Kassen das Geld. Da traf es sich gut, dass das Kabinett auf Vorschlag des Wirtschaftsministers im Vorfeld der 2003 anstehenden Kommunalwahlen das „KommInvest-Programm" beschlossen hatte. Danach wurde die Finanzierung des kommunalen Eigenanteils an Infrastruktur-Projekten, die vom Wirtschaftsministerium gefördert wurden, in einer Gesamthöhe von 25 Millionen Euro vom Land übernommen. Ein Glücksfall für Landräte und Bürgermeister! Zügig konnten jetzt zahlreiche kleine Projekte realisiert werden. Das Blaue Band nahm Gestalt an. 2005 wurde das Blaue Band festlich eingeweiht. Und zu einem Erfolg für das Land, wie die stark steigenden Touristenzahlen entlang dem Blauen Band zeigten. Der Elbe-Radweg – auch ein Teil des Projektes – wurde 2005 auf der Internationalen Tourismusbörse in Berlin zum beliebtesten Radwanderweg der Bundesrepublik Deutschland gekürt.

Als dritte touristische Markensäule hatte die Landesmarketing-Gesellschaft das Projekt „Gartenträume" vorgesehen. Unter den rund 1.000 historischen Gärten und Parks, die in Sachsen-Anhalt zu bewundern sind, waren durch eine Fachkommission 40 besonders herausragende Objekte ausgewählt worden. An der Spitze das Gartenreich Dessau-Wörlitz, Weltkulturerbe der UNESCO. Auch dieses Projekt war schon seit Jahren fachmännisch vorbereitet worden. Aber auch hier hatte es in vielen Fällen am Geld gefehlt. Mit dem KommInvest-Programm gab es jetzt in zahlreichen Fällen „grünes Licht" für die Erneuerung und touristische Aufwertung der Garten- und Parkanlagen. Mit der Landesgartenschau in Wernigerode im Frühjahr 2006 wurden die „Gartenträume" in Sachsen-Anhalt Wirklichkeit.

Himmelswege

Der mitteldeutsche Raum war schon früh besiedelt worden. Im Museum für Vor- und Frühgeschichte in Halle (Saale), dem ältesten Zweckbau seiner Art in Deutschland, kann man zahlreiche Funde aus der Stein- und der Bronzezeit besichtigen. Mildes Klima, Wasserreichtum, fruchtbare Böden sowie Bodenschätze wie Salz und Kupfer boten dem Menschen günstige Rahmenbedingungen. Die interessantesten Entdeckungen machten die Archäologen allerdings erst in den 90er-Jahren des 20. Jahrhunderts. Auf der Gemarkung Goseck im Landkreis Weißenfels entdeckten sie an Hand von Luftbildern die Umrisse einer steinzeitlichen, rund 6.000 Jahre alten Kultstätte, ein Sonnenobservatorium. Die gewaltige Kreisgrabenanlage mit einem Durchmesser von 75 Metern war schon 2.000 Jahre vor dem britischen Stonehenge errichtet worden und ist damit das älteste bisher bekannte Sonnenobservatorium Europas. Sie belegt, dass schon die Menschen der Steinzeit im mitteldeutschen Raum präzise astronomische Kenntnisse hatten, die den Rhythmus des Lebens im Laufe eines Jahres nachhaltig beeinflussten. Ebenfalls im Raum Halle, in der Gemeinde Langeneichstätt, liegt das Großsteingrab der „Dolmengöttin". Die Entstehung dieses Grabes wird auf die Zeit zwischen 3600 und 2700 vor Christus geschätzt. Für die Vorgeschichte Mitteleuropas ein außergewöhnliches Monument.

Die bedeutendste archäologische Entdeckung im Großraum Halle machten allerdings Grabräuber. Sie entdeckten nämlich im Jahr 1999 auf dem Mittelberg bei Nebra eine etwa 3600 Jahre alte bronzene Scheibe, die sich als weltweit älteste Darstellung des nächtlichen Himmels entpuppte. Als die Himmelsscheibe dann von den Räubern auf dem Schwarzen Markt angeboten wurde, schlug der findige Chef des Landesamts für Archäologie, Harald Meller, gemeinsam mit der Polizei zu und brachte das einmalige Objekt ins archäologische Landesmuseum in Halle. Im Strafverfahren verteidigten sich die Grabräuber dann mit der gerade für sie erstaunlichen Behauptung, die Scheibe sei gar nicht echt. Doch sie wurden von Sachverständigen Punkt für Punkt widerlegt. Offenbar diente die Himmelsscheibe ursprünglich als astronomischer Kalender, anhand dessen vor allem für die Landwirtschaft wichtige Daten festgestellt werden konnten. Von Archäologen wird der Himmelsscheibe von Nebra eine ähnliche Bedeutung attestiert wie dem Grab des Pharaos Tutenchamun oder dem „Ötzi".

Keine Frage: Hier winkte dem Tourismus in Sachsen-Anhalt eine neue Attraktion. Gemeinsam mit dem Leiter des Landesamtes für Archäologie und Denkmalschutz, Dr. Harald Meller, machte sich Rehberger an die Arbeit. Das Sonnenobservatorium von Goseck, insbesondere seine wuchtigen Palisadenwände, wurden wiederhergestellt und durch die Schaffung der erforderlichen Infrastruktur (Info-Zentrum, Zugangswege, Toiletten, Parkplätze) interessierten Besuchern zugänglich gemacht. Dank des KommInvest-Programms war dies kurzfristig möglich. Und nahe beim Fundort der Himmelsscheibe, hoch über dem Unstruttal, entstand nach Plänen von Schweizer Architekten ein multimediales Informations- und Erlebniszentrum, die „Arche Nebra". Es wurde ergänzt durch einen direkt neben der Fundstelle der Himmelsscheibe erbauten Aussichtsturm, der über die Wipfel des angrenzenden Waldes hinweg den Blick zum Brocken und zum Kyffhäuser möglich macht.

Die rund 10 Millionen Euro, die aus dem KommInvest-Programm für die Bauten in Nebra bereitgestellt worden waren, sollten sich für Land und Region auszahlen. Und damit die Skeptiker widerlegen, die es natürlich gegeben hatte. Mehr als 70.000 Besucher registrierte man 2007 im ersten Halbjahr nach der Eröffnung der „Arche Nebra" – weit mehr als erwartet. Insgesamt erlebte Sachsen-Anhalt seit 2002 eine von Jahr zu Jahr deutlich steigende Touristenzahl. Auch im Vergleich der Bundesländer konnte sich Sachsen-Anhalt mit diesen Zahlen sehen lassen. Heute sind mindestens 45.000 Menschen im touristischen Bereich beschäftigt, der Bruttoumsatz liegt bei jährlich rund 2 Milliarden Euro. Der jährliche Gewerbesteuerertrag beträgt 43 Millionen Euro. Alles in allem erwirtschaftet das Land inzwischen über 5% seines Bruttoinlandsproduktes in der Tourismusbranche. Tendenz weiter steigend. Die rund 70 Millionen Euro, die das Wirtschaftsministerium aus dem KommInvest-Programm für die verschiedenen touristischen Projekte bereitgestellt hatte, waren gut angelegt.

Die Schlüsselrolle der Innovationen

Im globalen Wettbewerb haben technologische Spitzenprodukte für Deutschland und Europa eine überragende Bedeutung. Dies hat die Europäische Union in der Lissabon-Agenda eindrucksvoll dokumentiert. Trotz ihrer auf Rückführung von Haushaltsansätzen abzielenden Politik hat die CDU/FDP-Koalition von Sachsen-Anhalt deshalb seit 2002 die Mittel für die Förderung der wirtschaftsnahen Forschung und Entwicklung neuer Produkte und Verfahren auf Vorschlag des Wirtschaftsministers drastisch erhöht. Und erstmals eine enge Zusammenarbeit zwischen Kultus- und Wirtschaftsministerium bei der Innovationsförderung institutionalisiert. Ganz im Sinne der

Lissabon-Agenda. Hatte die Höppner-Regierung im Jahre 2001 lediglich knapp 7 Millionen Euro für die einzelbetriebliche Förderung von Forschung und Entwicklung ausgegeben, stiegen diese Mittel aus dem Wirtschaftsministerium über 11 Millionen im Jahre 2002, 23 Millionen im Jahr 2003, 26 Millionen im Jahr 2004 auf nahezu 60 Millionen Euro im Jahr 2005. Auch die Innovationsbeteiligungsgesellschaft des Landes erhöhte in diesen Jahren ihre Beteiligungen an innovativen Unternehmen um 48 Millionen auf 115 Millionen Euro. Angesichts der Größe des Landes mit rund 2,5 Millionen Einwohnern, zwei Universitäten, fünf Fachhochschulen und einer Reihe weiterer Forschungseinrichtungen hätte sich das Land allerdings, so Rehberger, „hoffnungslos übernommen", wenn es im Forschungs- und Entwicklungsbereich versucht hätte, alles und jedes zu fördern. Im Sinne einer erfolgreichen Cluster-Bildung setzte das Land deshalb Förderschwerpunkte in den Bereichen Chemie/Neue Werkstoffe, Maschinen- und Anlagenbau einschließlich Automotive sowie Life Science, Biotechnologie, Pharmazeutik und Medizin. Hinzu kamen Technologien mit Querschnittscharakter: Mikrosystemtechnik, Informations- und Kommunikationstechnologien einschließlich der Logistik sowie Nanotechnologie. Rehberger warnte allerdings davor, Innovationspolitik „kurzatmig" zu betreiben. Wer hier Erfolg haben wolle, müsse in weit längeren Zeiträumen denken als in einer Legislaturperiode des Landtags. Ein Land wie Sachsen-Anhalt, das mit dem ersten Ganzmetallflugzeug, dem ersten Farbfilm, der ersten Kautschuksynthese und den ersten synthetischen Kraftstoffen der Welt und vielen anderen Bahn brechenden Entwicklungen wichtige Kapitel der Innovationsgeschichte geschrieben habe, könne auch in Zukunft bedeutende Beiträge zur Technologie-Entwicklung leisten, so der Minister für Wirtschaft und Arbeit. Ein mit Persönlichkeiten aus der ganzen Bundesrepublik gebildeter Innovationsrat wurde installiert, um die Landesregierung in wichtigen Fragen der Innovationspolitik zu beraten. Technologieförderung wurde im Übrigen detailliert mit dem Kultusministerium abgestimmt – ein Novum nicht nur für Sachsen-Anhalt. Die bundesweit beachtete Forschungseinrichtungen wie das Virtual Development and Trainung Center (VDCT) der Fraunhofer Gesellschaft, die Denkfabrik in Magdeburg, das medizin-technische Zentrum „Zenit" in Magdeburg, das BioZentrum in Halle sowie das

CCC Creativitäts- und Competenz Centrum Harzgerode für den Bereich Automotive wurden geschaffen. Sie ergänzten eine Vielzahl von Forschungseinrichtungen sowie von Technologie- und Gründerzentren und stimulierten das Innovationsklima des Landes.

Der InnoPlanta Nordharz/Börde e.V.

Sachsen-Anhalt ist dank seiner guten Böden und seines milden Klimas eine Region mit traditionsreicher, besonders leistungsfähiger Landwirtschaft. Eine international angesehene Züchtungsforschung und renommierte Saatzuchtbetriebe sind dort seit über 100 Jahren zu Hause. Quedlinburg, die „Wiege der deutschen Pflanzenzucht", wurde nach der Wiedervereinigung Sitz der Bundesanstalt für Züchtungsforschung an Kulturpflanzen. Vor den Toren Quedlinburgs, in Gatersleben, befindet sich das vor dem ersten Weltkrieg als „Kaiser-Wilhelm-Institut" gegründete, heute zur Leibniz-Gemeinschaft gehörende Institut für Pflanzengenetik und Kulturpflanzenforschung (IPK). Hunderte von Wissenschaftlern aus vielen Ländern der Erde sind dort tätig. Darüber hinaus verfügt Sachsen-Anhalt mit der Martin-Luther-Universität Halle-Wittenberg, der Hochschule Harz (Standort Bernburg), Biotech-Unternehmen und verarbeitender Industrie über optimale Voraussetzungen für Pflanzenzucht und Pflanzenbiotechnologie.

Im Jahr 1999 hatte das Bundesministerium für Bildung und Forschung den InnoRegio Wettbewerb ausgeschrieben. Durch ihn sollte die Clusterbildung in den neuen Bundesländern vorangetrieben werden. Was lag näher, als im Raum Nordharz/Börde ein Konzept für die Weiterentwicklung der Biotechnologie zu entwickeln, mit dem man an diesem Wettbewerb teilnehmen konnte? Das geschah unter Federführung der Wirtschaftsförderungsgesellschaft Aschersleben (Evelyne Nettlau) und der BioRegion Halle-Leipzig GmbH (Dr. Uwe Schrader). Als Berater wirkte auch Rehberger bei der Erstellung des Konzeptes mit. Auf seinen Vorschlag hin wurde der InnoPlanta e.V. als Netzwerk zur Förderung der grünen Biotechnologie gebildet. In ihm haben sich Wissenschaftler, Saatzüchter, Pflanzenbiotechnologie-Unternehmen, kommunale Gebietskörperschaften und nicht zuletzt Landwirte zusammengeschlossen. Der InnoPlanta e.V. ging im

Jahr 2000 als Sieger aus dem Wettbewerb hervor. Er realisierte mit der Prämie von rund 30 Millionen Euro 38 Einzelforschungsvorhaben. Daraus entstanden eine Vielzahl von Patenten und Lizenzen in den beteiligten mittelständischen Unternehmen sowie zahlreiche Arbeitsplätze.

Die Biotechnologie-Offensive

Von der in den nächsten Jahrzehnten weltweit überragenden Bedeutung der grünen Biotechnologie für Ernährung, Gesundheit, Umwelt und Bioenergie überzeugt und ermutigt durch die Erfolge beim InnoRegio-Wettbewerb 2000 hatten Schrader und Rehberger im FDP-Wahlprogramm für die Landtagswahl 2002 und anschließend im Koalitionsvertrag mit der CDU die Forderung nach einer Biotechnologie-Offensive durchsetzen können. Und mit der Übernahme des Wirtschaftsressorts konnte Rehberger diese Idee jetzt in die Tat umsetzen. Was zugleich eine Kampfansage an die rot-grüne Bundesregierung war. Deren Verbraucherschutz- und Landwirtschaftsministerin Renate Künast versuchte nämlich alles, um die Grüne Biotechnologie zu blockieren Als wichtigstes Instrument wurde die BioMitteldeutschland GmbH (BMD) neu aufgestellt. In ihr wirken das Land und die einschlägige Wirtschaft, insbesondere die in Sachsen-Anhalt inzwischen sehr starke pharmazeutische Industrie, bei der weiteren Entwicklung aller Bereiche der Biotechnologie zusammen. Im Bereich der Grünen Biotechnologie wurde ein bundesweiter Erprobungsanbau für gentechnisch verbesserten Mais (Bt-Mais) realisiert. Mit großem Erfolg. Die Federführung dafür lag beim InnoPlanta e.V. Die wissenschaftliche Betreuung bei der Landwirtschaftlichen Fakultät der Martin-Luther-Universität Halle-Wittenberg. Als die rot-grüne Bundesregierung ein Gentechnik-Gesetz verabschiedete, das eher ein „Gentechnik-Verhinderungs-Gesetz" war, leitete das Land Sachsen-Anhalt auf Betreiben Rehbergers beim Bundesverfassungsgericht ein Normenkontrollverfahren ein. Die gravierenden Eingriffe des Gesetzgebers in die Grundrechte der Landwirte und der Wissenschaftler wollte man keinesfalls hinnehmen.

Im InnoRegio-Konzept des InnoPlanta e.V. hatte von Anfang an der Bau eines Bioparks eine wichtige Rolle gespielt. Dank massiver

Förderung durch das Wirtschaftsministerium konnte dieses Projekt ab 2003 für über 15 Millionen Euro realisiert werden. Im Biopark Gatersleben stehen jetzt zu günstigen Konditionen für einschlägige Existenzgründer und Saatzüchter moderne Labors und Gewächshäuser zur Verfügung. Die vielfältigen Initiativen, die im Rahmen der Biotechnologie-Offensive ergriffen wurden und Sachsen-Anhalt im Bereich der Grünen Gentechnik eine Führungsrolle unter den Bundesländern einbrachten, zahlten sich aus. Nach einem 2006 gefassten Beschluss der Bundesregierung wird Gatersleben neben Köln, Potsdam und Göttingen zu einem der vier Exzellenz-Standorte der Grünen Gentechnik weiterentwickelt. Und der InnoPlanta e.V., der heute über 100 Mitglieder zählt, wird immer mehr zu einer Plattform der innovativen Landwirte aus der gesamten Bundesrepublik. Zu den Ehrenämtern, die Rehberger nach seinem Ausscheiden aus dem Ministeramt übernommen hat, zählt auch der Vorsitz im Beirat des InnoPlanta e.V. Die Biotechnologie-Offensive und insbesondere der Kampf für gentechnisch verbesserte Pflanzen sind noch lange nicht zu Ende. Im Gegenteil: Angesichts des dramatischen Bevölkerungswachstums der Erde von 6.6 Milliarden Menschen auf 9,2 Milliarden zur Mitte des 21. Jahrhunderts, des stark ansteigenden Bedarfs an nachwachsenden Rohstoffen sowie des durch den Klimawandel notwendig werdenden raschen Anpassungsprozesses der Kulturpflanzen an neue klimatische Rahmenbedingungen, zum Beispiel durch eine höhere Trockenheitstoleranz, wächst der Handlungsbedarf im Bereich der Grünen Gentechnik rasant.

Einstiegsgeld für Geringqualifizierte

So sehr Rehberger darauf drängte, mit einer breit angelegten Innovationsförderung das Land für Hochqualifizierte attraktiv zu machen, so sehr bemühte er sich auch darum, den Geringqualifizierten bessere Perspektiven auf dem (ersten) Arbeitsmarkt zu eröffnen. Der Anteil der Geringqualifizierten lag bundesweit bei 50%, in Sachsen-Anhalt mit seiner deutlich höheren Arbeitslosenquote aber immer noch bei 40% aller Arbeitslosen. Mit Hilfe der sozialen Sicherungssysteme erhielten diese Arbeitslosen Transferleistungen, die je nach persönlichen Umständen einem Stundenlohn von 5 – 8 Euro entsprachen. Ein ökonomischer Anreiz für die Annahme eines normalen Arbeitsplatzes setzte also einen Lohn voraus, der über diesen Transferleistungen lag. Löhne dieser Höhe waren jedoch für die Unternehmen angesichts der geringen Qualifikation dieser Arbeitskräfte nicht akzeptabel. Somit gab es zwei Ansätze, um den Geringqualifizierten einen Arbeitsplatz zu verschaffen: Entweder zwang man sie für einen geringen Zuverdienst zu einer so genannten „gemeinnützigen Arbeit" – genau das geschah bei den „Ein-Euro-Jobs" – oder aber der Staat zahlte denen, die für sehr niedrige Löhne arbeiteten, einen Zuschuss, der sie zusammen mit ihrem regulären Lohn zumindest etwas besser stellte als die staatlichen Transferleistungen für Arbeitslose. Für diesen Ansatz setzte sich auch Rehberger vehement ein. Nach seiner Überzeugung profitierten von dieser Regelung alle Beteiligten: die gering qualifizierten Arbeitslosen, die endlich wieder Arbeit im ersten Arbeitsmarkt bekamen. Die Arbeitgeber, indem sie einfache Arbeiten zu akzeptablen Kosten erledigen lassen konnten. Die öffentlichen Hände und insbesondere die Agentur für Arbeit, indem sie einen geringeren Aufwand hatten. Sachsen-Anhalt organisierte gemeinsam mit der Agentur für Arbeit eine regelrechte Kampagne, um das Einstiegsgeld populär zu machen. Und lag bei der Zahl der Arbeitslosen, die über das Einstiegsgeld einen Arbeitsplatz gefunden hatten, bald bundesweit an der Spitze.

Trendwende auf dem Arbeitsmarkt

Die volkswirtschaftliche Bilanz Sachsen-Anhalts in den Jahren 2002 bis 2006 konnte sich sehen lassen. Mit einem realen Wirtschaftswachstum von 7,7 % hatte sich das Land bundesweit eine Spitzenposition erarbeitet. Zurückzuführen war diese Entwicklung, wie das „Handelsblatt" unter dem 24. März 2006 berichtete, nicht zuletzt auf die „flexible Standortpolitik". Während unter dem Ministerpräsidenten Höppner über 400 Millionen Euro, die der Bund zur Investitionsförderung der gewerblichen Wirtschaft bereitgestellt hatte, mangels entsprechender Ansiedlungen an den Bund zurückgegeben werden mussten, hatte die Böhmer/Rehberger-Regierung alle Mittel des Bundes in Höhe von 535 Millionen Euro komplett für die Schaffung neuer Arbeitsplätze ausgegeben. Über 23.000 neue Arbeitsplätze waren dadurch in der Industrie und bei industrienahen Dienstleistungen entstanden. Der mittelbare Effekt bei den Dienstleistungen war noch wesentlich höher. Im Dynamik-Ranking der IW Consult GmbH Köln in Zusammenarbeit mit der Initiative Neue Soziale Marktwirtschaft und der Wirtschaftswoche für die wirtschaftliche Entwicklung in den Jahren 2000 bis 2005 erreichte Sachsen-Anhalt nach Sachsen und dem Saarland den dritten Platz unter den 16 Bundesländern der Bundesrepublik Deutschland. Im Bestandsranking, also beim Vergleich der absoluten Zahlen der verschiedenen Indikatoren, lag Sachsen-Anhalt allerdings unter den 13 Flächenländern auf Platz 12. Damit wurde die enorme Aufgabe sichtbar, die das Land immer noch zu bewältigen hat. Allerdings: Der deutlich positive Trend schlug sich auch auf dem Arbeitsmarkt nieder.

In den Jahren 2002 bis 2006 ging die Zahl der Arbeitslosen in Sachsen-Anhalt um über 65.000 Personen zurück. Dazu trug das verarbeitende Gewerbe in erheblichem Umfang bei. Während bundesweit ein starker Rückgang an Arbeitsplätzen in der Industrie zu verzeichnen war, hatte Sachsen-Anhalt per Saldo einen Zuwachs. Auch auf dem Arbeitsmarkt machte sich diese Entwicklung bemerkbar: Obwohl ganz im Sinne Rehbergers die Zahl der Arbeitsplätze im öffentlichen Dienst und die Arbeitsbeschaffungsmaßnahmen der Bundesagentur für Arbeit spürbar zurückgingen, gab es ab 2005 erste Zuwächse bei den sozialversicherungspflichtig Beschäftigten. Die Arbeitslosenquote sank in den folgenden Jahren, natürlich auch dank der guten bundesweiten konjunkturellen Entwicklung, kontinuierlich. Es war ein langer Weg, der seit der Gründung des Landes hatte zurückgelegt werden müssen, um auf dem Arbeitsmarkt wieder positive Tendenzen verzeichnen zu können. Und das Ziel noch lange nicht erreicht. Aber die Trendwende war geschafft.

Das demographische Problem

Erhebliche Auswirkungen auf den Arbeitsmarkt haben sowohl das generative Verhalten der Bevölkerung als auch Wanderungsprozesse innerhalb der Bundesrepublik und über deren Grenzen hinweg. War die Geburtenrate in der DDR noch relativ hoch gewesen, passte sich die Geburtsrate Ostdeutschlands schlagartig an die deutlich niedrigere der alten Bundesrepublik an. Zwangsläufig stellte sich auch in Sachsen-Anhalt eine neue Lage ein: Die Zahl der Neugeborenen lag deutlich unter der Zahl der Sterbefälle. Die Bevölkerung schrumpfte. Noch gravierender wirkten sich aber die Wanderungsprozesse im wieder vereinten Deutschland auf die Bevölkerungszahl Sachsen-Anhalts aus. Nach dem „Aderlass" unmittelbar nach der Wende erreichte das Land zwar in den Jahren 1993, 1994 und 1996 einen leicht positiven Wanderungssaldo. Je stärker das Land unter der Höppner-Regierung wirtschaftlich im Vergleich zu anderen Regionen der Bundesrepublik aber zurückfiel, umso höher war der negative Wanderungssaldo. Der Tiefpunkt wurde 2001 erreicht: Binnen Jahresfrist wanderten über 23.000 Menschen mehr aus Sachsen-Anhalt ab, als ins Land kamen. Die „Schlussbilanz" der Regierung Höppner, wie Rehberger polemisch vermerkte. In den folgenden Jahren war der negative Saldo zwar deutlich rückläufig. Eine ausgeglichene Wanderungsbilanz konnte aber noch nicht erreicht werden. Insgesamt schrumpfte in den ersten 15 Jahren nach der deutschen Wiedervereinigung die Bevölkerung Sachsen-Anhalts von knapp 3 Millionen auf rund 2,5 Millionen Menschen.

In einer Untersuchung, die das Wirtschaftsministerium in Auftrag gegeben hatte, stellte sich allerdings eines heraus: Das Problem des Ostens und damit auch von Sachsen-Anhalt bestand nicht in einer zu hohen Abwanderung. Der Prozentsatz der Abwanderer lag nämlich in wirtschaftlich prosperierenden Ländern wie Hessen, Baden-Württemberg und Rheinland-Pfalz noch höher. Das Problem bestand vielmehr in einer (noch) zu geringen Zuwanderung. Das war mehr als eine andere Umschreibung des Problems. Wer über die rund 40.000 Menschen hinaus, die Jahr für Jahr ihren Wohnsitz nach Sachsen-Anhalt verlegen, noch deutlich mehr Zuwanderer wolle und brauche, der müsse das Land noch attraktiver machen, jedenfalls aber dafür sorgen, die vielen Möglichkeiten, die das Land biete, noch wesentlich besser bekannt zu machen, so Rehberger. Bei der Landtagswahl des Jahres 2006 hatte er aus Altersgründen darauf verzichtet, sich erneut um ein Mandat zu bemühen. Als er sich am 27. April 2006 in einer festlichen Veranstaltung in der Magdeburger

Johanniskirche als Wirtschafts- und Arbeitsminister von Sachsen-Anhalt verabschiedete, sagte er zu diesem zentralen Thema: „Ich wünsche diesem Land, seinen Menschen und insbesondere denen in verantwortlichen Positionen ein weiter wachsendes Selbstbewusstsein. Unsere Aufgabe ist es nicht, junge Leute mit aller Gewalt im Lande zu halten. Unsere Aufgabe ist es, noch mehr Zuwanderer zu gewinnen. Dafür haben wir vortreffliche Argumente: Sachsen-Anhalt liegt goldrichtig. Mitten in Deutschland und mitten in Europa. Es verfügt mit seinen Flüssen und Seen, dem Harz, dem Saale-Unstrut-Gebiet und der Altmark nicht nur über wunderbare Naturlandschaften, sondern inzwischen auch über eine exzellente Infrastruktur. Es verkörpert mehrere Jahrtausende Geistes-, Religions-, Kultur und Technikgeschichte. Über die Hälfte aller ausländischen Investitionen in der Industrie Ostdeutschlands seit 1990 wurden in Sachsen-Anhalt realisiert. Sachsen-Anhalt hat eine tüchtige, fleißige Bevölkerung. Und die Innovationskraft des Landes wächst kontinuierlich. Unsere Universitäten, Hochschulen und Forschungseinrichtungen brauchen den Vergleich mit anderen nicht zu scheuen. Mit einem Wort: Sachsen-Anhalt hat Zukunft."

Die Frühaufsteher und die Langschläfer

Ganz im Sinne Rehbergers hatte die Landesregierung im Jahre 2005 eine Image-Kampagne gestartet. Untersuchungen des Meinungsforschungsinstitutes „Forsa" hatten ergeben, dass die Sachsen-Anhalter im Durchschnitt um 6.39 Uhr und damit 9 Minuten früher aufstehen als ihre Landsleute in den anderen 15 Bundesländern. Auf dieser Erkenntnis war die Kampagne aufgebaut worden: „Sachsen-Anhalt. Wir stehen früher auf." Zugpferde aus Geschichte und Gegenwart wurden eingespannt, um das Image des Landes zu verbessern. Martin Luther, Otto von Guericke, Walter Gropius aus der Geschichte des Landes, die deutsche Rekordschwimmerin Antje Buschschulte vom SC Magdeburg, Hans-Ulrich Demuth vom Biotechnologie-Unternehmen Probiodrug in Halle, Alexander Zahn von der aus Braunschweig nach Magdeburg verlagerten Firma Schuberth Head Protection als Sachsen-Anhalter der Gegenwart.

Eines hatten und haben die Zugpferde Sachsen-Anhalts jedenfalls gemeinsam: Sie waren und sind ihrer Zeit voraus. Frühaufsteher eben!

Selbst für notorische Langschläfer ließ man sich im Frühaufsteher-Land Sachsen-Anhalt etwas einfallen. „Wir stehen früher auf – damit Sie länger schlafen können", lud Wirtschaftsminister Rehberger auf der Internationalen Tourismus-Börse 2006 Langschläfer aus nah und fern ein. Ist das nicht wahre Gastfreundschaft?

Das erste Führungsteam des Ministeriums für Wirtschaft, Technologie und Verkehr des neu gegründeten Landes Sachsen-Anhalt (sitzend von links): Abteilungsleiter Technologie / Bergbau / Energie Dr. Wolfram Hahn, Abteilungsleiter Verkehrs- und Straßenwesen Dr. Rolf Heydlauf, Staatssekretär Prof. Dr. Hans-Peter Mayer, Minister Dr. Horst Rehberger, Staatssekretär Rudolf Bohn, Abteilungsleiter Personal- und Rechtsfragen Manfred Maas, Abteilungsleiter Wirtschaftspolitik Dr. Theodor Lühr, Leiter des Ministerbüros Friedemann Lambert; (stehend von links): Pressesprecher Helmut Starauschek, Abteilungsleiter Wirtschaftsrecht Dr. Hans Freudenberg sowie Abteilungsleiter Mittelstand, Tourismus, Handel Axel Künkeler.

Grundsteinlegungen, Richtfeste und erste Einweihungen von neuen, hoch modernen Betrieben fanden in den ersten Jahren nach der Wiedervereinigung in Sachsen-Anhalt in großer Zahl statt. Zu den Highlights gehörte im Juni 1993 die Ansiedlung des Pharma-Unternehmens Salutas im Technologiepark Ostfalen nördlich von Magdeburg.

Am 17. Juni 1991 fand zur großen Freude der Harzer Bürger und aller Fans der Bahn in der ganzen Bundesrepublik der erste Spatenstich für die Wiederherstellung der seit 1961 stillgelegten Brockenbahn statt. Zur Erinnerung erhielt der Wirtschaftsminister ein echtes Stück Schiene der Brockenbahn.

Die größte Ansiedlung, die in der zweiten Amtsperiode Rehbergers (2002–2006) realisiert wurde, war das Zellstoffwerk bei Stendal. Schon beim Richtfest gab es einen „großen Bahnhof" (2003).

Der Bergbau spielt in Sachsen-Anhalt eine bedeutende Rolle. So besuchten Ministerpräsident Prof. Dr. Wolfgang Böhmer (Zweiter von rechts) und sein Wirtschaftsminister eines der größten Unternehmen der Natursteingewinnung, dessen Betrieb sich in Löbejün bei Bernburg befindet (2003).

Zu den Pflichtaufgaben jedes Wirtschaftsministers gehört es, sich im Ausland als „Türöffner" für die Unternehmen seines Landes einzubringen. Rehberger besuchte mit Wirtschaftsdelegationen viele Länder, darunter Vietnam. In Hanoi wurden zahlreiche Kontakte geknüpft (2003).

236

Mit der Kampagne „*Wir stehen früher auf*" hat Sachsen-Anhalt nicht nur bei Frühaufstehern sein Image verbessert. Mitten in Köln steht seit 2005 eine Uhr mit der Sachsen-Anhalt-Zeit. Sie zu enthüllen, machte Rehberger sichtlich Spaß.

UNTERWEGS

Von Horst Rehberger

Wegbegleiter

Über meine Tätigkeit in den Jahren 1965 – 1983 als Karlsruher Stadtrat und Bürgermeister, 1984 – 1990 als saarländischer Wirtschaftsminister und Vorsitzender der FDP-Fraktion im saarländischen Landtag, 1990 – 2006 als Wirtschaftsminister von Sachsen-Anhalt und Abgeordneter im Landtag in Magdeburg berichten Zeitzeugen. Dafür bin ich sehr dankbar. Über denjenigen, der 1983 meinen Weg ins Saarland und 1990 nach Sachsen-Anhalt stärker beeinflusst hat als jeder andere, möchte ich aber gerne einiges berichten. Denn darüber steht natürlich wenig oder nichts in Zeitungen und Protokollen. Wir sind bei Hans Dietrich Genscher. Natürlich kannte ich ihn über die Berichterstattung der Medien aus seiner Arbeit als Parlamentarischer Geschäftsführer der FDP-Bundestagsfraktion und – seit dem Freiburger FDP-Bundesparteitag 1968 – als stellvertretenden FDP-Bundesvorsitzenden. Persönlich lernte ich ihn aber erst anlässlich des baden-württembergischen Landtagswahlkampfes im Jahr 1968 kennen. Der Karlsruher FDP-Kreisverband hatte ihn für eine Wahlveranstaltung am 4. April gewonnen. Sein Thema: „Notstandsgesetze und Bürgerrecht". Rückblickend weiß ich, dass sich hier der spätere Bundesinnenminister ankündigte. Verständlicherweise war dies im April 1968 kein Thema. Ich hatte es übernommen, Genscher am Karlsruher Hauptbahnhof abzuholen und in das Veranstaltungslokal zu bringen. Denn seit unserer Hochzeit durfte ich ja über den weißen VW-Käfer, den Christa in unsere Ehe eingebracht hatte, mit verfügen. Unsere Befürchtung, dass der stattliche Genscher Probleme mit dem VW haben würde, erwiesen sich als unbegründet: Er passte problemlos auf den Beifahrersitz. So konnten wir ihn nach der Veranstaltung auch ohne Komplikationen in sein Hotel bringen.

Von Anfang an verstanden wir uns gut. So kam es, dass Hans Dietrich Genscher in keinem Wahlkampf fehlte, den ich als Kandidat und / oder Wahlkampfleiter in Karlsruhe, Saarbrücken oder Magdeburg zu bestreiten hatte. In der zweiten Hälfte der 70er-Jahre muss Genscher in den Gesprächen im Kreis der Familie so häufig genannt worden sein, dass unsere Daniela mit ihren damals vier oder fünf Jahren bei ihren Rollenspielen bevorzugt Frau Genscher spielte, die auf ihren Mann wartete. Vielleicht haben dabei auch meine gelegentlichen Versuche, Christa gegenüber die politisch bedingte häufige „Aushäusigkeit" abends und am Wochenende durch den Hinweis auf noch „schlimmere" Fälle (z.b. den Außenminister Genscher) zu rechtfertigen, ihren Niederschlag gefunden. Tatsächlich hat es bis 1988 gedauert, dass Barbara Genscher mit ihrem Mann mal ganz privat bei Rehbergers zu Gast war.

Unstreitig ist, dass meine Wechsel im Januar 1984 ins Saarland und nach der Wiederherstellung der deutschen Einheit im November 1990 in „sein" Sachsen-Anhalt ohne Genscher nicht stattgefunden hätten. Auf die Idee, in das, wie ich inzwischen weiß, sehr menschenfreundliche Saarland als neues Betätigungsfeld zu wechseln, wäre ich in dem ebenfalls so menschenfreundlichen und liberalen Karlsruhe von alleine nie gekommen. Und die Idee, nach Sachsen-Anhalt zu wechseln, trug Hans Dietrich Genscher erstmals im Frühjahr 1990 an mich heran, als in Halle ein neuer Oberbürgermeister gesucht wurde. Angesichts der damals noch völlig offenen Frage, ob es bald zu einer Wiedervereinigung unseres Vaterlandes kommen würde und der in der Schul- bzw. Berufsausbildung befindlichen drei Kinder habe ich damals noch abgesagt. Als mir Genscher dann allerdings nach der Wiedervereinigung vorschlug, im neuen Bundesland Sachsen-Anhalt die Aufgabe des Wirtschafts- und Verkehrsministers zu übernehmen, war ich nicht mehr zu halten. Diese Aufgabe faszinierte mich von Anfang an. Wobei der Anfang alles andere als einfach war. Nachdem ich Mitte Oktober meine grundsätzliche Zusage gegeben hatte, nach Sachsen-Anhalt zu wechseln, war kurzfristig ein Termin mit dem designierten Ministerpräsidenten Gerd Gies (CDU) in Magdeburg vereinbart worden. Genscher hatte zeitgleich mit dem damaligen britischen Außenminister Hurt einen gemeinsamen Auftritt in seiner Geburtsstadt Halle. So lud er mich ein, gemeinsam mit ihm, mit Hurt und dessen Delegation von Bonn nach Leipzig zu fliegen.

Von dort würde ich dann mit einem PKW nach Magdeburg gebracht. Natürlich sagte ich JA. Als ich von Saarbrücken kommend im Auswärtigen Amt in Bonn eintraf, liefen noch die Gespräche der beiden Außenminister. Im Wartezimmer des Ministers las ich mich quer durch einen Zeitungsberg. Nach mehr als einer Stunde Wartezeit wurde ich dann aber doch unruhig. Ich ging in Genschers Sekretariat, um mich nach dem Stand der Dinge zu erkundigen. Als ich ins Sekretariat kam, schlug Genschers Sekretärin die Hände über dem Kopf zusammen. Die beiden Delegationen waren seit zehn Minuten auf dem Weg zum Flughafen Köln-Wahn. Ein Mitarbeiter Genschers brachte mich daraufhin unter Missachtung einiger Verkehrsregeln mit seinem Privat-PKW zum Flughafen. Dort warteten die beiden Minister vor der Bundeswehrmaschine auf den Nachkömmling. Kein zweites Mal in meinem Leben habe ich als verspätet ankommender Mitreisender einen so freundlichen Empfang erlebt!

Das Gespräch, das ich am Nachmittag desselben Tages mit dem designierten CDU-Ministerpräsidenten Gies in Magdeburg führte, verlief sehr harmonisch. Mit von der Partie war für die FDP auch die frisch gebackene Landtagsvizepräsidentin Cornelia Pieper. Genscher hatte sie mir als tüchtige, jugendlich-dynamische und verlässliche Mitstreiterin geschildert: „An die müssen Sie sich halten!", war sein Rat gewesen. Er sollte Recht behalten. Nach dem Desaster der FDP bei den Landtagswahlen des Jahres 1994 – die Partei war von 13,5% auf 3,5% abgestürzt – und dem zwangsläufigen Rücktritt der bisherigen Führung wurde „Conny" 1995 neue Landesvorsitzende. Als ebenfalls neuer stellvertretender Landesvorsitzender bildete ich mit ihr gemeinsam das „PR-Team" der FDP. In geduldiger Kleinarbeit gelang es, Schritt für Schritt und trotz mancher Rückschläge den sensationellen Wahlsieg des Jahres 2002 mit 13,3% für die FDP vorzubereiten und damit politisch an die erfolgreichen Jahre nach der Wende anzuknüpfen. Es war ein großartiger Erfolg, den die Partei ohne Conny nie geschafft hätte.

Doch zurück zu Hans Dietrich Genscher. Es gab noch einen zweiten, wesentlich länger dauernden Flug mit ihm als den des Jahres 1990 nach Leipzig. Anlässlich des Tags der deutschen Einheit ging es im Jahre 1992 in die USA. Jedes Jahr präsentiert sich in

Washington am 3. Oktober ein anderes Bundesland. Im Jahr 1992 fiel diese Aufgabe Sachsen-Anhalt zu. Natürlich hatte Genscher dabei seine Hände im Spiel. Eine Delegation aus Magdeburg, an deren Spitze Ministerpräsident Werner Münch stand, reiste mit Genscher in die USA. Dabei waren auch Finanzminister Wolfgang Böhmer, der zehn Jahre später Ministerpräsident einer von CDU und FDP getragenen neuen Landesregierung werden sollte, und ich. Am 3. Oktober wurden wir im Oval Office des Weißen Hauses von Präsident George W. Bush empfangen. Klar, dass man so etwas sein ganzes Leben nicht vergisst. Lebhaft erinnere ich mich auch an ein Arbeitsessen mit der damaligen türkischen Ministerpräsidentin Ciller in Berlin. Da sich im Osten Deutschlands, insbesondere auch in Sachsen-Anhalt, nach der Wende türkische Unternehmen niedergelassen hatten, gab es interessante Anknüpfungspunkte. Im Übrigen fand ich es sehr bemerkenswert, dass in der angeblich so rückständigen Türkei eine Frau als Ministerpräsidentin im Amt war. In Deutschland war dies noch lange kein Thema.

Um die FDP in Sachsen-Anhalt zu unterstützen, war Genscher immer wieder zur Stelle. Selbst seine runden Geburtstage wurden öffentlichkeitswirksam auch in seiner Geburtsstadt Halle gefeiert. Dies gilt ganz besonders für seinen 75. Geburtstag am 21. März 2002. Er fiel mitten in einen für die FDP entscheidenden Landtagswahlkampf. Mit einer von tausenden Besuchern besuchten Festveranstaltung in Halle wurde ein eindrucksvoller Beitrag zu dem triumphalen Landtagswahlergebnis der FDP von 13.3% und damit zur Rückkehr in den Landtag sowie in die Landesregierung von Sachsen-Anhalt geleistet. Für weitere vier Jahre konnte ich dadurch als zuständiger Minister zum wirtschaftlichen Aufstieg des Landes beitragen. Auch dank des Einsatzes von Hans Dietrich Genscher.

Welches Amt mich neben der persönlichen Sympathie heute noch mit Genscher freundschaftlich verbindet? Seit 2006 bin ich wie er Ehrenvorsitzender der FDP in Sachsen-Anhalt.

Anlässlich der Festveranstaltung der Stadt Halle zum 80. Geburtstag ihres Ehrenbürgers Hans Dietrich Genscher im Jahr 2007 hat Eduard Schewardnadse, sowjetischer Außenminister in der Zeit historischer Umwälzungen Ende der 80er-, Anfang der 90er-Jahre, die Verdienste Genschers um die deutsche Wiedervereinigung und die Überwindung der Spaltung Europas eindrucksvoll gewürdigt. Wenige Monate später wiederholte er in einem Beitrag für das Magazin Cicero: „Nach diesen vielen Jahren muss ich feststellen, dass die menschlichen Eigenschaften von Hans Dietrich Genscher, sein Verhandlungsgeschick und sein Einsatz ohne Zweifel eine entscheidende Rolle nicht nur bei der Wiedervereinigung Deutschlands, sondern auch in den Prozessen der politischen Integration des gesamten euroatlantischen Raumes spielten." Wen wundert es, dass gerade wir Freien Demokraten in Sachsen-Anhalt auf einen der großen Söhne unseres geschichtsträchtigen Landes, auf Hans Dietrich Genscher, ganz besonders stolz sind?

Die Wechsel ins Saarland und später nach Sachsen-Anhalt haben den bereits in Karlsruhe begründeten Freundschaften keinen Abbruch getan. Aber es kamen neue hinzu. Zwei Freunde möchte ich hervorheben. Mit jedem von ihnen decken sich nahtlos persönliche Verbundenheit und gemeinsame politische Ziele. Rudolf Bohn lernte ich bald nach meinem Wechsel von Karlsruhe nach Saarbrücken kennen. Er war Inhaber eines erfolgreichen mittelständischen Handelsunternehmens, Vorsitzender der Wirtschaftsjunioren des Saarlandes und engagiertes FDP-Mitglied. Meine Arbeit als FDP-Landes- und später auch Fraktionsvorsitzender im saarländischen Landtag hat er mit Rat und Tat unterstützt und gefördert. So war er bereit, mir nach meiner Wahl zum neuen saarländischen FDP-Landesvorsitzenden im Herbst 1984 durch die Übernahme des schwierigen Amtes des Landesschatzmeisters der FDP in Finanzdingen „den Rücken freizuhalten". Als dann im Oktober 1990 mein Wechsel in das erst noch aufzubauende Ministerium für Wirtschaft, Technologie und Verkehr des Landes Sachsen-Anhalt anstand, trug ich ihm das Amt eines Staatssekretärs in „meinem" Ministerium an. Denn ich wollte mich gerade in dieser Aufbauphase des neuen Bundeslandes Sachsen-Anhalt auf einen Praktiker aus der Wirtschaft stützen können. Verwaltungsjuristen gab es mehr als genug. Bohn sagte nach kurzer Bedenkzeit zu. Rückblickend darf ich sagen: Wir waren ein gutes Team. Bohn stürzte sich mit Feuereifer auf die kniffligen Aufgaben, die sich ihm in großer Zahl stellten. Schon bald war er über alle Parteigrenzen hinweg als Fachmann anerkannt. Als nach der Landtagswahl des Jahres 1994 die

SPD unter Reinhard Höppner eine Minderheitsregierung bildete, bat der neue Ministerpräsident als einzigen unter allen bisherigen Staatssekretären Rudolf Bohn, im Amt zu bleiben. Auf sein Können wollte auch die Linksregierung nicht verzichten. Aus Loyalität dem Land gegenüber sagte Bohn zunächst zu. Doch die Politik der neuen Landesregierung konnte und wollte er auf Dauer nicht mitverantworten. Als ihm Anfang 1995 das Vorstandsamt in der Bundesanstalt für Vereinigungsbedingte Sonderaufgaben (BVS) in Berlin angeboten wurde, griff er gerne zu. Und kam auf meine Bitte hin 2002, nach der Rückkehr der FDP in die Landesregierung, wieder ins Wirtschaftsministerium von Sachsen-Anhalt. Zunächst als Generalbevollmächtigter für Investitionen und nach dem Wechsel meines Staatssekretärs Manfred Maas an die Spitze der Investitionsbank Sachsen-Anhalt erneut als Staatssekretär. Sachsen-Anhalt verdankt ihm viel.

Es gibt Menschen, mit denen man sich von der ersten Begegnung an versteht. Ohne zu wissen, warum. Man hat eben, so heißt es, die gleiche Wellenlänge. Uwe Schrader gehört für mich dazu. Trotz eines Altersunterschieds von 21 Jahren haben wir uns sofort verstanden. 1991 begegneten wir uns zum ersten Mal. Er war Vorsitzender des FDP-Kreisverbandes Oschersleben und lud mich dorthin ein. Natürlich sagte ich zu. Inzwischen sind fast 17 Jahre ins Land gegangen. Auch in diesem Falle ist es kaum noch möglich, all die Begegnungen und politischen Veranstaltungen zu zählen, auf die wir gemeinsam zurückblicken. In der Jahren 2002 – 2006 war er als wirtschaftspolitischer Sprecher der FDP-Fraktion im Magdeburger Landtag mein „Gegenpart". Wäre das schön, wenn man immer einen solchen „Gegenpart" hätte! Seit 1999 verbindet uns über die politische Leidenschaft hinaus die Leidenschaft für die Grüne Biotechnologie und die Grüne Gentechnik. In einer Welt, deren Bevölkerung nach wie vor rasant wächst und in wenigen Jahrzehnten weit mehr als neun Milliarden Menschen umfassen wird, wäre es ganz und gar unverantwortlich, auf die Chancen der Grünen Gentechnik zu verzichten. Hinzu kommt, dass der Klimawandel immer dringlicher gegen Trockenheit resistente Pflanzen erforderlich macht. Nach meinem Ausscheiden aus dem Ministeramt übernahm ich deshalb 2006 den Vorsitz im Beirat des InnoPlanta e.V. Gatersleben. Der Verein ist ein Netzwerk zur Förderung der Grünen Biotechnologie, in dem sich Wissenschaftler, Saatzüchter, Pflanzenbiotechnologie-Unternehmen, Landwirte und kommunale Gebietskörperschaften zusammengeschlossen haben. Er wurde 1999 auf meinen Vorschlag hin gegründet und ging ein Jahr später als Sieger aus dem InnoRegio-Wettbewerb des Bundesministeriums für Bildung und Forschung hervor. So standen für Forschung und Entwicklung rund 30 Millionen Euro zur Verfügung. Damit hat der Verein 38 Einzelforschungsvorhaben realisiert. Heute mausert er sich zu einer gemeinsamen Plattform innovativer Landwirte aus der ganzen Bundesrepublik. Vereinsvorsitzender ist Uwe Schrader. Mit ihm bin ich inzwischen in Europa unterwegs, um auch außerhalb Deutschlands die trotz aller Widerstände rasch wachsende Zahl zukunftsorientierter Landwirte EU-weit zusammenzuführen. Die Überzeugung eint uns: Technologiefeindlichkeit, Verzagtheit und Angst dürfen auch im 21. Jahrhundert das Handeln von uns Europäern nicht bestimmen!

Blicke zurück und nach vorn

Die Beschäftigung mit der Biologie – der Wissenschaft vom Leben – ist für mich auch aus einem anderen Grunde außerordentlich interessant und lehrreich. In ihrem Buch über „Das Werden des Lebens – Wie Gene die Entwicklung steuern" weist die Nobelpreisträgerin (und gebürtige Magdeburgerin) Christiane Nüsslein-Volhard darauf hin, dass mehr als 99% aller je existierenden Arten von Lebewesen ausgestorben sind. Die Vorfahren der meisten heute lebenden Arten sind demnach nicht etwa jetzt lebende Arten, sondern solche, die es so nicht mehr gibt, die aber bereits den heute lebenden ähnlich waren. Für den Menschen bedeutet dies: Er stammt nicht vom Affen ab, sondern hat mit dem Affen gemeinsame Vorfahren. Alles Leben ist Teil eines evolutionären Prozesses. Nimmt man die biblische Schöpfungsgeschichte wörtlich, ist sie heute wissenschaftlich widerlegt. Aber muss man sie wörtlich nehmen? Ist nicht viel wichtiger, dass sie zutreffend davon ausgeht, dass der Mensch am Ende eines Schöpfungsprozesses steht? Die

244

Frage, von wem die Naturgesetze stammen, denen alles Leben auf der Erde unterworfen ist, lässt sich jedenfalls wissenschaftlich nicht beantworten. Zwei (spekulative) Antworten auf die Frage nach dem Woher sind möglich: Alles ist Zufall, lautet die eine. Gott, die andere. Ich tendiere zu letzterer. Aristoteles hilft mir dabei. Als Naturwissenschaftler unterscheidet er zwischen unbelebten und belebten Dingen wie Pflanzen, Tieren und Menschen. Unbelebte Materie, zum Beispiel ein Stein, vermag nicht zu erfassen, was eine Pflanze als lebendiges Wesen ausmacht. Einer Pflanze geht es mit einem Tier als höherem Lebewesen nicht anders. Und dem Tier mit dem Menschen ebenso. Für ein Tier ist der Mensch nur als ein anderes körperliches Lebewesen begreifbar, das zu ihm gut oder böse ist. Das Denkvermögen und die Seele des Menschen vermag das Tier aber nicht zu begreifen. Warum sollte es angesichts der Unmöglichkeit aller Lebewesen, ein höheres Wesen genau zu erfassen, dem Menschen mit Gott anders gehen? Im Dekalog steht: „Du sollst dir kein Bildnis noch irgendein Gleichnis machen". Ein Gebot, das für Menschen schwer zu halten ist. Das Christentum hat dieses Gebot unterlaufen, indem es um Gott herum göttliche Wesen platziert, die Gott und die Menschen miteinander verbinden sollen: den Gottessohn, die Gottesmutter, die Heiligen, die Engel einschließlich der Schutzengel, die ich eingangs erwähnt habe. Von diesen göttlichen Wesen gibt es unzählige Bilder und Gleichnisse. Erlaubterweise. Danach geht es „im Himmel" sehr menschlich zu. Wahrscheinlich ist es ja auch wesentlich leichter, an die göttliche Zeugung und den zur Erlösung führenden Opfertod des Menschen Jesus zu glauben als seiner ethisch extrem anspruchsvollen Botschaft, der Bergpredigt, zu folgen. Göttliche Zeugung und Opfertod finden sich bekanntlich in vielen Religionen. Gerade auch im Umfeld der Entstehungsgeschichte des Christentums. Wie auch immer, der geneigte oder auch irritierte Leser wird meine Zweifel an einigen durchaus zentralen Punkten der christlichen Religion nicht verkennen. In Lessings Ringparabel wird beim Vergleich der monotheistischen Religionen – Judentum, Christentum und Islam – von Nathan dem Weisen zum Schluss die Vermutung geäußert, „der echte Ring" könnte verloren gegangen sein. Dafür spricht manches. Auch bei unserem Bemühen um die richtige Antwort auf die Fragen nach dem WOHER und WOHIN sind wir immer unterwegs. Und mit Gelassenheit warte ich auf die Antwort. Wie immer sie auch sein mag. Mit dem Wort „Unterwegs" habe ich Schlaglichter und Gedanken aus meinem Leben zusammengefasst. Denn unterwegs war ich von Anfang an. Erst in Deutschland. Dann in Europa. Dann in der Welt. Dem Eisenbahnersohn und -enkel liegt das im Blut. Unterwegs durch die Zeit sind wir im Übrigen ja alle. Selbst wenn wir, wie einst Immanuel Kant, unser ganzes Leben lang in der Stadt unserer Geburt verweilen. Neun Städte, Mülheim / Ruhr, Speyer, Karlsruhe, Heidelberg, Berlin, Saarbrücken, Magdeburg, Zeitz und Bernburg waren und sind noch wie Saarbrücken und Magdeburg Stationen meines Lebens. Auch auf meine alten Tage bin ich gerne unterwegs. Es macht mir einfach Spaß. Und man lernt immer noch dazu!